DER GALLISCHE
KRIEG

Gaius Julius Caesar
DER GALLISCHE KRIEG

AuraBooks

– Bibliografische Information der Deutschen Nationalbibliothek –
Die Deutsche Nationalbibliothek verzeichnet diese Publikation in
der Deutschen Nationalbibliografie; detaillierte bibliografische Daten
sind im Internet über http://dnb.d-nb.de abrufbar.

IMPRESSUM

ISBN: 978-3753404646

GAIUS JULIUS CAESAR: DER GALLISCHE KRIEG
MIT EINEM AUSFÜHRLICHEN GLOSSAR
DER PERSONEN, ORTE UND VOLKSSTÄMME
Originalausgabe 2022 (Print/eBook) by © AuraBooks®
Aus dem Lateinischen übersetzt von Max Oberbreyer
Vorwort © Armin Fischer, 2022
Lektorat: Richard Steinheimer
Endlektorat und Umschlaggestaltung: das_redaktionsbuero
Covermotiv: Lionel-Noël Royer (1852–1926)
Herausgeber: © AuraBooks | redaktion@aurabooks.de
Gesetzt aus der Garamond
Herstellung und Verlag: BoD – Books on Demand, 22848 Norderstedt
Dieses Buch gibt es auch als eBook,
z. B. im amazon Kindle Bookstore

INHALT

Vorwort des Herausgebers

ALS CAESAR IN DIESEN KRIEG ZIEHT, ist er 48 Jahre alt, römischer Konsul und Statthalter dreier Provinzen, von denen Gallia cisalpina[1] und Gallia Narbonensis[2] im Grenzland zum noch freien Gallien lagen. Der Kriegszug ist, wenn man so will, eine Karrierechance für Caesar, die ihn der Alleinherrschaft über Rom näher bringen kann. So spielen denn in seinen Schilderungen neben der historischen Dokumentation auch persönliche propagandistische Motive eine Rolle. Der Bericht dürfte in großen Zügen korrekt sein, ob aber auch einzelne Detailschilderungen der vollen Wahrheit entsprechen, bleibt umstritten. So zeichnet Caesar etwa ein Bild der Germanen (übrigens das erste in der Geschichtsschreibung), das schreckenerregender nicht sein könnte. Diese berserkerhaften, barbarischen Volksstämme bezwungen zu haben, mehrte seinen Ruf als großer unerschrockener Feldherr, dem keine Tat zu gewagt erscheint. Der römische Senat, der die Berichte später erhielt, sollte beeindruckt werden.

Gleichwohl, vieles ist verbürgt: So feuerte Caesar seine Männer immer wieder mit rhetorisch brillanten Ansprachen an, zeigte sich leidensfähig und vorbildhaft, griff selbst an vorderster Front in Schlachten ein, wenn die Reihen nachzugeben schienen. Doch nicht nur unerschrockener Feldherr war der große Römer, auch smarter Taktiker und Diplomat. Im Lauf des acht Jahre dauernden Feldzuges schmiedete er wechselnde Bündnisse mit gallischen und germanischen Stämmen, nutzte ihre Kampfkraft, wo er sie gebrauchen konnte. Dann wieder spielte er sie gegeneinander aus, isolierte sie, ließ die Anführer töten, so dass ihnen nichts blieb als die Kapitulation. – Und im Hintergrund des langen Konflikts dräute stets das mächtige Rom, und jeder Gegner, der es wagte, Caesars Truppen massiv zu schädigen, musste mit harten Vergeltungsschlägen rechnen.

Der gallische Feldzug – es war kein Krieg, es waren *Kriege* gegen einzelne Volksstämme, die sich von 58 bis 50 v. Chr. hinzogen. Am Ende stand ein ›befriedetes‹, also ein geschwächtes und darniederliegendes Gallien,

---

[1] *Gallia cisalpina* (›Gallien diesseits der Alpen‹) umfasst in etwa das heutige Oberitalien sowie die heute kroatische Halbinsel Istrien

[2] *Gallia Narbonensis* (›Gallien von Narbonne‹) liegt im heutigen Südfrankreich

das jeden Widerstand gegen Rom aufgegeben hatte. Der Blutzoll war enorm: Plutarch[3] schreibt, dass im Gallischen Krieg eine Million Menschen ihr Leben verloren haben und eine weitere Million Gallier versklavt worden seien. Zahlen, die nicht verbürgt sind, aber einen Anhaltspunkt geben können.

Das rechtsrheinische, germanische Gebiet jedoch lässt Caesar weitgehend unangetastet. Zwar überquert er den Rhein und stößt in germanische Territorien vor, kommt aber nach nur 18 Tagen zu dem Entschluss, dass dieses unerschlossene, raue und lebensfeindliche Gebiet mitsamt seinen grimmigen, zähen und unbändigen Bewohnern für Rom keine lohnenswerte Provinz darstellte. Wer sollte hier Steuern zahlen, und in welcher Währung sollten sie beglichen werden? So zieht er nach knapp drei Wochen auf germanischem Gebiet das Fazit: »Für Ruhm und Vorteil ist genug getan«, kehrt ins linksrheinische Gallien zurück und lässt die von seinen Legionären zuvor in nur zehn Tagen erbaute hölzerne Rheinbrücke niederbrennen.

›De bello gallico‹[4] ist das populärste Werk der antiken Geschichtsschreibung, und auch ein großes Stück Literatur. Die Sprache schnörkellos und klar, die Schilderungen prägnant und lebendig. Als erster Berichterstatter der klassischen Antike unterscheidet Caesar konsequent zwischen Galliern und Germanen[5], wobei er erstere als deutlich zivilisierter beschreibt, als die raubeinigen, primitiven Germanen, die für ihn ein willkommenes Feindbild darstellen.

Das Ende des Gallischen Krieges deutete sich durch die Niederlage des Gallierfürsten Vercingetorix an, dessen Heer in vielen Schlachten auf-

---

[3] siehe Plutarch, ›Caesar‹ (15, 5). Plutarch (45–125 n. Chr.) war ein griechischer Schriftsteller und Historiker

[4] Genauer: Caesar hatte sein Werk ›Commentarii rerum gestarum Galliae‹ (Berichte zu den Errungenschaften in Gallien) oder auch ›Commentarii Gallici belli‹ (Chroniken des Gallischen Krieges) genannt.

[5] Der britische Autor und Historiker *James Hawes* formuliert pointiert, Caesar habe die Germanen ›erfunden‹, in: ›Die kürzeste Geschichte Deutschlands‹, Ullstein, Berlin 2021

gerieben wurde und sich schließlich bei der Stadt Alesia[6], um die Caesar einen doppelten Belagerungsring hatte legen lassen, den Römern ergab. Die signifikanteste Szene des Krieges dürfte jene sein, als Vercingetorix vor Alesia zum Zeichen der Aufgabe sein Schwert vor Caesars Füße wirft. Wie sich der französische Maler Lionel-Noël Royer im Jahr 1899 die Szene vorstellte, zeigt das Titelbild dieses Buches[7].

Für Caesar begann nun ein neuer Karriereschritt: In Richtung Rom[8], mit seinen massiven Truppen. Die Stadt sollte bald ihm gehören.

© *Armin Fischer, 2022*

---

[6] Gelegen in Zentralfrankreich, auf dem Gebiet der heutigen französischen Gemeinde Alise-Sainte-Reine, etwa 250 Kilometer südöstlich von Paris

[7] eine besser verbürgte Version lautet so: Vercingetorix reitet allein ins feindliche Lager, direkt vor den Kommandostand des römischen Feldherrn Gaius Julius Cäsar. Er steigt vom Pferd, nimmt den Brustpanzer ab, wirft sein Schwert auf den Boden und kniet nieder.

[8] den sprichwörtlichen Rubikon, einen Grenzfluss zwischen der römischen Provinz Gallia cisalpina und dem eigentlichen Italien überschreitend. Die bewaffnete Überquerung des Flusses in Richtung Süden – und damit in Richtung Rom – war gleichbedeutend mit einer Kriegserklärung an den Römischen Senat, der dies untersagt hatte. Es begann der römische Bürgerkrieg, 49 v. Chr.

ERSTES BUCH
Krieg gegen die Helvetier

[1] GALLIEN IM WEITEREN SINN zerfällt in drei Teile. Den einen bewohnen die Belgier, den zweiten die Aquitaner, den dritten die Völkerstämme, welche in ihrer eigenen Sprache Kelten, in der unseren aber Gallier heißen. Sie alle sind nach Sprache, Verfassung und Gesetzen untereinander verschieden. Die Kelten trennt der Fluss Garonne von den Aquitanern, die Marne und Seine von den Belgiern. Die Tapfersten unter allen sind die Belgier, weil sie sich von der Verfeinerung und Bildung der römischen Provinz ganz fern halten. Überaus selten kommen sie mit fremden Kaufleuten in Berührung, die ihnen Waren zuführen könnten, die eine Erschlaffung der Kraft bewirken; sodann führen sie auch mit ihren Nachbarn, den Germanen des rechten Rheinufers, fortwährend Krieg.

Aus demselben Grund sind auch die Helvetier tapferer als die übrigen Gallier, weil sie fast täglich mit den Germanen im Kampf sind, sodass sie dieselben entweder bloß von ihren Grenzen fern halten oder den Krieg auch wohl in ihrem eigenen Land führen. Der eine Teil ihres Gebietes, den nach unserer Angabe die Gallier bewohnen, fängt bei dem Fluss Rhône an und wird von der Garonne, dem Ozean und dem Belgier-Gebiet eingeschlossen. Auf Seiten der Sequaner und Helvetier berührt er auch den Rhein und dehnt sich nach Norden aus. An die Grenzen von Gallien schließt sich das belgische Gebiet an und läuft bis an den Unterrhein in nordöstlicher Richtung. Aquitanien zieht sich nordwestlich vom Garonne-Strom bis an die Pyrenäen und den Teil des Ozeans, welcher bei Hispanien strömt.

[2] Bei den Helvetiern war Orgetorix bei Weitem der Angesehenste und Reichste. Dieser stiftete aus Begierde nach Alleinherrschaft unter den Konsuln M. Messala und M. Piso ein Abkommen unter dem Adel und überredete seine Mitbürger zu einer allgemeinen Auswanderung. Er malte ihnen aus, für sie, das tapferste Volk, würde es ein Leichtes sein, ganz Gallien zu unterjochen. Die Helvetier ließen sich dazu um so eher überreden, als sie von allen Seiten durch Naturgrenzen eingeschlossen sind: auf der einen Seite durch den breiten und tiefen Rhein, die Grenze zwischen den Helvetiern und Germanen, auf der anderen durch das sehr hohe Juragebirge, das zwischen dem Gebiet der Sequaner und Helvetier

liegt, auf der dritten durch den Genfer See und die Rhône, die unsere Provinz von Helvetien trennt. Dieser beschränkten Lage wegen konnte das kriegerische Volk zu seinem großen Missvergnügen sich nicht so weit ausbreiten und auch nicht so ungehindert seine Nachbarn angreifen. Bei der Größe ihres Volkes und ihrem durch Krieg und Tapferkeit erworbenen Ruhm aber war ihrer Meinung nach ein Land, das nur zweihundertvierzig Millien[9] in der Länge und hundertachtzig Millien in der Breite maß, für sie zu klein.

[3] Diese Verhältnisse und das Ansehen des Orgetorix brachten sie zu dem Entschluss, alles Erforderliche für die beschlossene Auswanderung herbeizuschaffen, Pferde und Wagen in großer Menge anzukaufen, so viel Feld, wie man konnte, zu besäen, um auf dem Zug einen Vorrat an Getreide zu haben und Frieden und Freundschaft mit ihren Grenzvölkern zu sichern. Eine Frist von zwei Jahren war ihrer Meinung nach hinreichend, dieses zustande zu bringen. Auf das dritte Jahr wurde demnach der Aufbruch durch eine Verordnung festgesetzt; die Ausführung des Ganzen trug man dem Orgetorix auf. Er übernahm die Sendung an die Staaten und überredete auf dieser Reise den Sequaner Casticus, der Sohn des Catamantaloedes, sich der Alleinherrschaft in seinem Staat, die sein Vater früher gehabt hatte, zu bemächtigen. Sein Vater hatte einst viele Jahre lang mit unumschränkter Macht in dem Sequaner-Gebiet geherrscht und vom Senat des römischen Volkes den Ehrentitel eines Freundes erhalten hatte. Auch den Haeduer[10] Dumnorix, einen Bruder des Diviciacus, der um diese Zeit der angesehenste Mann in seinem Staat und beim Volk vorzüglich beliebt war, brachte er zu demselben Entschluss und gab ihm deshalb auch seine Tochter zum Weib. Orgetorix legte ihnen dar, ihr Vorhaben lasse sich gar leicht ausführen, denn er selbst werde den Oberbefehl von seinem Staat erhalten, und die Helvetier seien ja ohne jeden Zweifel unter den gallischen Völkerschaften die mächtigste; er wolle ihnen, so versicherte er, mit seiner Macht und seinem Heer zu unumschränkter Herrschaft verhelfen. Diese Rede wirkte. Jene gaben einander das Wort und eidliche Versicherung und hofften, sobald sie nur erst die

---

[9] *Millien (lat.),* auch Meile: tausend Schritte der gedrillten römischen Fußsoldaten ergaben eine Millie

[10] *Haeduer:* gallischer Stamm an Loire und Saône

Herrschaft in den Händen hätten, durch die drei mächtigsten und tapfersten Völker ganz Gallien unterjochen zu können.

[4] Auf die heimliche Anzeige von diesem Vorgang zwangen die Helvetier den Orgetorix, sich in Fesseln zu verantworten, wie es bei ihnen Sitte war. Auf die Verurteilung folgte dann gewöhnlich unmittelbar die Strafe der Verbannung. An dem zur Verhandlung bestimmten Tag ließ Orgetorix alle seine Leibeigenen, zehntausend an der Zahl, von allen Orten her zu dem bevorstehenden Gericht aufbieten und dahin führte er auch seine Schützlinge und Schuldner, deren er nicht wenige hatte. Mit ihrer Hilfe entzog er sich der Verantwortung durch Flucht. Da suchte nun der Staat, hierüber aufgebracht, das Recht mit Gewalt durchzusetzen. Die Beamten zogen eine Menge Menschen vom Land zusammen – plötzlich aber starb Orgetorix, und es lässt sich vermuten, wie auch die Helvetier selbst meinten, dass er sich selbst ermordet habe.

[5] Dessen ungeachtet versuchten die Helvetier auch nach seinem Tod den einmal gefassten Entschluss der Auswanderung auszuführen. Als sie die nötigen Anstalten also getroffen zu haben glaubten, zündeten sie alle ihre Städte, etwa zwölf an der Zahl, sowie vierhundert Dörfer samt den übrigen einzelnstehenden Wohnungen an; auch alles Getreide, außer dem, was sie mit sich nehmen wollten, wurde verbrannt, damit sie, ohne die Hoffnung, nach Haus zurückzukehren, desto bereitwilliger den Gefahren begegnen würden. Mit Mehl für ein Vierteljahr musste jeder bei dem Aufbruch versehen sein. Ihre Nachbarn, die Rauracer, Tulinger und Latobriger[11], wurden zu gleichem Entschluss, Städte und Dörfer zu verbrennen und mitzuziehen, überredet. Auch mit den Boiern[12], die einstmals am rechten Rheinufer gewohnt und bei ihrem Vordringen ins norische Gebiet[13] einen Angriff auf Noreia[14] gemacht hatten, schlossen sie ein Bündnis.

---

[11] *Rauracer, Tulinger, Latobriger:* keltische Stämme rund um den Bodensee

[12] *Boier:* böhmischer Herkunft, wurden später in Richtung Helvetien vertrieben

[13] *Norisches Gebiet:* Teil der Ostalpen; Heimat der Tauriscer bzw. Noricer

[14] *Noreia:* heutige Stadt Neumarkt in der Steiermark

[6] Es gab im Ganzen nur zwei Wege, aus dem Land zu kommen; der eine, ein enger und beschwerlicher Pass zwischen dem Juragebirge und der Rhône durch das Sequaner-Gebiet, auf dem kaum einzelne Wagen fortkommen konnten, so nahe am hohen Gebirge, sodass schon sehr wenige Leute ihn leicht versperren konnten; der andere, viel bessere und bei Weitem nicht so beschränkte Weg lief durch unsere Provinz; denn an den Grenzen zwischen den Helvetiern und Allobrogern, die erst kurz zuvor unterworfen worden waren, kann man die Rhône an einigen Stellen zu Fuß durchschreiten. Von Genf, der letzten Stadt im Allobroger-Gebiet, ganz nahe an Helvetien, führt eine Brücke ins Helvetische. In ihrem Wahn, der Groll der Allobroger gegen Rom habe sich noch nicht gelegt, hofften die Helvetier, freien Durchzug von ihnen zu erhalten, anderenfalls wollten sie dieselben mit Gewalt zwingen, ihnen den Durchzug durch ihre Grenzen zu gestatten. Alle Zurüstungen zum Ausbruch waren nun gemacht; man bestimmte daher den Tag – es war der 28. März [59 v. Chr.] unter dem Konsulat des L. Piso und A. Gabinus – an dem sich das ganze Volk an dem Ufer der Rhône versammeln sollte.

[7] Auf die Nachricht von der Absicht der Helvetier, durch unsere Provinz ihren Weg zu nehmen, beschleunigte Caesar seine Abreise von Rom und begab sich in größter Eile nach dem jenseits der Alpen gelegenen Gallien. Bei seiner Ankunft in der Gegend von Genf ließ er so viel Truppen wie möglich in der ganzen Provinz aufbieten und die Brücke bei Genf abbrechen. Die Helvetier hatten kaum Caesars Ankunft erfahren, als sie die Angesehensten aus ihrer Mitte als Gesandte zu ihm schickten.

An der Spitze dieser Gesandtschaft standen Nammejus und Verucloetius. Sie hatten den Auftrag, zu erklären: Es sei ihre Absicht, ohne alle Feindseligkeiten ihren Durchzug durch unsere Provinz zu nehmen, weil sie keinen anderen Weg hätten, und sie baten, Caesar möge es ihnen gestatten. Caesar fand es nicht zulässig, ihr Begehren zu bewilligen, denn er wusste wohl, dass eben diese Helvetier einst [107 v. Chr.] den Konsul L. Cassius erschlagen, sein Heer aber besiegt und unter das Joch[15] geschickt hatten. Zudem hielt er es auch für unwahrscheinlich, dass ein

---

[15] *Joch:* ein aus gekreuzten Speeren gebildetes Spalier, unter dem Besiegte hindurchgehen mussten; größtmögliche Demütigung. Der Ausdruck konnte auch damals schon symbolisch gemeint sein, ohne dass die Handlung tatsächlich stattgefunden haben muss.

Volk von so feindlicher Gesinnung sich bei dem gestatteten Durchmarsch des Rechtsverletzung und der Gewalttätigkeit enthalten würde. Jedoch um Zeit zu gewinnen und um die Truppen, die er ausgehoben hatte, zusammenzubringen, antwortete er den Gesandten, er wolle sich Bedenkzeit nehmen. Sie möchten am 13. April, wenn sie wollten, wiederkommen.

[8] Caesar ließ inzwischen durch die eine Legion, die er bei sich hatte, und die Truppen, die aus der Provinz zu ihm gestoßen waren, von der Stelle am Genfer See, an der die Rhône fließt, bis ans Juragebirge, das die Grenze zwischen den Sequanern und Helvetiern bildet, einen Mauerwall von neun bis zehntausend Schritten in der Länge und sechzehn Fuß in der Höhe mit einem Graben ziehen. Nach Vollendung dieser Arbeit verteilte er die Besatzungen und befestigte die einzelnen verschanzten Lager, um den Feind desto leichter zurückzutreiben, wenn dieser den Übergang gegen seinen Willen wagen wollte. An dem bestimmten Tag fanden sich die Gesandten wieder bei Caesar ein; allein er gab ihnen den Bescheid: Nach Sitte und Weise der Römer könne er niemandem einen Durchzug durch die Provinz gestatten und erklärte ihnen zugleich, er werde sie zurücktreiben, wenn sie es mit Gewalt versuchen wollten. Nach dieser fehlgeschlagenen Hoffnung versuchten die Helvetier auf einer Menge von zusammengefügten Schiffen und Flößen, zum Teil auch an den Furten der Rhône, wo der Fluss am wenigsten tief war, bisweilen bei Tag, öfters bei Nacht, durchzubrechen. Allein durch die Festigkeit unserer Werke und den Widerstand und die Geschosse der Römer zurückgeworfen, gaben sie das Unternehmen auf.

[9] Der Weg durch das Sequaner-Gebiet blieb also allein übrig, den man aber seiner Enge wegen ohne Bewilligung der Sequaner nicht nehmen konnte. Allein die Helvetier, für sich nicht imstande, sie dazu zu überreden, schickten daher Gesandte zu dem Haeduer Dumnorix, um durch dessen Fürsprache die Erlaubnis zu erhalten. Dumnorix vermochte durch seine Verbindung und Freigiebigkeit bei den Sequanern sehr viel und war wegen seiner Frau, einer Helvetierin, des Orgetorix Tochter, den Helvetiern wohlgesonnen; auch suchte er aus Begierde nach Herrschaft Unruhen zu erregen und wünschte sich so viele Völker wie möglich durch Gefälligkeiten verbindlich zu machen. Er übernahm daher den Auftrag und erhielt von den Sequanern den freien Durchzug für die Helvetier. Er erreichte, dass beide Völker Geiseln austauschten, damit die Sequaner die

Helvetier an ihrem Durchzug nicht hinderten, die Helvetier aber ohne Rechtsbruch und Gewalthandlungen hindurchzögen.

[10] Da erfuhr Caesar, die Helvetier seien Willens, durch das Gebiet der Sequaner und Haeduer in das Land der Santonen zu ziehen, welches nahe an das Land der Tolosaten, eines Volkes in der (römischen) Provinz grenzt. Er sah voraus, dass in diesem Fall die Provinz in große Gefahr geriete, wenn sie so kriegerische, gegen das römische Volk so feindselige Menschen in einer ganz offenen und vorzüglich an Getreide reichen Gegend zu ihren Nachbarn erhielte. Er übertrug daher die Aufsicht über seine aufgeworfenen Verschanzungen seinem Legaten Titus Labienus und eilte in großen Tagesreisen nach Italien. – Hier hob er zwei neue Legionen aus und ließ seine drei anderen aus ihrem Winterlager bei Aquileia aufbrechen.

Mit diesen fünf Legionen nahm er den kürzesten Weg über die Alpen in das jenseitige Gallien. Die Ceutronen, Grajoceler und Caturiger hatten zwar die Alpengebirge besetzt und versuchten Caesars Völker auf dem Marsch aufzuhalten, allein sie wurden mehrmals zurückgeschlagen, und Caesar kam nach sieben Tagen von Ocelum, der letzten Stadt in der diesseitigen Provinz, im Land der Vocontier, jenseits der Alpen, an; von da führte er sein Heer in das Land der Allobroger und von hier in das der Segusianer: Diese wohnen aber außerhalb der Provinz jenseits der Rhône.

[11] Die Helvetier hatten unterdessen schon den Engpass und das Land der Sequaner hinter sich und hatten das Land der Haeduer, in das sie vorgerückt waren, zu verheeren begonnen. Die Haeduer waren zu schwach, sich und das Ihre zu verteidigen und baten daher durch Gesandtschaften bei Caesar um Hilfe: Ihre Verdienste um Rom, sagten sie, seien von jeher so groß gewesen, dass man nicht fast vor den Augen unseres Heeres ihre Felder hätte verwüsten, ihre Kinder in die Sklaverei schleppen und ihre Städte erobern lassen sollen. – Um diese Zeit bekam auch Caesar von ihren Freunden und Bundesgenossen, den Ambarrern[16], Nachricht: Ihre Fluren seien verheert, mit Mühe nur halte man noch den Feind von den Städten ab. Auch die Allobroger jenseits der Rhône flüchteten sich zu Caesar, mit der Anzeige, außer Grund und Boden ihrer Felder sei ihnen nichts mehr übriggelassen. – Auf diese Nachricht hin fasste Caesar den Entschluss, nicht länger zu warten, bis die Helvetier nach völliger

---

[16] *Ambarrer:* keltischer Stamm um den Genfer See

Vernichtung des Wohlstandes seiner Bundesgenossen erst noch zu den Santonen gekommen wären.

[12] Die Helvetier gingen unterdessen auf Flößen und zusammengebundenen Kähnen über den Arar, der durch das Land der Sequaner und Haeduer so unglaublich ruhig in die Rhône fließt, dass man die Richtung seines Laufes mit den Augen gar nicht unterscheiden kann. Sobald Caesar von Kundschaftern erfuhr, dass drei Teile von den helvetischen Völkern schon übergesetzt seien, der vierte sich aber noch allein diesseits des Flusses befände, brach er um die dritte Nachtwache[17] mit drei Legionen auf und traf auf den Teil der Feinde, der noch nicht über den Fluss gegangen war. Sie wurden, außerstande, sich zur Gegenwehr zu setzen, plötzlich überrascht und größtenteils erschlagen. Der Rest flüchtete sich und verbarg sich in den nächsten Wäldern. Das waren die Helvetier des Tiguriner Gaues; denn Helvetien überhaupt enthält vier Gaue. Gerade dieser Gau hatte zu Zeiten unserer Väter auf einem Heereszug den Konsul L. Cassius erschlagen und sein Heer unterjocht. Und so empfing also der Teil des helvetischen Staates, der dem römischen Volk einst jenen großen Verlust zugefügt hatte, sei es durch Zufall oder Fügung der unsterblichen Götter, zuerst seine Strafe. Caesar rächte für das erlittene Unrecht nicht nur den Staat, sondern auch sich persönlich, denn die Tiguriner hatten in der Schlacht, wo Cassius geblieben, auch den Legaten L. Piso, den Großvater seines Schwiegervaters, L. Piso, erschlagen.

[13] Nach diesem Treffen schlug Caesar eine Brücke über den Arar, um die übrigen Helvetier einholen zu können, und führte so sein Heer hinüber. Dieses plötzliche Vorrücken bestürzte die Helvetier, da sie sahen, dass er in einem Tag über den Fluss gegangen war, den sie mit so vieler Mühe kaum in zwanzig überschritten hatten. Sie schickten daher eine Gesandtschaft, an deren Spitze der einstige Feldherr in der Schlacht gegen Cassius, Divico, stand. Sein Antrag hieß: Stellten die Römer die Feindseligkeiten ein, so wollten die Helvetier dahin ziehen und sich da niederlassen, wohin Caesar sie versetzen und ansiedeln wollte. Führen sie aber damit fort, so möge er an die frühere Niederlage der Römer und die alte Tapferkeit der Helvetier denken. Dass er einen Teil ihrer Scharen unerwartet überfallen habe, während die, welche schon jenseits des Flus-

---

[17] *Dritte Nachtwache:* Der Militärdienst der Römer teilte den 24-Stunden-Tag in vier gleiche Teile auf

ses gewesen, den Ihrigen keine Hilfe hätten leisten können, das möchte er doch ja nicht seiner Tapferkeit zu hoch anrechnen oder sie deshalb verachten; sie hätten von ihren Vorfahren gelernt, es lieber mit Tapferkeit als mit List zu versuchen oder sich auf Hinterlist zu verlassen. Er solle sich daher hüten, dass nicht sein gegenwärtiger Standort einen Namen von einer Niederlage des römischen Volkes und der Vertilgung seines Heeres davon trüge oder ein Denkmal abgäbe.

[14] Darauf gab Caesar zur Antwort: Er sei gerade deswegen um so entschlossener, weil er den ganzen Vorgang, den die helvetische Gesandtschaft erwähnt habe, wohl im Gedächtnis habe, und er gedenke mit um so tieferem Schmerz daran, je weniger die Römer ihr Schicksal verdient hätten. Wären sich diese einer Misshandlung bewusst gewesen, so hätten sie sich leicht hüten können; aber dadurch gerade seien sie hintergangen worden, weil man sich keiner Handlung schuldig gewusst habe, um etwas zu befürchten, und ohne Ursache nicht geglaubt habe, in Unruhe zu sein. Gesetzt, er wolle die alte Schmach vergessen, könne er sich wohl die neuen Beleidigungen wie den gewaltsamen Versuch wider seinen Willen durch die Provinz zu ziehen, die Feindseligkeiten gegen die Haeduer, die Ambarrer, die Allobroger aus dem Gedächtnis schlagen? Dahin gehöre auch, dass sie sich ihres Sieges so unverschämt rühmten und sich wunderten, dass er ihre Gewalttätigkeiten so lange ungestraft ertragen habe. Allein die unsterblichen Götter pflegten bisweilen den Menschen, die sie für ihre Ruchlosigkeit züchtigen wollten, eine Zeitlang Glück zu gestatten und länger ihre Bestrafung zu verschieben, damit sie desto schmerzhafter den Wechsel ihres Schicksals empfinden. Dessen ungeachtet wolle er Frieden mit ihnen machen, wenn sie Geiseln gäben, um ihm zu zeigen, sie wollten ihr Versprechen erfüllen und wenn sie den Haeduern und ihren Bundesgenossen wie auch den Allobrogern den zugefügten Schaden vergüten wollten. – Divico erwiderte: Die Helvetier seien von ihren Vätern gewöhnt, Geiseln zu empfangen, nicht aber zu geben; die Römer hätten davon den Beweis! Mit dieser Antwort entfernte er sich.

[15] Am folgenden Tag brachen die Helvetier auf. Caesar ebenfalls, und ließ seine ganze Reiterei, ungefähr viertausend Mann, die er teils aus der Provinz überhaupt, teils von den Haeduern und ihren Bundesgenossen zusammengebracht hatte, vorausgehen, um zu sehen, nach welcher Richtung die Feinde ihren Zug fortsetzten. Diese Reiter verfolgten aber die feindliche Nachhut zu stürmisch und gerieten mit den helvetischen

Reitern an einem ungünstigen Ort in ein Treffen, wobei einige der Unsrigen blieben. Durch dieses Treffen übermütig gemacht, weil sie mit nur fünfhundert Pferden eine so zahlreiche Reiterei zurückgeworfen hatten, fingen jetzt die Helvetier an, mit mehr Keckheit Stand zu halten und uns auch zu Zeiten mit ihrer Nachhut zu necken. Caesar vermied ein Treffen und begnügte sich unter den gegenwärtigen Umständen, die Feinde vom Plündern, Futtersammeln und von Verheerungen abzuhalten. So zog man ungefähr fünfzehn Tage fort, sodass der feindliche Nachtrab und unsere Vorhut immer nur fünf bis sechstausend Schritte voneinander entfernt waren.

[16] Unterdessen drang Caesar täglich auf die Lieferung des Getreides, das ihm die Haeduer auf Kosten ihres Gemeinwesens zu liefern versprochen hatten. Denn da Gallien, wie vorher erwähnt, gegen Norden liegt, so waren die Früchte auf dem Feld noch nicht reif, ja man fand nicht einmal eine hinreichende Menge Futter. Caesar konnte sich aber des Getreides, das man auf dem Arar nachführte, weniger bedienen, weil die Helvetier selbst von dem Fluss seitwärts abgegangen waren und er sich von ihnen nicht entfernen wollte. Die Haeduer zauderten von Tag zu Tag: ›es wird jetzt eingeliefert, zusammengeführt, es kommt sogleich‹, hieß es immer. Als nun Caesar sah, man halte ihn zu lange hin, und die Zeit sei da, wo den Soldaten ihr Getreide zugemessen werden müsste, ließ er die vornehmsten Haeduer, deren er eine große Anzahl im Lager hatte, zu sich berufen, unter ihnen Diviciacus und Liscus, der zu dieser Zeit die höchste Obrigkeit, oder wie die Haeduer sagen, der ›Vergobretus‹[18] war; man erwählt diesen alle Jahre, und seine Gewalt erstreckt sich auf Leben und Tod. Caesar machte also den Haeduern ernste Vorwürfe, dass man ihn unter so dringenden Umständen, wo man Lebensmittel weder für Geld haben noch vom Feld entnehmen könnte, so in der Nähe des Feindes nicht unterstütze. Dieser Vorwurf, von ihnen im Stich gelassen zu sein, treffe sie um so mehr, da er sich ja größtenteils nur auf ihre Bitten hin zu diesem Krieg entschlossen habe.

[17] Diese Ansprache Caesars bewog endlich den Liscus, zu entdecken, was er seither für sich behalten hatte: ›es gäbe gewisse Leute, deren Einfluss bei seinem Volk gerade am meisten vermöchte, die als Privatleute mehr ausrichten könnten als die Beamten selbst. Diese hielten durch auf-

---

[18] *Vergobretus (lat.):* Verwirklicher des Rechts; Richter

wiegelnde und hämische Reden das Volk zurück, das Getreide zusammenzubringen. Es wäre ja besser, sagten sie, wenn sie nun einmal selbst die Herrschaft über Gallien nicht behaupten könnten, Gallier als Römer über sich herrschen zu lassen, denn sie dürften nicht zweifeln, dass die Römer, nach Besiegung der Helvetier, mit den übrigen Galliern auch den Haeduern ihre Freiheit rauben würden. Von diesen Leuten würden auch unsere Anschläge und alle Vorgänge im Lager dem Feind verraten. Er vermöge sie nicht, in Schranken zu halten; ja er sähe voraus, welche Gefahr er selbst bei dieser von der notgedrungenen Enthüllung laufe und habe daher so lange als möglich geschwiegen.‹

[18] Caesar merkte, die Rede des Liscus spielte auf Dumnorix an, den Bruder des Diviciacus. Allein weil er die Sache nicht öffentlich verhandeln wollte, so entließ er alsbald die Versammlung, Liscus behielt er jedoch zurück und verlangte nähere Erklärung über seine äußerungen in der Versammlung. Liscus sprach jetzt mit mehr Freimütigkeit und Kühnheit. Caesar forschte nun insgeheim auch bei anderen hierüber nach und fand alles begründet: Dumnorix selbst sei ein höchst unternehmender Mann, wegen seiner Freigiebigkeit vom Volk geliebt und dabei ein unruhiger Mann. Er habe seit einiger Zeit die Zölle und die übrigen Einkünfte der Haeduer um geringes Geld gepachtet, weil nach seinem Gebot niemand dagegen zu bieten wage. Dadurch habe er sich bereichert und ansehnliche Mittel zu Bestechungen erworben. Er unterhalte auf eigene Kosten ein starkes Reitergeschwader, das stets um ihn sei. Nicht allein in seinem Staat, sondern auch bei den Nachbarn vermöge er viel.

Zum Zweck solcher Übermacht habe er seine Mutter an einen der edelsten und reichsten Bituriger verheiratet; sein Weib sei aus Helvetien, und ebenso habe er seine Halbschwester mütterlicherseits und seine übrigen nächsten weiblichen Verwandten in andere Staaten verheiratet; dieser Verwandtschaft wegen begünstige er auch die Helvetier. Caesar aber und den Römern sei er auch aus persönlichen Gründen feind, denn durch ihre Ankunft habe er viel von seiner Macht verloren und sein Bruder Diviciacus das frühere Ansehen und die Achtung im Staat wieder erhalten. Würde sich das Glück von den Römern wenden, so habe er die größte Hoffnung, mit Hilfe der Helvetier die Regierung ganz in seine Hände zu bekommen. Solange aber ihre Übermacht andauere, gebe er nicht nur die Hoffnung auf Herrschaft, sondern auch auf die Behauptung seines bisherigen Einflusses auf. – Caesar erfuhr bei dieser Unterredung auch, dass Dumnorix, der die Reiterei, welche die Haeduer dem Caesar zu Hilfe geschickt hatten, befehligte, mit seinen Reitern in dem unglücklichen Reitergefecht vor einigen Tagen zuerst die Flucht ergriffen habe, wodurch erst die übrige Reiterei mutlos geworden sei.

[19] Das alles hatte nun Caesar gehört, und da zu diesen Mutmaßungen noch die untrüglichsten Tatsachen (wie etwa der den Helvetiern verschaffte Durchzug durch das sequanische Gebiet, die Geiseln, die durch dessen Vermittlung beide Völker einander gegeben hatten, die Anknüpfung dieser Verhandlungen, nicht nur ohne Caesars und seines Staates Befehl, sondern ganz ohne ihr Wissen, und die Anklage des Vergobrets) gegen Dumnorix sprachen, so glaubte er hinlänglich berechtigt zu sein, ihn entweder selbst zu bestrafen oder durch seinen Staat bestrafen zu lassen.

Eins stand dem aber entgegen: Caesar kannte die große Ergebenheit des Bruders von Dumnorix, des Diviciacus, gegen das römische Volk, seine vortreffliche Gesinnung besonders gegen ihn, seine ausgezeichnete Zuverlässigkeit, Gerechtigkeit und Mäßigung, und fürchtete nun bei diesem durch die Bestrafung des Dumnorix anzustoßen. Ehe er also etwas unternahm, ließ er den Diviciacus zu sich rufen und nach Entfernung der gewöhnlichen Dolmetscher besprach er sich mit ihm durch seinen Vertrauten C. Valerius Trucillus, den angesehensten Mann aus der Provinz, zu dem er in jeder Hinsicht das größte Zutrauen hegte. Er erinnerte ihn zugleich an die Beschwerden, die gegen Dumnorix, in des Diviciacus Gegenwart, von den versammelten Galliern geführt seien und entdeckte ihm, was jeder über diesen noch einzeln bei ihm ausgesagt habe. Zuletzt verlangte er und redete ihm zu, die Sache zu untersuchen und ohne sich beleidigt zu fühlen, entweder ihn selbst sein Urteil sprechen zu lassen, oder es durch die Haeduer zu tun.

[20] Da umarmte Diviciacus Caesar unter vielen Tränen und bat, doch gegen seinen Bruder nicht zu streng zu verfahren. Es sei alles wahr, er wisse es wohl, und niemand sei darüber mehr bekümmert als er. Denn er selbst habe den Dumnorix, da dieser seiner Jugend wegen im Staat so wie in dem übrigen Gallien noch in keiner, er aber in der größten Achtung gestanden habe, groß gemacht. Und nun bediene sich Dumnorix seiner Reichtümer und Macht, nicht nur um seinen Einfluss zu schwächen, sondern auch beinahe, um ihn zugrunde zu richten. Allein die Bruderliebe und die öffentliche Meinung wirken dennoch bei ihm. Verfahre Caesar

hart gegen ihn, so würde wegen ihrer Freundschaft jedermann glauben, es sei auf seinen Wunsch geschehen, und das werde ihm den Widerwillen von ganz Gallien zuziehen. – Als er Caesar so mit vielen Worten und Tränen bat, ergriff dieser ihn bei der Hand und sprach ihm tröstlich zu mit der Aufforderung, nicht länger zu flehen. Dann versicherte er ihm, er sei ihm so wert, dass er selbst das dem Staat zugefügte Unrecht und seinen eigenen Unwillen auf seinen Wunsch und seine Fürbitte verzeihen wolle. Nun wurde Dumnorix gerufen. Sein Bruder war gegenwärtig, und Caesar sagte ihm, was ihm an ihm missfalle; hielt ihm vor, was er persönlich an ihm bemerke und worüber der Staat sich beschwere; zugleich mahnte er ihn, in der Zukunft keinen Verdacht mehr zu erregen: Das Vergangene wolle er ihm, seinem Bruder Diviciacus zu Liebe, verzeihen. Darauf gab Caesar dem Dumnorix Aufseher, um zu wissen, womit er sich abgebe oder mit wem er sich unterhalte.

[21] An dem nämlichen Tag erfuhr er durch Kundschafter, der Feind habe sich achttausend Schritte von seinem Lager am Fuß eines Berges gelagert. Er ließ sogleich die Beschaffenheit des Berges und wie man ihn durch einen Umweg ersteigen könne, auskundschaften. Man hinterbrachte ihm, derselbe sei leicht zu ersteigen. Caesar ließ also seinen obersten Legaten, Titus Labienus und zwei Legionen mit den Wegweisern, die den Weg untersucht hatten, um die dritte Nachtwache nach dessen Gipfel aufbrechen und teilte ihm zugleich seinen Plan mit. Er ging um die vierte Nachtwache auf dem Weg, den der Feind genommen hatte, gerade auf ihn los. Die ganze Reiterei machte die Vorhut, und P. Considius, der schon unter dem L. Sulla und später unter M. Crassus gedient hatte und dem man außerordentliche Kenntnisse im Kriegswesen zutraute, wurde mit Spähern vorausgeschickt.

[22] Bei Tagesanbruch stand Labienus schon auf dem Gipfel des Berges und Caesar nur noch fünfzehnhundert Schritte von dem feindlichen Lager entfernt, ohne dass die Helvetier, wie er in der Folge von den Kriegsgefangenen hörte, etwas von seinem oder dem Vorrücken des Labienus wussten. Da kam Considius in vollem Galopp zu Caesar herangesprengt mit der Nachricht, auf dem Berg, den Labienus habe besetzen wollen, stände der Feind, wie er an den gallischen Rüstungen und Feldzeichen gesehen habe. Caesar zog sich auf einen Hügel in der Nähe zurück und stellte seine Truppen in Schlachtordnung. – Labienus wartete unterdessen auf dem Gipfel, den er besetzt hatte, auf uns und nahm

keinen Angriff vor, verhielt sich nach Caesars Vorschrift still, bis er dessen Truppen vor dem feindlichen Lager sehen würde, um von allen Seiten gleichzeitig gegen die Feinde aufzubrechen. Am hellen Tag erfuhr endlich Caesar durch seine Späher, der Berg sei von seinen eigenen Leuten besetzt und die Helvetier hätten ihr Lager verlassen; Considius habe in der Bestürzung Dinge gemeldet, die er gar nicht gesehen hatte. Caesar folgte an diesem Tag in der gewöhnlichen Entfernung dem Feind und schlug dreitausend Schritte von ihm sein Lager auf.

[23] Am folgenden Tag – denn es waren nur noch zwei Tage übrig, bis das Heer sein Getreide empfangen musste, und Bibracte[19], bei Weitem die größte und volkreichste Stadt der Aeduer, lag achtzehntausend Schritte entfernt – glaubte Caesar, er müsse nun für den Unterhalt des Heeres sorgen, verließ daher die Helvetier und wendete sich gegen Bibracte. Dem Feind wurde das durch die Überläufer des L. Aemilius, Befehlshaber der gallischen Reiterei, verraten. In der Meinung also, die Römer zögen sich aus Furcht zurück, was um so glaubhafter war, weil tags vorher von dem Berg, den man besetzt hatte, kein Angriff geschehen war, oder in der festen Hoffnung, uns die Zufuhr der Lebensmittel abschneiden zu können, änderten die Helvetier ihren Plan und die bisherige Richtung ihres Zuges und fingen nun an, unsere Nachhut zu verfolgen und zu necken.

[24] Sobald Caesar dies wahrnahm, zog er sich mit dem Fußvolk auf den nächsten Hügel und schickte seine Reiterei los, den vorrückenden Feind aufzuhalten. Mit den vier alten Legionen bildete er unterdessen auf der Mitte des Hügels eine dreifache Schlachtlinie, sodass die zwei neuen Legionen aus dem diesseitigen Gallien und alle Hilfsvölker über ihm auf dem Gipfel standen, und so ließ er den ganzen Hügel besetzen, das Gepäck auf einen Platz zusammenwerfen und denselben durch die Soldaten der obersten Schlachtreihe befestigen. Die Helvetier waren mit ihren ganzen Wagen nachgerückt, stellten das Gepäck zusammen, warfen unsere Reiter zurück und kamen in einer Phalanx bis an unser erstes Treffen hinan.

[25] Um die Gefahr für alle gleich zu machen und die Hoffnung auf Flucht zu nehmen, ließ Caesar zuerst sein Pferd, dann alle übrigen entfernen, ermunterte die Seinen zum Kampf und begann dann die

---

[19] *Bibracte:* die heutige Stadt Autun, in der französischen Region Bourgogne-Franche-Comté

Schlacht. Die Soldaten durchbrachen mittels von oben herabgeschleuderter Wurfspieße leicht die Phalanx der Feinde und machten dann sogleich mit gezogenen Schwertern auf die Zersprengten einen Angriff. Zum großen Nachteil der Gallier wurden in dieser Schlacht mehrere Schilde durch einen Wurfspieß zugleich durchbohrt und aneinander geheftet; wenn nun das Eisen sich umgebogen hatte, so konnte man ihn weder herausziehen, noch auch mit dem so behinderten linken Arm bequem genug streiten. Viele warfen daher, nachdem sie den Arm lange hin und her gezerrt hatten, den Schild fort und fochten mit ungeschütztem Körper. Endlich fing der Feind nach einem großen Verlust an zu weichen und sich auf einen ungefähr tausend Schritte entfernten Berg zurückzuziehen. Als jene den Berg erreicht hatten und die Unsrigen nachfolgten, fielen die Boier und Tulinger, die mit ungefähr fünfzehntausend Mann die Nachhut bildeten und den Rücken deckten, von ihrem Zug gerade in unsere offene Seite und überflügelten uns. Das sahen kaum die Helvetier von dem Berg, auf den sie sich schon zurückgezogen hatten, so griffen sie wieder an und nahmen den Kampf wieder auf. – Die Römer griffen sogleich mit veränderter Stellung in zwei Schlachtreihen an, sodass das erste und zweite Treffen sich den geschlagenen und zurückgeworfenen Helvetiern entgegen stürmte, das dritte aber die anrückenden Boier und Tulinger in Empfang nahm.

[26] So wurde in unentschiedenem Kampf lange und heftig gefochten. Endlich konnten die Feinde unserem heftigen Andrang nicht länger widerstehen und die Helvetier zogen sich, wie sie angefangen hatten, auf ihren Berg zurück; die Boier und Tulinger aber wendeten sich zu dem Gepäck und den Wagen hin, denn fliehen sah man in dem ganzen Kampf niemand, obschon die Schlacht von sieben Uhr bis an den Abend gedauert hatte. Der Kampf wurde sogar noch bis spät in die Nacht bei dem Gepäck fortgesetzt, denn die Helvetier hatten statt eines Walles ihre Wagen aufgefahren und warfen ihre Geschosse von einem höheren Standpunkt auf unsere anrückenden Truppen. Manche schleuderten auch ihre leichten Wurfspieße zwischen den Wagen und Rädern hervor und verwundeten so unsere Soldaten.

Nach einem hartnäckigen Widerstand erst eroberten wir endlich das Lager mit dem Gepäck und machten hier die Tochter des Orgetorix nebst einem seiner Söhne zu Gefangenen. Der von der Schlacht übrigen Rest der Helvetier, ungefähr hundertdreißigtausend an Zahl, setzte die Flucht die ganze Nacht ununterbrochen fort und kam ohne Rast, nicht einmal nachts, am vierten Tag in das Lingonische Gebiet[20], während Caesar unterdessen wegen der Verwundeten und des Begrabens der Gefallenen drei Tage verweilte, ohne sie verfolgen zu können. Doch schickte er Boten und Briefe an die Lingoner: Man solle den Helvetiern weder mit Lebensmitteln, noch mit anderen Bedürfnissen unterstützen, sonst werde er sie wie die Helvetier als Feinde behandeln. Am vierten Tag setzte er ihnen mit dem ganzen Heer nach.

[27] Der Mangel an allem Notwendigen bewog die Helvetier endlich, Gesandte an Caesar zu schicken, um sich zu ergeben. Sie trafen ihn auf dem Zug an und baten unter Flehen und Weinen, zu seinen Füßen niedergeworfen, um Frieden. Caesar gebot, an dem Ort, wo ihr Heer stände, seiner zu warten. Sie taten es. Bei seiner Ankunft forderte er von ihnen Geiseln, Waffen und die übergelaufenen Sklaven. In der Nacht, während man dies suchte und zusammenbrachte, verließen noch in den Abendstunden ungefähr sechstausend Mann aus dem Gau der Verbigener das Lager und eilten dem Rhein und Germanien zu, entweder aus Furcht, nach Ablieferung der Waffen bestraft zu werden oder in der Hoffnung, ihre Flucht werde bei der großen Menge, die sich ergeben hatte, Caesar verborgen oder gänzlich unbemerkt bleiben.

[28] Als Caesar das erfuhr, schickte er an die Völker, durch deren Land sie gezogen waren, den Befehl, man möge jene suchen und ihm zurückführen, wenn er sie nicht selbst für schuldig halten sollte. Die Zurückgebrachten behandelte er nun als Feinde und nahm nach dem Empfang der Geiseln, Waffen und Überläufer die Unterwerfung aller Übrigen an. Die Helvetier, Tulinger und Latobriger hieß Caesar ihr verlassenes Land wieder beziehen, und weil sie nach dem Verlust ihres Getreides keinen Unterhalt darin fanden, so beauftragte er die Allobroger, ihnen Lebensmittel zukommen zu lassen. Auch die Dörfer und Städte, die sie angezündet hatten, mussten sie auf Caesars Befehl selbst wieder aufbauen. Seine Hauptabsicht dabei war, das Land, aus dem die Helvetier ausgewandert waren, nicht öde zu lassen, damit die Germanen nicht wegen der Fruchtbarkeit des Bodens über den Rhein nach Helvetien zögen und sich in der Nachbarschaft der Provinz und der Allobroger ansiedelten. Den Boiern erlaubte er auf Ansuchen der Haeduer, die sie

---

[20] *Lingonisches Gebiet:* in der Gegend um die Quelle der Maas

wegen ihrer bekannten ausnehmenden Tapferkeit in ihr Land aufnehmen wollten, sich im Haeduer-Gebiet niederzulassen. Jene also gaben ihnen jetzt Felder und in der Folge gleiche Rechte und Freiheiten mit den Eingeborenen.

[29] Im Lager der Helvetier fanden sich griechisch geschriebene Verzeichnisse, die man dem Caesar brachte. Dieselben enthielten eine Berechnung der ganzen waffenfähigen Mannschaft, die ausgewandert war und auch besondere Angaben der Kinder, Greise und Weiber. In allem waren es zweihundertdreiundsechzigtausend Helvetier, sechsunddreißigtausend Tulinger, vierzehntausend Latobriger, dreiundzwanzigtausend Nauracer und zweiunddreißigtausend Boier. Darunter befanden sich zweiundneunzigtausend Waffenfähige. Im Ganzen waren es dreihundertachtundsechzigtausend Köpfe. Von dieser Zahl gingen nach der Zählung, die auf Caesars Befehl vorgenommen wurde, hundertzehntausend wieder in ihr Land zurück.

Krieg mit Ariovist

[30] NACH DEM KRIEG mit den Helvetiern kamen beinahe aus allen Staaten Galliens die Häuptlinge als Abgesandte zu Caesar, um ihm Glück zu wünschen. Obschon, so sagten sie, Caesar eigentlich nur die Helvetier in diesem Krieg für die alten Beleidigungen gegen das römische Volk gezüchtigt hätte, so fänden sie das doch ebenso vorteilhaft für Gallien wie für den römischen Staat, da die Helvetier aus ihrer so blühenden Heimat nur in der Absicht ausgezogen wären, ganz Gallien zu bekriegen und sich nach dessen Unterjochung die günstigste und fruchtbarste Mark aus Gallien zum Sitz zu wählen, das übrige Land aber zinsbar zu machen. Sie baten zugleich um Erlaubnis, einen allgemeinen Landtag der Gallier auf einen bestimmten Termin anzusagen und ihn mit Caesars Genehmigung zu halten: sie hätten einige Bitten, die sie unter allgemeiner Übereinstimmung vortragen wollten. Die Erlaubnis wurde gegeben. Man setzte den Tag zu ihrer Zusammenkunft fast und verpflichtete sich eidlich, niemand, ausgenommen die, welchen man es in Folge gemeinschaftlicher Erwägung auftragen würde, solle etwas davon zur öffentlichen Kenntnis bringen.

[31] Nach Beendigung des Landtags erschienen dieselben Vorstände der gallischen Staaten, welche zuvor bei Caesar gewesen waren, aufs Neue bei ihm und verlangten, sich mit ihm allein insgeheim über privates und allgemeines Bestes zu besprechen. Auch das wurde bewilligt. Da warfen sie

sich unter Tränen Caesar zu Füßen und erklärten: ›sie seien in gleichem Grad bestrebt und bemüht, ihr Gesuch geheim zu halten wie es erfüllt zu sehen; denn würden sie verraten, so hätten sie, wie sie im Voraus sähen, das grausamste Los zu erwarten.‹ Der Haeduer Diviciacus führte in ihrem Namen das Wort: ›Zwei Parteien gäbe es bei den Galliern, an deren Spitze die Haeduer und Arverner ständen. Nach einem langen und schweren Krieg zwischen beiden Teilen um die Oberherrschaft wären germanische Söldner von den Arvernern und den Sequanern angenommen worden.

Anfänglich seien ihrer nur fünfzehntausend Mann über den Rhein gekommen; nachdem aber diese rohen und wilden Leute an Galliens Fluren, Erzeugnissen und Lebensart ein Behagen gefunden hätten, so wären noch mehrere gefolgt. Jetzt belaufe sich ihre Anzahl in Gallien auf hundertzwanzigtausend Mann. Die Haeduer und ihre Schutzgenossen hätten einige Schlachten gegen sie geliefert, wären aber mit großem Verlust geschlagen worden und fast um den ganzen Adel, Senat und ihre Reiterei gekommen. Durch diese Schlachten und Niederlagen wäre ihr Staat, der bei der Tapferkeit seiner Völker, der Gastfreundschaft und Verbrüderung mit den Römern sonst der mächtigste in Gallien gewesen sei, entkräftet und gezwungen worden, den Sequanern die Angesehensten des Staates als Geiseln zu geben und sich eidlich zu verbinden, die Geiseln niemals zurückzufordern, keine Hilfe bei den Römern zu erflehen und ohne Widerrede auf immer ihre Oberherrschaft anzuerkennen. Er allein unter allen Haeduern hätte sich weder einen Eid noch seine Kinder als Geiseln abzwingen lassen; wäre deshalb aus seinem Staat entwichen und hätte bei dem Senat zu Rom Hilfe gesucht, weil ihm weder durch Eid noch durch Geiseln die Hand gebunden gewesen sei.

Allein der Erfolg wäre für die siegenden Sequaner schlimmer ausgefallen, als für die besiegten Haeduer: Denn der Germanenkönig Ariovistus hätte sich in ihrem Gebiet festgesetzt und den dritten Teil des Landes, des besten von ganz Gallien, weggenommen, und nun sollten die Sequaner auch noch das zweite Drittel den Harudern[21] zur Wohnung und zum Aufenthalt einräumen, die vierundzwanzigtausend Mann stark vor einigen Monaten zu ihm gestoßen wären. In kurzer Zeit würden sie somit insgesamt aus Gallien gejagt werden und alle Germanen über den Rhein kommen, denn weder Boden noch Lebensweise in Germanien käme der

---

21 *Haruder:* vermutlich aus dem Norden Jütlands

gallischen gleich. Ariovistus aber herrsche seit dem Hauptsieg über die gallische Macht, den er bei Magetobriga[22] erfochten habe, mit Übermut und Grausamkeit, er verlange die Kinder des ersten Adels zu Geiseln und übe alle Arten von Härte und Grausamkeit gegen sie aus, wenn nicht alles nach seinem Wink und Willen geschähe. Er sei ein Barbar, ein jähzorniger, tollkühner Mann: man könne nicht länger seine Herrschaft ertragen. Fände man nicht einige Hilfe bei Caesar und dem römischen Volk, so müssten alle Gallier wie die Helvetier auswandern, einen anderen Wohnort, ein anderes Land weit von den Germanen suchen und ihr Glück, wie es auch komme, versuchen. Erführe aber Ariovistus diese Unterredung, so würde er sicher an allen Geiseln, die er in Händen hätte, die schärfste Rache nehmen. Caesar könne ihn teils durch sein und seines Heeres Ansehen, teils durch den Ruhm des letzten Sieges oder durch den Namen des römischen Volkes schrecken, keine Truppen mehr über den Rhein zu führen; ja, er könne ganz Gallien gegen jene Gewalthandlungen schützen.«

[32] Nach dieser Rede des Diviciacus baten alle Anwesenden mit lautem Gejammer um Caesars Hilfe. Caesar bemerkte, dass die Sequaner allein sich keineswegs wie die Übrigen benahmen, sondern traurig mit gesenktem Kopf zur Erde starrten. Er war neugierig, die Ursache zu wissen und fragte sie. Die Sequaner antworteten nichts und blieben wie zuvor in ihrer stummen Traurigkeit. Als er bei wiederholten Fragen kein Wort aus ihnen bringen konnte, antwortete der Haeduer Diviciacus wieder: »Das Schicksal der Sequaner wäre um so bedauernswürdiger und härter als das der Übrigen, weil sie allein nicht einmal in der Stille klagen oder um Hilfe flehen dürften, und vor der Grausamkeit des Ariovistus auch in seiner Abwesenheit so bebten, als wenn er vor ihnen stände, denn die Übrigen könnten doch noch entweichen. Die Sequaner aber müssten, da sie ihn in ihrem Land aufgenommen hätten und er alle Städte in seiner Gewalt habe, sich allen Drangsalen unterwerfen.«

[33] Als nun Caesar das angehört hatte, sprach er den Galliern Trost zu mit der Versicherung, er werde für sie sorgen. Bei den Verbindlichkeiten[23], die Ariovistus gegen ihn habe, und bei seinem Ansehen hege er große

---

[22] *Magetobriga:* vermutlich eine Stadt im Elsass, heute nicht mehr nachweisbar

[23] *Verbindlichkeiten:* Anerkennung der Königswürde und Titel eines Bundesgenossen

Hoffnung, ihn dahin zu bringen, seinen Bedrückungen ein Ende zu machen, und so entließ er die Versammlung. Außerdem trieben auch noch andere Ursachen den Caesar an, diese Sache zu beherzigen und in die Hand zu nehmen, besonders da er die Haeduer, die doch der Senat so oft Freunde und Brüder genannt habe, in der Sklaverei und unter der Gewaltherrschaft der Germanen sah und vernahm, dass Ariovistus und die Sequaner Geiseln von ihnen hätten, was er bei Roms ausgedehnter Macht für sich und seinen Staat als die größte Schande ansah. Auch erkannte er die Gefahr für Rom, die darin lag, wenn die Germanen sich allmählich daran gewöhnten, über den Rhein zu ziehen und sich in Gallien ansammelten, denn er glaubte nicht, dass diese wilden Barbaren, wenn sie im Besitz von ganz Gallien wären, sich damit begnügen würden, sondern wie vor ihnen Cimbern und Teutonen in die Provinz vorrücken und von da nach Italien eindringen, zumal da nur die Rhône die Provinz von den Sequanern trennt. Er hielt also für gut, die schleunigsten Vorkehrungen dagegen zu treffen; Stolz und Anmaßungen des Ariovistus gingen ja schon so weit, dass er ihm selbst unerträglich erschien.

[34] Caesar befand es also für gut, Abgesandte an Ariovist zu schicken mit dem Begehren, einen Ort zu ihrer beiderseitigen Unterredung zu bestimmen; er wolle sich mit ihm über einige Staatsgeschäfte und Angelegenheiten von größter Wichtigkeit für sie beide besprechen. Ariovist gab diesen Abgesandten den Bescheid, wenn er ein Anliegen an Caesar hätte, so würde er zu ihm kommen; verlange aber Caesar etwas von ihm, so müsse auch er zu ihm kommen. Außerdem wage er es nicht, ohne sein Heer in die Teile Galliens zu gehen, die Caesar besetzt habe, und das könne er nicht ohne viele Beschwerden zusammenziehen. Überhaupt schiene es ihm aber sonderbar, was Caesar oder gar das römische Volk in seinem Gallien, das er durch Kriegsrecht erworben hätte, zu schaffen habe.

[35] Auf diese Antwort schickte ihm Caesar aufs Neue Gesandte zu mit der Erklärung: ›Da er die große Gnade gegen sich und das römische Volk, den von dem Senat unter seinem Konsulat ihm verliehenen Titel ›König und Freund‹ damit vergelte, dass er seiner Einladung zu einer Unterredung Schwierigkeiten mache und sich über ihr gemeinschaftliches Interesse nicht besprechen und unterrichten lassen wolle, so lege er ihm folgende Punkte zur Befolgung vor: erstens, keine Völker mehr über den Rhein nach Gallien zu führen; sodann den Haeduern die Geiseln, die er von ihnen hätte, zurückzugeben und den Sequanern zu erlauben, die mit

seiner Zustimmung bei ihnen befindlichen Geiseln zurückzuschicken; die Haeduer nicht zu misshandeln und weder sie noch ihre Verbündeten feindselig zu behandeln. Erfülle er das, so würde er ihn und das römische Volk ewig zu Freunden und Gönnern haben; wenn nicht, so würde Caesar bei den Misshandlungen der Haeduer nicht gleichgültig bleiben – gemäß der Senats-Verordnung unter den Konsuln M. Messalla und M. Piso, dass der jeweilige Statthalter der Provinz Gallien die Haeduer und übrigen Freunde des römischen Volkes schützen solle, soweit er es ohne Nachteil des Staates könne.‹

[36] Dagegen versetzte Ariovist: ›Laut Kriegsrecht behandele der Sieger die Besiegten nach seiner Willkür. Auch das römische Volk pflege mit seinen unterjochten Völkern nach eigenem Gefallen, nicht nach der Vorschrift eines anderen zu verfahren. Wenn er also den Römern in der Ausübung ihrer Rechte keine Vorschriften mache, so dürften auch sie ihn in seinem Gebrauch des Rechts nicht kränken. Die Haeduer hätten ihr Waffenglück versuchen wollen, hätten Schlachten gewagt und wären überwunden worden. Sie zahlten ihm in Folge dessen Tribut. Caesar aber handle sehr ungerecht, dass er durch seine Einmischung seine Einkünfte schmälere. Den Haeduern werde er die Geiseln nicht zurückgeben und werde sie und ihre Bundesgenossen auch nicht widerrechtlich bekriegen, wenn sie dabei blieben, worin sie übereingekommen wären und jährlich ihren Tribut zahlten. Täten sie das nicht, so werde ihnen die Verbrüderung mit dem römischen Volk wenig nützen. Wenn ihm Caesar ankündige, er werde bei den Misshandlungen der Haeduer nicht gleichgültig bleiben, so bemerke er, dass sich noch niemand ohne sein Verderben auf einen Krieg mit ihm eingelassen habe. Er solle nur, wenn er Lust hätte, die Feindseligkeiten anfangen. Er werde die Tapferkeit seiner unüberwindlichen Germanen, die so geübt in den Waffen und seit vierzehn Jahren[24] unter keine Oberherrschaft gekommen wären, fühlen.‹

[37] Gerade als man Caesar diese Antwort hinterbrachte, kamen Gesandte der Haeduer und Treverer[25] an. Die ersteren, um sich über die

---

[24] Dieses Gespräch aus dem Jahr 58 v. Chr. bezieht sich auf die 72 v. Chr. stattgefundene Überquerung des Ariovist mit den Sueben über den Rhein – bis zu Caesars Feldzug und darüber hinaus ein Konfliktherd.

[25] *Treverer:* Mischvolk aus Kelten und Germanen. Im Großbereich der heutigen Stadt Trier (Treverorum)

Haruder, die erst vor kurzem nach Gallien verpflanzt waren und nun ihr Land verwüsteten, zu beschweren: Man habe nicht einmal durch Geiseln Ruhe von Ariovistus erkaufen können. Die Treverer aber brachten die Nachricht, hundert Gaue der Sueben ständen am Rhein und wollten übersetzen; Nasua und Cimberius, zwei Brüder, seien ihre Führer. Über diese Nachricht geriet Caesar in große Unruhe und dachte, er müsse schleunigst handeln, damit ihm nicht durch die Vereinigung des neuen Sueben-Haufens mit Ariovists altem Heer der Widerstand erschwert werde. Er legte daher in höchstmöglicher Geschwindigkeit Getreidevorräte an und ging in Eilmärschen auf Ariovist los.

[38] Am dritten Tag nach dem Aufbruch kam die Nachricht, Ariovist rücke mit seinem ganzen Heer auf Vesontio[26], die Hauptstadt im sequanischen Gebiet, um sie zu besetzen und sei schon drei Märsche aus seinem Land vorwärts gerückt. Caesar glaubte dem sorgfältig vorbeugen zu müssen, denn in der Stadt lag ein sehr großer Vorrat von allem für einen Krieg Notwendigen. Die Stadt hätte durch ihre Befestigung von Natur aus eine schöne Gelegenheit geben können, den Krieg in die Länge zu ziehen, weil der Fluss Dubis [Doubs] beinahe die ganze Stadt wie im Kreis umfließt und auf der Seite, wo er sie nicht berührt, die nicht breiter als sechshundert Fuß ist, ein großer Berg den ganzen Raum ausfüllt, sodass der Fluss auf beiden Seiten hart an dessen Fuß hinströmt. Der Berg bildet wegen der Mauer, die ihn einschließt und mit der Stadt vereinigt, eine Burg. Hierhin eilte Caesar in großen Tag- und Nachtmärschen, nahm den Ort und legte eine Besatzung hinein.

[39] Während der kurzen Zeit, in der Caesar des Getreides und der Zufuhr wegen bei Vesontio stand, verbreitete sich, so die Erkundigungen unserer Soldaten, durch das Geschwätz der Gallier und Kaufleute: Die Germanen seien ungeheuer groß, unglaublich tapfer, geübt in den Waffen; sie hätten bei den vielen Schlachten mit ihnen nicht einmal ihre Blicke und das Funkeln der Augen ertragen können – plötzlich ein solcher Kleinmut in dem ganzen Lager, dass alle außer Fassung gerieten. Diese Furcht aber ging zuerst von den Kriegstribunen, sonstigen Praefecten und den Übrigen aus, die dem Caesar nur aus Freundschaft von Rom gefolgt waren und nun bei ihrer geringen Erfahrung im Krieg über die große Gefahr jammerten, und von denen nun jeder unter einem anderen

---

[26] *Vesontio*: heutiger Name der Stadt Besançon (Frankreich)

Vorwand sich zu einer notwendigen Reise die Einwilligung Caesars erbat. Einige hielten zwar aus Scham, um dem Verdacht der Feigheit zu entgehen, Stand, allein sie konnten doch ihr Gesicht nicht verstellen noch sich zu Zeiten der Tränen enthalten. In den Zelten versteckt beklagten sie entweder ihr Missgeschick oder bejammerten mit ihren Vertrauten die allgemeine Gefahr. Im ganzen Lager machte man durchgängig sein Testament. Durch ihr Geschwätz und ihre Zaghaftigkeit wurden nach und nach auch die Soldaten, die schon viele Erfahrungen im Krieg hatten, die Centurionen und Führer der Reiterei beunruhigt. Die noch am unerschrockensten sein wollten, gaben vor, nicht der Feind mache sie so bange, nur die Engpässe, die ungeheuren Waldungen zwischen ihnen und Ariovist seien ihnen bedenklich und auch dass man die Lebensmittel nicht leicht genug herbeischaffen könne. Einige erklärten sogar dem Caesar, die Soldaten würden bei dem Befehl zum Aufbruch und Marsch nicht gehorchen und aus Furcht nicht vorrücken.

[40] Als Caesar das gehört hatte, hielt er einen Kriegsrat, zu dem er auch die Centurionen des ganzen Heeres hatte rufen lassen und gab ihnen einen herben Verweis, erstens, dass sie glaubten, untersuchen oder überlegen zu müssen, wohin oder in welcher Absicht man sie marschieren ließe. Ariovist habe unter seinem Konsulat so sehnlich Roms Freundschaft gesucht, wie man denn glauben könnte, dass er so ohne Grund seiner Pflicht untreu werden würde? Er sei überzeugt, Ariovist werde, wenn er seine Forderungen gehört und die Billigkeit seiner Vorschläge eingesehen hätte, nicht seine und des römischen Volkes Gunst verscherzen wollen. Doch gesetzt, Wut und Tollheit gingen bei ihm so weit, sie zu bekriegen, was sie denn befürchteten? Warum sie Misstrauen in ihre Tapferkeit oder in seine Fürsorge setzten? Man habe ja schon zu unserer Väter Zeiten diesen Feind kennengelernt und bei des Caius Marius Siegen über die Cimbern und Teutonen[27] dürften Heer und Feldherr gleichen Anspruch auf den Siegesruhm machen. Auch jüngst erst habe man ihn in Italien bei dem Aufstand der Sklaven kennengelernt, denen doch römische Erfahrung und Kriegszucht einigermaßen zustatten gekommen wären. Hieraus könne man beurteilen, welche Vorteile Geistesentschlossenheit gewähre, denn zuletzt habe man dieselben Feinde, welche man

---

[27] *Siege über Cimbern und Teutonen:* 102 v. Chr. bei Aquae Sextiae und 101 in den raudinischen Gefilden bei Bercelli

eine Zeitlang ohne Grund waffenlos gefürchtet hatte, vollkommen bewaffnet und als Sieger dennoch geschlagen. Endlich seien dies ja dieselben Germanen, deren Besieger in vielen Schlachten, nicht allein in ihrem Land, sondern auch in Germanien selbst fast immer die Helvetier gewesen wären, die doch unserer Macht hätten unterliegen müssen. Beunruhige aber jemand die verlorene Schlacht und Flucht der Gallier, der könne bei näherer Untersuchung finden, dass die Kelten durch den langwierigen Krieg ermüdet gewesen.

So habe Ariovist, nachdem er Monate in seinem Lager zwischen Sümpfen eingeschlossen sich nicht habe beikommen lassen, als jene schon fast alle Hoffnung auf eine Schlacht aufgegeben und sich zerstreut hätten, sie unvermutet überfallen und mehr durch Klugheit und List als durch Tapferkeit geschlagen. Das wäre wohl bei Barbaren ohne Kriegskenntnisse gegangen, allein ebenso unsere Völker besiegen zu können hoffe Ariovist gewiss selber nicht. Jene, die bei ihrer Furcht die Besorgnisse wegen der Lebensmittel und Engpässe vorschützten, handelten vermessen, da sie an dem Pflichtgefühl des Feldherrn zweifelten oder ihm gar vorschreiben wollten. Dafür sorge er: Sequaner, Leucer und Lingoner lieferten Getreide; auch die Früchte auf dem Feld seien schon reif. Über den Marsch würden sie selbst in Kürze urteilen.

Das Gerede, der Soldat würde nicht gehorchen und auf seinen Befehl aufbrechen, beunruhige ihn gar nicht, denn er wisse wohl, alle, denen ihre Truppen nicht gehorcht haben, hätten entweder ihre Sache schlecht gemacht und kein Glück gehabt, oder man sei durch eine unleugbare Tatsache von ihrer Habsucht überzeugt gewesen. Seine Unbescholtenheit aber sei durch sein ganzes Leben, sein Waffenglück aber durch den Krieg mit den Helvetiern genügend erwiesen. Er werde demnach, was er außerdem weiter hinausgeschoben hätte, sogleich vornehmen und in der nächsten vierten Nachtwache aufbrechen, um so bald als möglich zu wissen, ob Ehrgefühl und Pflicht oder Angst bei ihnen mehr vermöge. Folge ihm auch niemand, so werde er doch mit der zehnten Legion allein vorrücken, an deren Folgsamkeit er nicht zweifle, diese solle ihm Leibwache sein. Diese Legion hatte nämlich Caesar immer besonders begünstigt und in sie setzte er wegen ihrer Tapferkeit das größte Vertrauen.

[41] Durch diese Rede wurde das ganze Heer wunderbar umgestimmt, und es entstand größte Bereitwilligkeit und Lust zum Krieg. Vor allem aber stattete die zehnte Legion durch ihre Tribunen Caesar ihren Dank

für das geäußerte günstige Urteil ab, mit der Versicherung, sie bräche mit größtem Eifer gegen den Feind auf. Hierauf verhandelten auch die übrigen Legionen durch ihre Tribunen und Centurionen ersten Ranges, wie sie den Caesar besänftigen möchten. Sie versicherten, sie wären ja nie unschlüssig oder furchtsam gewesen und hätten nie geglaubt, dass ihnen ein Urteil über die allgemeine Leitung des Krieges zustehe, sondern dies sei die Sache des Feldherrn. Caesar nahm ihre Entschuldigung an und nachdem er durch den Diviciacus – diesem traute er von allen am meisten – einen Weg ausfindig gemacht hatte, durch den er in einem Umweg von mehr als fünfzigtausend Schritten über freie Ebene vorrücken konnte, brach er um die vierte Nachtwache, wie er zuvor gesagt hatte, auf. Nach sieben Tagesmärschen ohne Rasttag erhielt er von seinen Kundschaftern die Nachricht: Ariovist stände mit seinem Heer vierundzwanzigtausend Schritte entfernt.

[42] Als Ariovist von Caesars Vorrücken erfahren hatte, schickte er ihm Gesandte, die zuvor begehrte Unterredung könnte nun, da Caesar näher gekommen sei, und er keine Gefahr dabei finde, für seine Person vor sich gehen. Caesar, mit dem Vorschlag zufrieden, glaubte schon, Ariovist besänne sich eines Besseren, da er sich aus freien Stücken zu dem erbot, was er ihm zuvor auf sein Gesuch abgeschlagen hatte. Er machte sich starke Hoffnung, jener würde wegen der großen Verpflichtungen gegen ihn und das römische Volk von seinem Starrsinn ablassen, sobald er seine Forderungen gehört hätte. Der fünfte Tag darauf wurde zur Unterredung bestimmt. Da unterdessen Abgesandte von beiden Seiten hin und her gingen, verlangte Ariovist, Caesar solle kein Fußvolk zu der Unterredung mit sich bringen, da er eine Hinterlist fürchtete. Beide sollten nur Reiter bei sich haben: Unter einer anderen Bedingung werde er nicht kommen.

Durch keinen Vorwand wollte Caesar die Unterredung scheitern lassen; er mochte seine Person aber auch nicht gallischen Reitern anvertrauen. Er hielt es also für das Beste, die Gallier absitzen zu lassen und mit ihren Pferden seine zehnte Legion beritten zu machen, um im Fall der Not die treueste Bedeckung zu haben. Bei dieser Gelegenheit verfiel ein Soldat von der zehnten Legion auf den witzigen Einfall: ›Caesar tue jetzt mehr, als er versprochen: Er habe die zehnte Legion nur zu seiner Leibwache erheben wollen, jetzt mache er sie zu Rittern.‹

[43] Gleich weit von den beiden Lagern erhob sich auf einer großen Ebene ein ansehnlicher Erdhügel. Dorthin kamen sie, der Vereinbarung gemäß, zur Unterredung. Caesar ließ seine Legion zu Pferd zweihundert

Schritte vor dem Hügel stehen. In gleicher Entfernung machten auch Ariovists Reiter Halt. Dieser verlangte, dass man sich zu Pferd bespreche, und jeder sollte mit zehn Mann zur Unterredung kommen dürfen. Bei ihrer Zusammenkunft erwähnte Caesar im Eingang seiner Rede die von ihm und dem Senat dem Ariovist verliehenen Auszeichnungen: Er habe vom Senat den Titel König und Freund erhalten sowie die ansehnlichsten Geschenke empfangen. Das geschähe selten und werde, nach der Sitte Roms, nur für wichtige Dienste erteilt; er aber habe, ohne einen Anspruch, ohne begründetes Recht zu haben, diese Belohnung rein durch seine und des Senates Güte und Freigiebigkeit erhalten. Dann unterrichtete er ihn auch, wie alt und rechtmäßig Roms Verbindung mit den Haeduern sei, welche Verordnungen der Senat für sie gemacht habe.

Die Haeduer seien sogar vor ihrem Gesuch um Roms Freundschaft der erste Staat unter den Galliern gewesen. Rom pflege seine Bundesgenossen und Freunde nicht nur nicht beeinträchtigen zu lassen, sondern suche auch ihr Ansehen, ihre Achtung und Würde zu vergrößern. Wer könne ihnen das entziehen lassen, was sie schon vor ihrer Freundschaft mit Rom besessen hätten? Er wiederholte hierauf die Forderungen, die er seinen Gesandten als Antrag mitgegeben hatte, keine Feindseligkeiten gegen die Haeduer und ihre Bundesgenossen auszuüben, ihre Geiseln zurückzugeben und, könnte er nicht einen Teil von seinen Germanen nach Hause schicken, wenigstens nicht zu gestatten, dass noch mehr über den Rhein gingen.

[44] Ariovist beantwortete Caesars Forderungen nur kurz und prahlte um so mehr mit seinen Taten. ›Er sei nicht aus eigenem Trieb, sondern auf Bitten und Verlangen der Gallier über den Rhein gegangen. Haus und Familie habe er nicht ohne große Aussichten und zu hoffende Vorteile verlassen, seine Besitzungen in Gallien seien ihm von den Galliern abgetreten, die Geiseln mit gutem Willen gegeben worden, den Tribut, den Sieger den Überwundenen aufzulegen pflegten, empfange er nach dem Kriegsrecht, die Gallier, nicht er, seien der angreifende Teil gewesen. Alle Staaten Galliens seien gegen ihn aufgebrochen und hätten gegen ihn im Feld gestanden; diese vereinigte Macht habe er in einer einzigen Schlacht über den Haufen geworfen und geschlagen. Wollten sie es noch einmal versuchen, so sei er abermals zum Kampf bereit; wäre ihnen aber der Frieden lieber, so sei es unbillig, den Tribut zu verweigern, den sie bis jetzt gutwillig gezahlt hätten.

Die Freundschaft mit Rom müsste ihm Ruhm und Schutz verschaffen, nicht aber Nachteil bringen, nur in dieser Absicht habe er sie gesucht. Sollte er durch die Römer seine Kriegssteuern verlieren, so leiste er eben so willig auf ihre Freundschaft Verzicht, als er sich darum beworben habe. Er führe germanische Völker zu seiner Sicherheit über den Rhein, nicht aus feindseligen Absichten gegen die Gallier, das ersähe man daraus, dass er erst auf deren Bitten gekommen sei und den Krieg nicht angefangen, sondern sich nur verteidigt habe. Er sei ja vor den Römern schon nach Gallien gekommen und bis jetzt habe kein römisches Heer einen Schritt über die Grenze ihrer gallischen Provinzen getan. Was Caesar denn suche? In welcher Absicht er gegen seine Besitzungen vorrücke? Dieses Gallien sei seine Provinz, wie jenes die römische.

Wie man ihm einen Einfall in unser Gebiet nicht verzeihen dürfte, so sei es unsererseits eben so ungerecht, ihn in seinen Rechten zu stören. Caesar gäbe vor, der Senat habe die Haeduer zu Freunden erklärt, allein er sei nicht so fremd und unerfahren, um nicht zu wissen, dass die Haeduer selbst weder den Römern in dem letzten Krieg mit den Allobrogern Beistand geleistet noch auch in den Kämpfen mit ihm und den Sequanern Hilfe von Rom erhalten hätten. Er müsse argwöhnen, dass Caesar unter dem Schein der Freundschaft das Heer in Gallien nur zu seiner Unterdrückung habe. Zöge er dasselbe nicht zurück und räumten seine Völker nicht diese Gegenden, so werde er ihn nicht als Freund, sondern als Feind betrachten. Durch Caesars Tod erweise er vielen Edlen und Großen in Rom einen Gefallen, das hätten sie ihn selbst wissen lassen. Durch seine Ermordung könne er aller dieser Leute Gunst und Gewogenheit gewinnen. Zöge Caesar sich aber zurück und überließe er ihm den ungestörten Besitz Galliens, dann wolle er ihm recht erkenntlich sein und alle Kriege, die er geführt wünsche, ohne seine Belästigung und Gefahr zu Ende bringen.‹

[45] Caesar erwiderte hierauf ausführlich, warum er in dieser Angelegenheit nicht nachgeben könne. Weder seine noch des römischen Volkes Gewohnheit erlaube ihm, so verdiente Bundesgenossen im Stich zu lassen; auch habe nach seinem Urteil Ariovist nicht mehr Recht auf Gallien als die Römer. Denn Quintus Fabius Maximus hätte die Arverner und Rutener überwunden, das römische Volk sie aber begnadigt und weder ihr Land zu einer Provinz gemacht, noch ihnen einen Tribut auferlegt. Käme es also auf das Alter an, so habe Rom das größte Recht

auf dasselbe, sollte man sich aber nach den Senats-Verordnungen richten, so müsse Gallien frei bleiben, da der Senat ihm auch nach seiner Bezwingung den freien Gebrauch seiner Gesetze zugestanden habe.

[46] Während dieser Verhandlungen in der Unterredung hinterbrachte man dem Caesar, Ariovists Reiter rückten gegen den Hügel vor, ritten auf unsere Leute zu und würfen Steine und Wurfspieße nach ihnen. Caesar brach die Unterredung ab und begab sich zu den Seinigen mit dem Befehl, die Feindseligkeiten nicht zu erwidern. Denn er sah zwar wohl ein, er könne es mit der ausgesuchten Legion gegen die Reiterei ohne Gefahr aufnehmen, jedoch glaubte er es nicht zugeben zu dürfen, damit, wenn die Feinde geschlagen würden, man nicht sagen könnte, sie seien durch sein Wort bei der Unterredung hintergangen worden. Als es unter den Soldaten bekannt wurde, mit welcher Anmaßung Ariovist in der Unterredung die Römer von allen Besitzungen in Gallien habe ausschließen wollen, wie seine Reiter uns angegriffen und dies die Unterredung abgebrochen hätte, da verbreitete sich bei den Truppen eine noch viel größere Lust und Begier zum Kampf.

[47] Am anderen Tag darauf kamen Gesandte von Ariovist zu Caesar, er wolle sich über die Unterhandlungen, die man angefangen, aber nicht vollendet hätte, aufs Neue mit ihm besprechen; Caesar möge demnach wieder einen Tag zur Unterredung bestimmen, oder, wenn er das nicht wolle, einen seiner Legaten zu ihm schicken. Caesar hatte keinen Grund zu neuer Unterredung, und das um so weniger, weil tags vorher die Germanen sich nicht von Feindseligkeiten gegen uns hatten zurückhalten lassen, einen von seinen Legaten aber an ihn zu senden und denselben den Barbaren preiszugeben, hielt er für sehr gefährlich. Es schien ihm also am bequemsten, den Caius Valerius Procillus, Sohn des Valerius Caburus, einen Jüngling von ausgezeichnetem Mut und edler Bildung, dessen Vater von dem Valerius Flaccus das römische Bürgerrecht erhalten hatte, nebst dem Valerius Metius, einem Gastfreund des Ariovist hin zuschicken – teils aus Vertrauen zu Caius Valerius Procillus, teils wegen seiner Kenntnisse in der gallischen Sprache, die dem Ariovist bei dem langen Umgang geläufig war, und weil die Germanen keine Ursache hatten, sich an ihm zu vergreifen. Diese hatten den Auftrag, den Ariovist anzuhören und dessen Erklärungen Caesar zu überbringen. Als Ariovist diese kaum bei sich im Lager erblickte, fuhr er sie laut vor seinem Heer an: Warum sie zu ihm kämen? Etwa um zu kundschaften? Und als sie zu sprechen versuchten, ließ er sie in Fesseln werfen.

[48] Am nämlichen Tag noch rückte Ariovist vor und lagerte sich sechstausend Schritte von Caesar entfernt am Fuß eines Berges. Tags darauf
zog er an Caesars Lager vorbei und lagerte sich zweitausend Schritte
jenseits desselben, um dem Caesar die Getreidezufuhr, die er von den
Sequanern und Haeduern erhielt, abzuschneiden. Von diesem Tag an
rückte Caesar fünf Tage nacheinander aus und stellte sich vor das Lager
in Schlachtordnung, damit Ariovist, wenn er sich mit ihm in ein Treffen
einlassen wollte, dazu Gelegenheit hätte. Dieser aber blieb die Zeit über
mit seinem Fußvolk ruhig im Lager stehen und ließ sich nur die Reiterei
täglich mit uns versuchen. In dieser Art von Gefecht hatten die
Germanen viel Fertigkeit. Sechstausend Reiter hatten sich ebenso viele
der behändesten und stärksten Fußgänger aus dem ganzen Heer, jeder
seinen Mann, zum Beistand ausgesucht. Diese Reiter und Fußgänger
hielten sich in den Schlachten zusammen: Zu den Fußgängern zogen sich
die Reiter zurück, oder sie eilten selbst herbei, wenn es scharf herging.
Fiel ein Reiter schwer verwundet vom Pferd, so nahmen sie ihn in die
Mitte; musste man etwas weit vorrücken oder sich eilends zurückziehen,
so hatten sie durch Übung eine solche Geschwindigkeit, dass sie sich mit
den Händen an den Pferdemähnen haltend, so schnell wie die Pferde
selbst liefen.

[49] Als Caesar sah, dass Ariovist nicht aus seinem Lager rückte, ließ er,
um nicht länger von der Zufuhr abgeschnitten zu werden, ungefähr
sechshundert Schritte hinter dem Standort der Germanen an einem
bequemen Ort ein Lager abstechen und marschierte in einer dreifachen
Schlachtreihe dahin. Die erste und zweite ließ er unter den Waffen stehen,
die dritte das Lager schlagen. Wie schon gesagt, der Ort war ungefähr nur
sechshundert Schritte von dem feindlichen Lager entfernt. Dahin schickte
also Ariovist gegen sechzehntausend Mann leichter Truppen mit seiner
ganzen Reiterei, um uns zu erschrecken und an der Befestigung zu
behindern. Trotzdem ließ Caesar, wie er es angeordnet hatte, nur die
beiden ersten Reihen den Feind zurückwerfen, die dritte die Arbeit vollenden. Als das Lager fertig war, besetzte er es mit zwei Legionen und
einem Haufen von Hilfsvölkern. Mit den vier übrigen Legionen ging er in
das Hauptlager zurück.

[50] Am folgenden Tag rückte Caesar nach seiner Gewohnheit aus den
beiden Lagern, stellte sich in einer kleinen Entfernung vor dem Hauptlager in Schlachtordnung und bot dem Feind ein Treffen an. Als er aber
auch jetzt keine Bewegung des Feindes zum Treffen sah, ließ er gegen

Mittag seine Völker ihr Lager wieder beziehen. Da griff dann endlich Ariovist mit einer Abteilung seines Heeres das kleine Lager an. Auf beiden Seiten wurde hitzig bis gegen Sonnenuntergang gekämpft. Gegen Abend führte Ariovist nach vielen Verwundungen von beiden Seiten seine Truppen in das Lager zurück. Caesar erkundigte sich bei den Kriegsgefangenen, warum Ariovist ein Haupttreffen vermied und vernahm, bei den Germanen entschieden gewöhnlich die Frauen derselben durch Lose und Wahrsagungen[28], ob es vorteilhaft sei zu schlagen. Und diese hätten verkündet: ›In einer Schlacht vor dem Neumond könnten sie nicht siegen.‹

[51] Am folgenden Tag ließ Caesar in beiden Lagern so viel Volk zurück wie nach seinem Gutdünken zu ihrer Sicherheit hinreichte. Hierauf stellte er die sämtlichen Hilfstruppen im Angesicht der Feinde vor das kleine Lager, um sich ihrer nur zum Schein zu bedienen, weil er im Verhältnis zu der Stärke des Feindes zu schwach an Legionen war und zog in drei Treffen vor das feindliche Lager. Nun waren endlich die Germanen genötigt, auszurücken. Sie stellten sich nach den einzelnen Völkerschaften auf: Haruder, Marcomannen, Tribocer, Vangionen, Nemeten, Sedusier und Sueben – in abgeteilte Haufen, in gleichen Zwischenräumen und umschlossen ihre ganze Schlachtordnung mit einer Wagenburg, um jede Aussicht zur Flucht zu benehmen. Von dieser Wagenburg herab baten die Weiber, die man bei dem Aufmarsch zur Schlacht hatte hinaufsteigen lassen, die Krieger mit fliegenden Haaren und unter Tränen, sie doch ja nicht in die Knechtschaft der Römer fallen zu lassen.

[52] An die Spitze der einzelnen Legionen stellte Caesar die Legaten und seinen Quaestor, damit sie jeder als Zeugen seiner Tapferkeit hätte und begann in eigener Person auf dem rechten Flügel, weil er hier den Feind am schwächsten fand, den Angriff. Auf das gegebene Zeichen stürmten unsere Soldaten so hitzig auf die Feinde los, und auch die Feinde stürzten so plötzlich und geschwind auf uns ein, dass man die Wurfwaffen nicht mehr brauchen konnte. Man warf sie also weg und kämpfte mit dem Schwert. Allein die Germanen schlossen nach ihrer Gewohnheit sogleich eine Phalanx und deckten sich gegen unsere Schwerter. Viele von unseren Leuten sprangen aber auf die Phalanx hinauf, rissen die Schilde voneinander und verwundeten von oben herab die Feinde. Der linke

---

[28] *Lose und Wahrsagungen:* So auch erwähnt in ›Germania‹, Kapitel 8, bei Tacitus

Flügel war geworfen und in die Flucht geschlagen, dagegen bedrängte der rechte mit seiner Überzahl unsere Schlachtreihe sehr heftig. Das nahm der Anführer der Reiterei, der junge Publius Crassius wahr, weil er selbst nicht so im Gedränge wie jene in dem Schlachtgetümmel war und ließ nun die dritte Linie uns in der Not zu Hilfe kommen.

[53] So wurde das Treffen wieder hergestellt, und die Germanen flüchteten allgemein: Erst am Rhein, fünftausend Schritte vom Schlachtfeld, hörten sie auf zu laufen. Nur sehr wenige, die sich auf ihre Kräfte verließen und über den Fluss schwammen oder Kähne fanden, retteten sich hier. Unter diesen war auch Ariovist, der mit einem kleinen Boot, das er am Ufer angebunden fand, entfloh. Die übrigen verfolgte unsere Reiterei und hieb sie nieder. Ariovist hatte zwei Weiber, die eine Suebin von Geburt, die er aus Germanien mitgebracht hatte, die andere aus Noricum, des Königs Voccio Tochter, die er in Gallien von ihrem Bruder erhalten und geheiratet hatte. Beide kamen auf dieser Flucht um. Von seinen zwei Töchtern wurde die eine gefangen, die andere erschlagen.

Caesar selbst stieß bei der Verfolgung mit der Reiterei auf den Valerius Procillus, der bei der Flucht in dreifachen Ketten von seiner Wache fortgeschleppt wurde. Das freute ihn nicht weniger als der Sieg selbst, als er sah, dass der angesehenste Mann aus der Provinz in Gallien, sein Vertrauter und Gastfreund, den Händen der Feinde entrissen und ihm wiedergegeben war und das Schicksal also nicht seine Freude und den Siegesjubel durch das Missgeschick dieses Mannes verkümmert habe. Procillus erzählte, dreimal habe man vor seinen Augen das Los geworfen, ob er auf der Stelle sollte verbrannt oder auf eine andere Zeit aufbewahrt werden; dem günstigen Los verdanke er seine Erhaltung: Auch Marcus Mettius fand sich und wurde zu Caesar geführt.

[54] Als die Nachricht von dieser Schlacht über den Rhein gekommen war, traten die Sueben, die schon bis an diesen Fluss vorgedrungen waren, ihren Rückzug nach Hause an. In dieser Bestürzung verfolgten sie die Bewohner der Gebiete am Rhein und hieben sie größtenteils nieder. So hatte Caesar in einem Sommer zwei der gefährlichsten Kriege beendet. Er verlegte hierauf seine Truppen etwas vor der gewöhnlichen Zeit in das sequanische Gebiet ins Winterlager und begab sich in das diesseitige Gallien, um die Gerichtssitzungen abzuhalten; dem Labienus gab er den Oberbefehl über die Truppen in den Winterlagern.

ZWEITES BUCH
Krieg gegen die Belgier

[1] BEI DEM WINTERAUFENTHALT im diesseitigen Gallien, von dem wir oben gesprochen haben, vernahm Caesar nicht nur häufig durch Gerüchte, sondern auch durch den schriftlichen Bericht des Labienus, dass alle Belgier, die nach unserer Erwähnung ein Drittel von Gallien bilden, sich gegen Rom verbündeten und einander Geiseln gäben. Die Beweggründe ihrer Verbündung wären teils Furcht, unser Heer würde, nach Unterwerfung der Gallier, gegen sie zu Felde ziehen; dann aber auch, weil sie von einigen Galliern aufgewiegelt würden, die ebenso unzufrieden wären, dass das römische Heer Winterlager in Gallien bezöge und sich einnistete wie sie vorher die Germanen nicht länger in ihrem Land hätten dulden wollen. Manche Belgier suchten auch bloß aus Unbeständigkeit und Leichtsinn eine Staatsveränderung; andere sannen auf Unruhen, weil in Gallien überhaupt die Mächtigeren und die, welche Mittel hatten, Leute in Sold zu nehmen, sich überhaupt zu Herren aufzuwerfen pflegten, was sich bei unserer drohenden Übermacht in Gallien nicht mehr so leicht tun ließ.

[2] Auf diese Botschaften und Berichte hin zog Caesar zwei neue Legionen im diesseitigen Gallien zusammen und schickte sie im Sommer [57 v. Chr.] mit dem Legaten Quintus Pedius in das innere Gallien ab. Sobald Futter genug da war, ging er selbst zum Heer und trug den Senonen und übrigen Galliern an den Grenzen der Belgier auf, ein wachsames Auge auf alle Vorgänge bei denselben zu haben und ihm davon Nachricht zu geben. Diese stimmten in ihren Aussagen überein, man bringe Leute zusammen und versammle das Heer an einem Punkt. Caesar befand es also für gut, ohne weiteres Bedenken auf sie loszugehen und brach auf, nachdem er für die Getreidezufuhr gesorgt hatte. Nach einem Zug von ungefähr fünfzehn Tagen erreichte er belgisches Gebiet.

[3] Beim Einrücken in dieses Land, was unvermutet und eher geschah als man geglaubt hatte, schickten die Remer[29], die von den belgischen Völkern Gallien zunächst wohnen, die angesehensten Männer aus ihrem

---

[29] *Remer:* belgischer Volksstamm an der Marne, heutige Stadt Reims in diesem Gebiet

Staat, den Iccius und Andecumborius, als Gesandte mit der Erklärung zu Caesar: ›Sie ergäben sich mit Hab und Gut der Großmut und der Gewalt des römischen Volkes; mit den übrigen Belgiern wären sie nicht einverstanden und durchaus in keine Verbindung gegen Rom getreten. Sie wollten Geiseln geben, seine Befehle vollstrecken, ihm die Städte öffnen und mit Getreide und anderem Notwendigen zur Hand sein. Alle übrigen Belgier ständen unter den Waffen. Auch die Germanen diesseits des Rheines wären zu ihnen gestoßen. Alles wäre so in Wut, dass sie nicht einmal ihre Brüder und Blutsverwandten, die Suessionen[30], mit denen sie doch einerlei Rechte, Gesetze und eine Kriegs- und Friedensverfassung hätten, davon hätten abhalten können, mit jenen gemeinschaftliche Sache zu machen.‹

[4] Bei der Erkundigung, welche und wie mächtige Staaten unter Waffen ständen, was sie im Krieg leisteten, vernahm Caesar: Die Belgier stammten größtenteils von den Germanen ab, wären in der Vergangenheit über den Rhein gezogen und hätten sich da nach Vertreibung der Gallier wegen des fruchtbaren Bodens niedergelassen. Sie allein hätten zu unserer Väter Zeiten, als ganz Gallien unterlag, die Cimbern und Teutonen von ihrem Land zurückgeschlagen, und wegen dieser Erinnerung maßen sie sich voller Stolz auf ihren kriegerischen Mut einen hohen Wert bei. Von ihrer Anzahl, sagten die Remer, hätten sie zuverlässige Kenntnisse, weil man ihnen als Blutsfreunden und Verwandten kein Geheimnis daraus gemacht hätte, wie viel Truppen ein jeder Teil auf der gemeinschaftlichen Versammlung der Belgier für diesen Krieg versprochen habe.

Der tapferste, angesehenste und an Bevölkerung zahlreichste Staat sei der der Bellovacer. Diese könnten hunderttausend Mann ins Feld stellen. Sie hätten sechzigtausend Mann auserlesene Truppen versprochen, verlangten aber dafür den Oberbefehl in diesem ganzen Krieg. Ihre Nachbarn, die Suessionen, besäßen ein sehr großes und fruchtbares Land. Noch in unseren Zeiten habe ihr König Diviciacus, der mächtigste Fürst in ganz Gallien, über viele belgische Staaten und über Britannien sogar geherrscht. Galba, ihr jetziger König, würde wegen seiner Gerechtigkeit und Klugheit einmütig zum Oberfeldherrn bestimmt. Ihr Gebiet enthalte zwölf Städte, und sie wollten fünfzigtausend Mann stellen; ebensoviel die Nervier, die wildeste Nation, wie man meine, unter allen Belgiern und die

---

[30] *Suessionen:* belgischer Stamm im Tal der Aisne

am entferntesten wohnende; die Atrebater gäben fünfzehntausend, die Ambianer zehn-, die Moriner fünfundzwanzig-, die Menapier neun-, die Caleter zehn-, die Veliocasser und Viromanduer ebensoviel, die Atuatucer neunzehntausend. Die Condruser, Eburonen, Caeroser und Caemaner, die man unter dem allgemeinen Namen Germanen begreife, schätzten sie auf vierzigtausend Krieger.

[5] Caesar sprach den Remern Mut zu und unterhielt sich freundschaftlich mit ihnen, forderte ihren ganzen Senat vor sich und verlangte die Kinder des Adels als Geiseln. Alles wurde pünktlich auf den bestimmten Tag erfüllt. Er selbst sprach dem Haeduer Diviciacus ernstlich zu und belehrte ihn, wie viel für den Staat und ihre gemeinschaftliche Wohlfahrt davon abhinge, die Vereinigung der feindlichen Heere zu verhindern, um nicht auf einmal mit einer so starken Macht kämpfen zu müssen. Das könne aber geschehen, wenn die Haeduer in das bellovacische Gebiet einfielen und das platte Land zu verheeren anfingen. Mit diesem Auftrag entließ er ihn.

Caesar vernahm endlich, dass das vereinigte Heer der Belgier gegen ihn anrücke und hörte von den Kundschaftern, die er dieser Nachricht zufolge ausgeschickt hatte, und auch von den Remern, dieselben ständen schon in der Nähe. Er ging deshalb eilends über den Axona, einen remischen Grenzfluss, und schlug daselbst ein Lager auf. So deckte er durch das Flussufer die eine Seite des Lagers, sicherte sich den Rücken vor dem Feind und auch die Zufuhren aus dem remischen Gebiet und den übrigen Staaten, so dass dieselben ganz ohne Gefahr zu ihm gelangen konnten. Die Brücke über den Fluss besetzte er und ließ jenseits des Flusses den Legaten Quintus Titurius Sabinus mit sechs Kohorten zurück. Das Lager wurde auf seinen Befehl hin mit einem Wall von zwölf Fuß Höhe und einem Graben von achtzehn Fuß Breite befestigt.

[6] Achttausend Schritte von diesem Lager lag die remische Stadt Bibrax, auf welche die Belgier, ihren Zug unterbrechend, einen heftigen Angriff machten. Mit genauer Not hielt sie sich noch diesen Tag. Die Gallier und Belgier pflegen aber auf folgende Weise einen Ort anzugreifen: Der Platz wird von allen Seiten berannt, dann werden von jedem Punkt Steine gegen die Mauer geworfen. Ist nun die Besatzung von ihr vertrieben, so bildet man ein Sturmdach, rückt vor die Tore und stürzt die Mauer nieder. Das ging nun damals leicht, denn bei dem Hagel von so vielen Steinen und Wurfspießen konnte sich niemand auf der Mauer

halten. Als die Nacht dem Kampf ein Ende gemacht hatte, sandte der damalige Befehlshaber der Stadt, der Remer Iccius, ein Mann von hohem Adel und großem Ansehen in seinem Staat, der ja auch bei der Friedensgesandtschaft an Caesar gewesen war, Boten an ihn mit der Nachricht, dass er sich nicht länger halten könne, falls er ihm keine Hilfe schicke.

[7] Caesar ließ also um Mitternacht die Numidier und Bogenschützen von Creta, nebst den balearischen Schleuderern der Stadt zu Hilfe aufbrechen und gab ihnen die Boten des Iccius als Wegweiser mit. Bei ihrer Ankunft wuchs den Remern mit der Hoffnung, sich zu behaupten auch der Mut zur Gegenwehr, und aus dieser Ursache gaben die Feinde den Gedanken auf, den Ort zu erobern. Sie verweilten demnach nur kurze Zeit bei der Stadt, verheerten das flache Land, steckten alle Dörfer und Wohnungen, so weit sie kommen konnten, in Brand und gingen hierauf mit ihrer ganzen Macht auf Caesars Lager los. Nicht ganz zweitausend Schritte von ihm schlugen sie ein Lager auf, welches sich, wie man aus dem Rauch und Feuer sehen konnte, über achttausend Schritte in die Breite ausdehnte.

[8] Anfangs war Caesar, teils wegen der Stärke des Feindes, teils wegen der hohen Meinung von dessen Tapferkeit, entschlossen, ein Haupttreffen zu vermeiden, jedoch machte er täglich durch Reitergefechte Versuche, wie weit die Tapferkeit der Feinde und der Mut der Unsrigen ginge. Als er nun sah, dass wir dem Feind nicht nachgaben, zog er auf beiden Seiten des Hügels, auf welchem das Lager stand, einen Quergraben von ungefähr vierhundert Schritten, an dessen Ende er Schanzen aufwerfen und die Wurfmaschinen aufstellen ließ, damit ihn der Feind bei seiner Stärke während der Schlacht nicht von der Seite angriffe. Der Ort hatte von Natur eine bequeme und geeignete Lage, um eine Schlachtordnung aufstellen zu können; denn der Standort von unserem Lager, eine Anhöhe auf einer Fläche, hatte in der Breite gegen den Feind zu nicht mehr Raum als ein Heer in Schlachtordnung ausfüllen kann und auf beiden Seiten steile Ränder, nach vorn aber verlor er sich in einer allmählichen Abflachung in der Ebene. Die zwei neuen Legionen ließ Caesar zur Nachhilfe für den Notfall im Lager zurück und stellte sich mit den sechs übrigen vor dasselbe in Schlachtordnung. Auch der Feind war aus dem Lager zum Kampf ausgerückt.

[9] Beide Heere trennte ein nicht zu großer Sumpf. Der Feind erwartete, wir würden über denselben setzen, wir aber standen unter den Waffen,

um den Feind, der außerstande zu einer regelmäßigen Gegenwehr war, wenn er zuerst denselben überschritt, dann zu überfallen. Indessen plänkelte die Reiterei zwischen beiden Armeen. Als nun kein Teil den Anfang machte, über den Sumpf zu gehen, führte Caesar seine Truppen, mit einigem Vorteil bei dem Reitergefecht auf seiner Seite in das Lager zurück. Der Feind ging von da ohne Verzug nach dem Fluss Axona, den wir nach unserer obigen Erwähnung im Rücken hatten, und schickte eine Abteilung seines Heeres auf Furten, die er gefunden, überzusetzen – in der Absicht, die Schanzen dem Befehl des Legaten Quintus Titurius Sabinus wegzunehmen und die Brücke zu zerstören, oder wenn das nicht ginge, wenigstens die Fluren der Remer zu verwüsten, welche uns gute Dienste in dem Krieg leisteten, und überhaupt uns die Zufuhr abzuschneiden.

[10] Auf den von Titurius erstatteten Bericht ging Caesar mit der ganzen Reiterei, den leichten Truppen aus Numidien[31], seinen Schleuderern und Bogenschützen über die Brücke und auf die Feinde los. Es kam zu einem hitzigen Gefecht. Wir griffen die Feinde im Fluss an, als sie außerstande zu einer regelmäßigen Gegenwehr waren und machten viele davon nieder. Die übrigen, die auf den Leichen der Erschlagenen mit der größten Entschlossenheit übersetzen wollten, wurden durch einen Hagel von Pfeilen und Wurfgeschossen zurückgetrieben; die ersten aber, die herübergekommen waren, wurden von der Reiterei umringt und niedergehauen. Als die Feinde ihre Hoffnung, die Stadt zu erobern oder auch nur über den Fluss zu kommen, fehlgeschlagen und uns nicht auf ungünstigeres Gelände zum Treffen ausrücken sahen, ihnen überdies ihr Getreidevorrat ausging, so hielten sie Kriegsrat und beschlossen, es sei am besten, zusammen nach Haus zu ziehen, um dem Staat, in den die Römer zuerst einfallen würden, von allen Seiten zu Hilfe zu kommen. Denn es sei besser, im eigenen Land als außerhalb desselben Krieg zu führen und sich des einheimischen Vorrates an Lebensmitteln bedienen zu können. Zu diesem Entschluss brachte sie unter anderem auch die Nachricht, Diviciacus mit den Haeduern sei gegen das Bellovacer-Gebiet im Anzug; denn diese waren nicht zu überreden, länger zu bleiben und ihr Land ohne Hilfe zu lassen.

---

[31] *Numidien:* ehemaliges nordafrikanisches Land (Königtum) in weiten Teilen Algeriens und Tunesiens

[11] Diesem Beschluss zufolge verließen sie um die zweite Nachtwache unter viel Lärm und Getöse ohne Ordnung und Leitung das Lager. Ihr Abzug sah einer Flucht ähnlich, indem ein jeder den ersten besten Weg nahm und nach Haus eilte. Caesar erhielt sogleich durch seine Kundschafter Nachricht davon, doch weil er den Beweggrund ihres Aufbruchs nicht wusste, so befürchtete er eine Kriegslist und ließ weder Fußvolk noch Reiterei aus dem Lager nachrücken. Mit Tagesanbruch wurde ihr Abzug von den Kundschaftern bestätigt, und Caesar schickte die ganze Reiterei unter dem Oberbefehl der Legaten Quintus Pedius und Aurunculeius Cotta nach, um die Nachhut aufzuhalten. Diesen sollte der Legat Titus Labienus mit drei Legionen folgen. Diese griffen die Nachhut an und verfolgten sie viele Meilen weit mit großem Verlust der Flüchtigen. Während die Nachhut, die man eingeholt hatte, Halt machte und tapfer unseren Angriff aushielt, suchten die vordersten Haufen, sobald sie das Geschrei hörten und weil sie für sich keine Gefahr sahen, weder durch Not noch durch Befehle aufgehalten waren, voller Unordnung insgesamt ihr Heil in der Flucht. Die Unsrigen hieben also ohne die geringste Gefahr den ganzen Tag die Feinde nieder; erst mit Sonnenuntergang machte man der Verfolgung ein Ende und ging dem Befehl gemäß wieder in das Lager zurück.

[12] Am folgenden Tag rückte Caesar in das Gebiet der Suessionen an den Grenzen der Remer, ehe sich der Feind von seinem Schrecken und der Flucht noch erholte, und zog nach einem starken Marsch vor die Stadt Noviodunum. Er wollte, sobald er ankam, den Ort erstürmen, weil dieser den erhaltenen Nachrichten zufolge wenig Besatzung hatte. Allein der Stadtgraben war zu tief und die Mauer zu hoch, als dass er die Stadt hätte erobern können, obwohl nur wenige sie verteidigten. Man schlug indessen das Lager auf; die Schutzdächer wurden herbeigerückt und alle Anstalten zu einem Angriff getroffen. Unterdessen warfen sich in der Nacht darauf eine Menge Suessioner auf der Flucht in die Stadt. Die Schutzdächer waren in kurzer Zeit bis an die Festung geführt, der Erdwall aufgeworfen und Türme errichtet. Diese großen Werke, von denen die Gallier noch nichts gesehen oder gehört hatten und die Geschwindigkeit der Römer bewogen den Feind zur Übergabe. Sie schickten also in dieser Absicht zu Caesar Gesandte und wurden auf die Fürbitte der Remer um ihre Erhaltung begnadigt.

[13] Caesar bekam die Vornehmsten und unter diesen die zwei Söhne des Galba selbst zu Geiseln, nebst allem Waffengerät in der Stadt, nahm die Unterwerfung der Suessionen an und brach gegen die Bellovacer auf. Die Bellovacer hatten sich mit Hab und Gut in die Stadt Bratuspantium[32] geflüchtet. Caesar war aber kaum noch ungefähr fünf Millien davon entfernt, so kamen alle Greise aus der Stadt und gaben mit ausgestreckten Händen in ihrer Sprache zu verstehen, sie unterwürfen sich ihm und wollten sich nicht mit den Waffen gegen das römische Volk versuchen. Auch ihre Kinder und Weiber baten mit ausgebreiteten Armen nach gallischer Sitte von dem Wall um Frieden, als Caesar vor die Stadt gerückt war und ein Lager aufschlug.

[14] Für die Bellovacer verwendete sich jetzt Diviciacus, der nach dem Abzug der Belgier seine Truppen entlassen hatte und zu Caesar zurückgekommen war: ›Die Bellovacer wären von jeher in Frieden und Freundschaft mit den Haeduern gewesen. Ihr Adel hätte sie durch das Vorgeben, die Haeduer seien von Caesar zu Sklaven gemacht und ertrügen nun voll Unwillen alle Arten von Schmach und Misshandlungen, zum Abfall von ihnen und zum Krieg gegen Rom verleitet. Die Urheber dieses Entschlusses wären beim Anblick des großen Unheils, das sie dem Staat zugezogen hätten, nach Britannien entflohen. Mit den Bellovacern bäten auch die Haeduer, Caesar möchte nach seiner Güte und Milde handeln. Dadurch würde er das Ansehen der Haeduer bei allen Belgiern vergrößern, durch deren Macht und Beistand sie sich, wenn es zu einem Krieg käme, zu behaupten pflegten.‹

[15] Caesar gab zur Antwort: Dem Diviciacus und den Haeduern zu Ehren wolle er sie in Schutz nehmen und erhalten. Jedoch verlange er wegen des großen Ansehens dieses Staates bei den Belgiern und seiner Volksmenge sechshundert Geiseln. Als diese gestellt und alle Waffen aus der Stadt zusammengebracht waren, rückte er von da in das Gebiet der Ambianer, die sich mit ihrem Eigentum sogleich unterwarfen. An diese stießen die Nervier, von denen Caesar bei seiner Erkundigung über Verfassung und Sitten folgendes hörte: Ihr Land sei allen Kaufleuten versperrt, die Einfuhr des Weines und anderer Luxusgüter verboten, weil sie glaubten, dadurch erschlaffe ihr Mut, und ihre Tapferkeit schwäche

---

[32] *Bratuspantium:* Genaue Lage unbekannt, eventuell in der Nähe der heutigen Stadt Beauvais

sich. Es sei ein wildes und sehr tapferes Volk. Sie schimpften und schmähten auf die übrigen Belgier, die sich den Römern ergeben hätten und der Tapferkeit ihrer Väter untreu geworden wären, mit der Beteuerung, nie Gesandte an Caesar zu schicken noch je Vorschläge zur Unterwerfung anhören zu wollen.

[16] Als Caesar drei Tage durch ihr Gebiet gezogen war, erfuhr er von den Kriegsgefangenen, jenseits des Sabis-Flusses [Sambre], der nur zehntausend Schritte entfernt sei, lagere die ganze Macht der Nervier und erwarte mit ihren Nachbarn, den Atrebaten und Viromanduern, die Römer; denn die beiden Völker hätten sie überredet, das Kriegsglück mit ihnen zu versuchen. Man zähle auch auf die Atuatucer, die schon im Anmarsch wären. Weiber und wer aus Altersgründen zum Kriege untauglich wäre, habe man an Plätzen versteckt, wohin der Sümpfe wegen kein Heer vordringen könne.

[17] Caesar schickte auf diese Nachricht Späher und Centurionen voraus, die an einem bequemen Ort ein Lager aussuchen sollten. Da sich nun unter denen, die diesen Zug mitmachten, auch einige von den unterworfenen Belgiern und anderen Galliern befanden, die dem Caesar gefolgt waren, so gingen etliche von ihnen, nachdem sie unsere Marschordnung diese Tage hindurch beobachtet hatten, wie die Kriegsgefangenen in der Folge erzählten, des Nachts zu den Nerviern über und entdeckten ihnen, die Legionen seien immer durch einen großen Zug Gepäck von den anderen getrennt. Man könne daher leicht die erste Legion bei ihrer Ankunft im Lagerort, während die Soldaten ihre Last noch trügen und die übrigen Legionen noch weit zurück wären, überfallen. Wäre diese geschlagen und ihr Gepäck weggenommen, dann würden die übrigen es nicht wagen, ihnen standzuhalten.

Dem Vorschlag von diesen Verrätern kam noch das Folgende zustatten: Schon von alten Zeiten her hatten die Nervier, weil sie zu Pferd nicht viel vermögen (und selbst jetzt verbessern sie ihre Reiterei noch nicht, sondern ihre ganze Stärke besteht im Fußvolk), um die feindlichen Reiter aus den Grenzstaaten bei deren Streifzügen nach Beute von ihrem Land abzuhalten, junge Bäume angehauen und niedergebogen; aus deren häufig zur Seite ausgewachsenen ästen hatten sie mit dazwischen gepflanzten Dornen und Hecken Gehege, die an Festigkeit den Wällen glichen, angelegt, durch welche man nicht hindurchdringen, ja nicht einmal hindurchblicken konnte. Da nun hierdurch unser Heer auf dem Marsch aufgehalten wurde, so glaubten die Nervier jenen Vorschlag nicht außer acht lassen zu dürfen.

[18] Der Ort, den die Unsrigen zum Lager ausgesucht hatten, war folgendermaßen beschaffen. Ein Hügel lief in gleichmäßiger Abflachung von oben herab bis an den Fluss Sabis, den wir schon erwähnt haben. Diesem gerade gegenüber und entgegengesetzt erhob sich an dem Fluss ein anderer Hügel von gleicher Neigung. Am Fuß war er ungefähr zweihundert Schritte weit frei, oben waldig, sodass man nicht gut hindurchblicken konnte. Hier hatten sich die Feinde versteckt. Außerhalb des Gebüschs nahm man längs des Flusses hin einige Reiterposten als Feldwachen wahr. Der Fluss war ungefähr drei Fuß tief.

[19] Caesar ließ die Reiterei vorausgehen und folgte mit seiner ganzen Macht zu Fuß nach. Allein seine Marschordnung und Einrichtung waren jetzt anders, als die Belgier den Nerviern hinterbracht hatten, denn weil man sich dem Feind näherte, ließ Caesar nach seiner Gewohnheit sechs Legionen ohne Gepäck marschieren. Nach ihnen kam das Gepäck, dann schlossen die zwei neuen Legionen den ganzen Zug zur Bedeckung. Unsere Reiter setzten mit den Schleuderern und Bogenschützen über den Fluss und fochten mit der feindlichen Reiterei. Diese zog sich wiederholt zu den ihrigen in die Wälder zurück und fiel dann wieder aus denselben auf unsere Leute, die es nicht wagten, die Flüchtigen über die offene Gegend zu verfolgen. Unterdessen war der Lagerplatz abgemessen worden und die zuerst angelangten sechs Legionen fingen an, das Lager zu befestigen. Als die Feinde in dem Wald das erste Gepäck ankommen sahen, da – das war das verabredete Zeichen zum Angriff – brachen sie, so wie sie sich in dem Gehölz in Reih und Glied gestellt und sich Mut zugesprochen hatten, mit ganzer Macht auf einmal hervor und stürzten über unsere Reiter her. Diese wurden bald zurück und über den Haufen geworfen, und nun rückten sie so unglaublich geschwind an den Fluss vor, dass man sie fast zu der nämlichen Zeit am Wald, im Fluss und zugleich vor uns sah. Ebenso schnell stürmten sie den Hügel aufwärts auf unser Lager und auf die an dessen Befestigung arbeitenden zu.

[20] Caesar hatte nun auf einmal alles zu tun: die rote Fahne, als Zeichen, die Waffen zu ergreifen, aufstecken zu lassen, das Zeichen mit der Tuba zu geben, um die Soldaten von der Arbeit abzurufen, besonders um die entfernteren Arbeiter, welche Materialien zum Wallbau holten, an sich zu ziehen, das Heer in Schlachtordnung zu stellen, die Aufmunte-

rungsrede an die Truppen zu halten und die Losung zu geben. Das musste aber nun größtenteils wegen Mangels an Zeit, schnellen Vorrückens und Angriffes von Seiten des Feindes unterbleiben. In dieser misslichen Lage kamen ihm zwei Dinge zustatten: Kriegskenntnis und Erfahrung unserer Truppen, die selbst von dem vorhergegangenen Treffen alles, was geschehen musste, ebenso gut wussten, als man ihnen nur immer sagen konnte, und dann, dass er jedem einzelnen Legaten verboten hatte, sich eher von dem Befestigungswerk und ihren Legionen zu entfernen als bis das Lager vollständig verschanzt wäre. Bei der Nähe und dem raschen Vordringen des Feindes erwarteten diese nun jetzt nicht erst Caesars Befehle, sondern trafen für sich selbst die zweckmäßigsten Anstalten.

[21] Caesar gab die nötigen Befehle und eilte zu der erstbesten Legion, ihr Mut einzusprechen. Er kam zu der zehnten, und seine Aufmunterungsrede war: Sie solle ihrer alten Tapferkeit eingedenk sein, nicht aus der Fassung geraten und mutig den Angriff des Feindes aushalten. Weil dieser indessen bis auf einen Lanzenwurf vorgedrungen war, gab Caesar das Zeichen zum Angriff. Auf der anderen Seite, wo er ebenfalls seinen Soldaten Mut zusprechen wollte, traf er sie schon in vollem Handgemenge. Die Zeit war so kurz, der Feind so schlachtbegierig, dass man die Zierraten [Helmbusch] nicht anlegen, ja nicht einmal die Helme aufsetzen und die Decken von den Schilden abziehen konnte. Wo einer von seiner Arbeit zufälligerweise hinkam, wo er ein Feldzeichen zuerst erblickte, an dieses schloß er sich an, um durch das Aufsuchen des seinigen keine Zeit für die Gegenwehr zu verlieren.

[22] Die Schlachtordnung war mehr nach den Erfordernissen des Bodens, des abhängigen Hügels und der dringenden Zeitumstände als nach den Grundsätzen und Regeln der Kriegskunst eingerichtet. Die Legionen kämpften, ohne sich aneinander anzuschließen, eine da, die andere dort, und jede Aussicht war durch die dichten Hecken, wie bereits oben angeführt, beschränkt. Man konnte daher weder sichere Hilfsabteilungen aufstellen noch überall die nötigen Vorkehrungen treffen, noch auch konnten alle Anordnungen von einem ausgehen. Bei so ungleichen Verhältnissen war daher auch der Gang des Kriegsglückes sich nicht gleich.

[23] Die neunte und zehnte Legion auf der linken Seite des Treffens warfen die Atrebaten (denn diese standen ihnen gegenüber), sobald sie

ihre Wurfspieße auf sie abgeschleudert hatten, geschwächt durch das Laufen, die Ermattung und die Wunden, schnell aus ihrem höheren Standpunkt zum Fluss zurück, setzten ihnen, als sie den Übergang wagten, mit dem Schwert in der Hand nach und machten einen großen Teil in der Unordnung nieder. Sie drangen mutig über den Fluss bis an das nachteilige Terrain vor. Der Feind wendete sich nunmehr um und leistete aufs Neue Widerstand. Allein auch hier trieben sie ihn nach erneutem Kampf in die Flucht. Auf einer anderen Seite hatten an verschiedenen Punkten zwei Legionen, die elfte und achte, gleichfalls die Viromanduer, mit denen sie handgemein geworden, von der Anhöhe hinunter geschlagen und fochten am Rand des Flusses. Allein da jetzt beinahe unser ganzes Lager vorn und an der linken Seite bloßgestellt war, auf der rechten Seite aber die zwölfte Legion und nicht weit von ihr die siebente stand, so rückten die Nervier mit ihrer ganzen Macht, unter der Anführung ihres Oberfeldherrn Boduognatus in dichten Haufen dahin vor und fingen teils an, die Legionen rechts zu überflügeln, teils nach dem Lager auf der Anhöhe vorzudringen.

[24] Gerade zu dieser Zeit kamen unsere Reiter, und die leichten Truppen zu Fuß mit ihnen, die bei dem ersten Angriff des Feindes, meiner Erzählung zufolge, zurückgeworfen wurden, auf ihrem Rückzug in das Lager dem Feind entgegen und nahmen dann aufs Neue nach einer anderen Richtung die Flucht. Auch die Trossknechte, die vom Hintertor des Lagers[33] und dem Hügelkopf die Unseren siegend über den Fluss setzen sahen und, um Beute zu machen, aus dem Lager gelaufen waren, flohen Hals über Kopf davon, als sie bei ihrem Zurückschauen die Feinde in unserm Lager erblickten. Dazu kam noch das Geschrei und Gebrüll der Fuhrknechte, die mit dem Gepäck ankamen und sich in der Bestürzung nach allen Seiten verliefen.

Dies alles bewog die Reiterei der Treverer, von deren Tapferkeit die Gallier eine große Meinung hegten und welche als Hilfstruppen von ihrem Staat zu Caesar gestoßen waren, sofort an unserer Lage zu verzweifeln und nach Hause zu ziehen. Denn sie bemerkten, die Feinde häuften sich in unserem Lager an, die Legionen waren im Gedränge beinahe eingeschlossen, ferner Trossknechte, Reiter, Schleuderer, Numi-

---

[33] *Hintertor des Lagers:* römische Heerlager waren quadratisch/rechteckig angeordnet und verfügten an jeder Seite über ein Tor

dier versprengt. Zu Hause angekommen, hinterbrachten sie den Ihren, die Römer seien geschlagen und ihr Lager samt dem Gepäck vom Feind geplündert worden.

[25] Caesar hatte sich sofort nach der Aufmunterungsrede an die zehnte Legion auf den rechten Flügel begeben, den er in Bedrängnis antraf. Die Feldzeichen waren zusammengedrängt, die zwölfte Legion aneinander gepresst und sich selbst bei dem Gefecht hinderlich. Die Centurionen der vierten Kohorte samt dem Fahnenträger waren erschlagen, das Feldzeichen selbst verloren, die Centurionen der übrigen Kohorten beinahe alle verwundet oder getötet und der sehr tapfere Hauptmann, P. Sextius Baculus, seiner vielen und schweren Wunden wegen außerstande, noch aufrecht zu stehen, alle übrigen waren unentschlossen. Einige in den Hintergliedern wichen geradezu aus dem Gefecht zurück und mieden die Geschosse, während die Feinde indessen unablässig gegen unsere vordere Seite den Hügel heraufdrangen und den beiden Flügeln zusetzten.

Es sah also sehr misslich aus und fehlte an dem Rückhalt einer Unterstützung. Da nahm Caesar, der keinen Schild bei sich hatte, einem Soldaten aus dem Hinterglied den seinigen, trat an die erste Reihe, rief die Centurionen bei ihren Namen, ermahnte die übrigen Soldaten, ließ angriffsweise vorwärts marschieren und die Manipeln[34] weiter ausdehnen, um ungehindert das Schwert brauchen zu können. Mit Caesars Ankunft lebte die Hoffnung bei den Truppen wieder auf. Ihr Mut erneuerte sich und das Vordringen des Feindes wurde etwas geschwächt, indem ein jeder für seine Person, jetzt in der äußersten Gefahr und vor den Augen des Feldherrn, seine Pflicht zu erfüllen wünschte.

[26] Als Caesar auch die nächststehende siebente Legion im Gedränge sah, sprach er den Tribunen zu, die Legionen nach und nach aneinanderzurücken und gegen die Feinde vorwärts zu dringen. Da nun hierdurch unsere Truppen sich wechselseitig unterstützten und ihre Furcht verschwand, vom Rücken her eingeschlossen zu werden, so fingen sie an, sich dem Feind mutiger entgegenzustellen und tapferer zu fechten. Unterdessen hatten die zwei Legionen, die beim Nachzug das Gepäck deckten, von dem Überfall gehört, ihren Marsch beschleunigt und wurden bereits auf der Höhe des Hügels vom Feind erblickt. Auch Titus Labienus, der nach Eroberung des feindlichen Lagers von der Anhöhe die

---

[34] *Manipel (lat.: Hand):* Bezeichnung einer kleinen Heereseinheit (Handvoll)

Vorgänge in unserem Lager sah, schickte uns die zehnte Legion zu Hilfe. Diese erkannte auf der Flucht der Reiter und des Trosses die Gefahr, in der Lager, Legionen und Feldherr waren, und beschleunigten nach Möglichkeit ihren Marsch.

[27] Mit ihrer Ankunft nahm das Treffen eine solche Wendung, dass sogar die von ihren Wunden Ermatteten, auf ihre Schilde gestützt, den Kampf wieder aufnahmen. Selbst die Trossknechte liefen, als sie die Bestürzung der Feinde sahen, auch ohne Wehr und Waffen auf die Bewaffneten zu, und die Reiter waren in dem Gefecht überall den Legionen voran, um die Schande ihrer Flucht durch Tapferkeit auszulöschen. Aber auch die Feinde zeigten sich in ihrer verzweifelten Lage so tapfer, dass, wenn die ersten Glieder niedergehauen waren, die Folgenden auf die Erschlagenen stiegen und von den Leichen herab kämpften. Und als auch diese fielen und die Leichname sich häuften, so warfen die noch übrigen wie von Hügeln herab ihre Geschosse auf uns und schleuderten unsere aufgefangenen Wurfspeere zurück, sodass man zugeben musste, dass Menschen so ausgezeichneten Mutes es mit Recht gewagt hätten, über einen so breiten Fluss zu setzen, das ungemein hohe Ufer zu erklimmen und auf der nachteiligsten Örtlichkeit vorzurücken – große Schwierigkeiten, die ihr hoher Mut zu etwas Leichtem gemacht hatte.

[28] Nach der Schlacht und nach der fast gänzlichen Vertilgung des Nerviervolkes und Namens, schickten die Greise, die sich nach unserer obigen Erzählung mit Weibern und Kindern zwischen überschwemmten Gegenden und Morasten versammelt hatten, auf die Nachricht davon, mit allgemeiner Übereinstimmung aller Übriggebliebenen, Abgesandte zu Caesar und ergaben sich, weil sie dachten, nichts könne nun länger die Sieger aufhalten oder die Besiegten schützen. Diese sagten bei Erwähnung dieses Unglücks für ihren Staat, dass sie jetzt von sechshundert Senatoren auf drei, und von sechzigtausend Waffenfähigen auf kaum fünfhundert herab gebracht seien. Caesar sorgte mit aller Schonung für ihre Erhaltung, um sein Mitleid gegen Unglückliche und Schutz Erbittende zu zeigen, und gestattete ihnen, in ihrem Land und ihren Städten zu bleiben. Den Grenzvölkern aber verbot er, sich und den ihrigen Misshandlungen und Gewalttätigkeiten gegen sie zu erlauben.

[29] Die Atuatucer, von denen wir oben geschrieben haben, waren mit ihrer ganzen Macht zum Beistand der Nervier aufgebrochen: Allein auf die eingetroffene Nachricht von dieser Schlacht kehrten sie mitten von

dem Marsch nach Hause zurück, verließen alle Städte und Burgen und warfen sich mit Hab und Gut in einen Ort, der von Natur stark befestigt war. Dieser Ort hatte in seinem Umfang auf allen Seiten ungeheure Felsen und Anhöhen. Auf einer Seite lief nur ein einziger, sanft aufsteigender Weg hin, nicht breiter als zweihundert Fuß, der durch eine sehr hohe zweifache Mauer befestigt war, auf die sie spitzige Schanzpfähle und schwere Steine gebracht hatten. Die Atuatucer selbst stammten von den Cimbern und Teutonen ab, die bei ihrem Zug in unsere Provinz und in Italien das Gepäck, das sie nicht mit sich nehmen und fortbringen konnten, mit einer Wache und Bedeckung von sechstausend Mann diesseits des Rheinstromes zurückgelassen hatten. Nach der Niederlage derselben wurden diese bald durch Angriffe, bald durch Verteidigungskriege von den Grenzvölkern viele Jahre lang beunruhigt, bis man endlich Frieden machte und sie in dieser Gegend mit allgemeiner Einwilligung ihre Wohnung nahmen.

[30] Gleich bei der Ankunft unseres Heeres machten sie häufige Ausfälle aus der Stadt und versuchten sich in kleinen Gefechten mit uns. Jedoch in der Folge, als man sie mit einem Wall von zwölf Fuß Höhe und fünfzehntausend Fuß Länge, nebst vielen Schanzen eingeschlossen hatte, verhielten sie sich ruhig in dem Ort. Als aber die Schirmdächer vollendet, der Wall aufgeworfen war und sie nun von weitem einen Turm erbauen sahen, fingen sie zuerst an, uns von der Mauer herab zu verlachen und durch Zuruf zu verspotten: Wozu ein so großes Werk so weit von der Stadt aufgeführt würde? Durch welche Hände und Kräfte denn so kleine Leute – den Galliern überhaupt kommen wir im Verhältnis zu ihrer Größe mit unserer Kleinheit verächtlich vor – eine solche Last von einem Turm gegen ihre Mauern hinzurücken gedächten?

[31] Da sie aber die Maschine sich bewegen und der Stadtmauer näher kommen sahen, gerieten sie durch diesen seltenen und unerwarteten Anblick in Unruhe und schickten zur Beilegung der Feindseligkeiten Gesandte an Caesar ab. Diese sprachen etwa so: ›Nach ihrem Glauben könnten die Römer nicht anders als mit dem Beistand der Götter Krieg führen, weil sie mit so großen Maschinen so geschwind vorrücken und in der Nähe anzugreifen wüssten. Sie ergäben sich demnach mit Hab und Gut auf Gnade und Ungnade. Nur um eins bäten und flehten sie, wenn er vielleicht nach seiner Güte und Milde, die ihnen schon von anderen gepriesen wäre, die Atuatucer erhalten wolle, sie dann nicht zu

entwaffnen. Alle Grenzvölker beinahe wären ihnen feindlich und eifersüchtig wegen ihrer Tapferkeit gesonnen, gegen die sie sich dann nach ihrer Entwaffnung nicht verteidigen könnten. Ehe sie in diesen Fall kämen, zögen sie es vor, lieber alles von dem römischen Volk zu erdulden als sich von jenen zu Tode martern zu lassen, unter denen sie bis jetzt zu herrschen gewohnt gewesen seien.‹

[32] Darauf versetzte Caesar, er würde sie allerdings mehr nach seiner Gewohnheit als weil sie es verdienten schonen, wenn sie sich vor dem ersten Stoß des Mauerbrechers unterwerfen würden. Doch nehme er ihre Unterwerfung nicht anders an als unter der Bedingung, dass sie die Waffen auslieferten. Was er bei den Nerviern getan habe, wolle er auch bei ihnen tun und den Grenzvölkern befehlen, einen jetzt den Römern unterwürfigen Staat nicht zu kränken. Als die Abgesandten den ihrigen dies hinterbracht hatten, erklärten diese, sie wollten dem Befehl gehorchen. Man warf demnach eine Menge Waffen von dem Wall in den Graben vor der Stadt, so dass fast die Waffenhaufen so hoch wie die Stadtmauern und unser Erdauswurf dalagen: Und doch war der dritte Teil ungefähr verheimlicht und in der Stadt behalten worden, wie man in der Folge gesehen hat. Die Tore wurden geöffnet, und die Feindseligkeiten an diesem Tag eingestellt.

[33] Gegen Abend ließ Caesar die Tore schließen und seine Soldaten aus der Stadt gehen, um die Einwohner in der Nacht keinem Unfug seiner Truppen auszusetzen. Allein diese hatten geglaubt, wir würden nach der Übergabe des Platzes unsere Vorposten entweder ganz einziehen oder sie wenigstens sorglos aufstellen. Sie machten also nach dem Plan, den sie vorher schon gefasst hatten, wie man erfahren hat, teils mit den versteckten und zurückbehaltenen Waffen, teils mit Schilden aus Baumrinden und geflochtenem Reisig, die man nach der Erfordernis der kurzen Zeit mit Leder überzogen hatte, mit ihrer ganzen Macht um die dritte Nachtwache unvermutet einen Ausfall, wo sie unsere Verschanzungen am leichtesten zu übersteigen dachten.

Schnell wurden nach Caesars Anordnung Feuerzeichen gegeben und sogleich eilten aus den nächsten Schanzen Truppen herbei. Die Feinde fochten wie tapfere Männer in der letzten Aussicht auf ihre Rettung, an einem ungünstigen Ort und gegen Feinde, die von Wällen und Türmen herab mit Wurfwaffen kämpften, nur immer fechten mussten, da ja persönliche Tapferkeit noch ihr einziges Rettungsmittel war. Doch wurden sie mit einem Verlust von etwa viertausend Mann in die Stadt zurückgeworfen. Am Tag darauf sprengte man ohne Widerstand die Tore auf und ließ unsere Soldaten einrücken; Stadt und Einwohner wurden von Caesar als Kriegsbeute versteigert. Die Käufer gaben ihm die Zahl der verkauften Einwohner auf dreiundfünfzigtausend Köpfe an.

Crassus' Zug gegen die Armorier

[34] UM EBEN DIESE ZEIT lief von Publius Crassus, der mit einer Legion gegen die Veneter, Uneller, Osismer, Coriosoliter, Essuvier, Aulercer, Redonen – Seestaaten am Atlantischen Meer – geschickt worden war, der Bericht ein, diese Völker seien sämtlich unter Roms Gewalt und Oberherrschaft gebracht worden.

[35] Durch diese Taten, die Dämpfung der Unruhen in ganz Gallien, verbreitete sich eine so hohe Meinung von diesem Krieg nach auswärts, dass Völker jenseits des Rheins Abgesandte zu Caesar schickten, mit dem Versprechen, Geiseln zu geben und seine Befehle zu vollstrecken. Weil Caesar aber nach Italien und Illyrien eilte, befahl er, die Abgesandten sollten im nächsten Sommer wiederkommen. Hierauf verlegte er die Legionen in das carnutische, andische und turonische Gebiet, in deren Nachbarschaft der Krieg geführt worden war, in die Winterlager und trat die Reise nach Italien an. Auf seinen Bericht wurde zu Rom ein fünfzehntägiges Dankfest[35] angeordnet; eine Ehre, die noch keinem vor ihm widerfahren war.

---

[35] die üblichen Dankfeste dauerten höchstens bis zu zehn Tagen

DRITTES BUCH
Krieg gegen die Alpenvölker

[1] BEI SEINER DURCHREISE nach Italien schickte Caesar den Servius Galba[36] mit der zwölften Legion und einem Teil der Reiterei in das nantuatische, veragrische und sedunische Land, welche Gebiete sich von dem der Allobroger, dem Genfer See und dem Rhône-Fluss bis zu den Höhen der Alpen erstrecken, in der Absicht, den Weg über dieses Gebirge, der gewöhnlich für Kaufleute sehr gefährlich und der vielen Zölle wegen kostspielig war, frei zu machen. Er gab ihm Erlaubnis, seine Legion, wenn er es nötig fände, bei diesen Völkern ins Winterlager zu verlegen. Galba war in verschiedenen Schlachten glücklich und nahm viele ihrer Kastelle weg. Endlich, als man von allen Orten her Gesandtschaften an ihn schickte und Geiseln gestellt hatte, machte er Frieden und fasste den Entschluss, zwei Kohorten seiner Legion in das nantuatische Gebiet zu verlegen, mit den übrigen aber selbst bei den Veragrern, in dem Flecken Octodurus[37], den Winter über zu bleiben. Dieser Ort liegt in einem Tal, neben ihm eine kleine Ebene und ungemein hohe Berge auf allen Seiten; ein Fluss teilt ihn in zwei Teile. In einem derselben ließ Galba die Gallier wohnen, den anderen, den sie verlassen mussten, gab er den Kohorten für den Winter und ließ ihn mit Wall und Graben schützen.

[2] Ein Teil des Winters war bereits vorüber, und Galba hatte befohlen, Getreidelieferungen in den Ort zu bringen, als er plötzlich wider Vermuten von seinen Kundschaftern vernahm, alle Gallier hätten sich von dem Teil des Ortes, den er ihnen überlassen hatte, fortgemacht und die Seduer und Veragrer das Gebirge nächst der Ortschaft mit sehr viel Volk besetzt. Zu diesem Entschluss der Gallier, plötzlich den Krieg zu erneuern und die Legion zu überfallen, waren mehrere Beweggründe zusammengekommen: Erstens verachteten sie die ohnehin nicht vollzählige Legion, an der zwei Kohorten fehlten und von welcher noch mehrere, um Lebensmittel zu suchen, abgesandt waren, wegen ihrer geringen Anzahl; sodann glaubten sie, wir würden, wenn sie von den Anhöhen auf uns

---

[36] Ein erprobter Legat im Alpenkrieg gegen die Allobroger, 61 v. Chr.

[37] heutige Stadt Martigny im schweizerischen Wallis

herabstürmten und uns mit Wurfgeschossen in der Tiefe zusetzten, in dieser misslichen Lage nicht einmal den ersten Anfall aushalten. Dazu kam noch der Schmerz, sich ihre Kinder als Geiseln entzogen zu sehen und die feste Überzeugung, die Römer wollten nicht nur der Straßen wegen die Alpenhöhen besetzen[38], sondern um sie für immer in ihrer Gewalt zu haben und mit der angrenzenden Provinz zu vereinen.

[3] Auf diese Nachricht hin hielt Galba ohne Verzug einen Kriegsrat und fragte jeden um seine Meinung, weil weder das Winterlager und dessen Verschanzungen in einem vollkommenen Zustand noch auch für Fruchtvorrat und andere Zufuhren hinlänglich gesorgt war, da man infolge der Unterwerfung und Geiselnahme keinen Krieg gefürchtet hatte. In diesem Kriegsrat waren einige, die beinahe schon die Hoffnung auf Rettung aufgaben, der Meinung, weil niemand eine so große überraschende Gefahr vermutet hatte und man schon beinahe das ganze Gebirge mit Völkern besetzt sah, die Wege aber zur Lieferung von Hilfstruppen und Lebensmitteln abgeschnitten waren, man solle das Gepäck im Stich lassen, einen Ausfall machen und auf dem Weg, auf dem man gekommen, sich retten. Doch der größte Teil verlangte, diesen Entschluss bis auf das äußerste zu verschieben, indessen aber den Verlauf abzuwarten und das Lager zu verteidigen.

[4] Man hatte kaum Zeit, die gefassten Maßregeln anzuordnen und auszuführen, da stürzten schon die Feinde auf ein gegebenes Zeichen von allen Seiten das Gebirge herunter und warfen Steine und Wurfspieße gegen unsere Wälle. Die Unseren leisteten anfangs bei frischen Kräften tapferen Widerstand: Ihre Wurfwaffen verfehlten vom Wall herab nie ihre Wirkung. Schien ein von seinen Verteidigern entblößter Teil des Lagers in Gefahr zu sein, so eilte man dahin und half. Allein allmählich fingen wir an zu unterliegen, weil die Feinde, wenn sie vom anhaltenden Gefecht ermüdeten, sich zurückzogen und andere mit frischen Kräften an ihre Stelle traten, was unsererseits unserer Schwäche wegen nicht geschehen konnte. Verwundete durften nicht einmal ihre Stelle verlassen und sich hinter das Treffen begeben, viel weniger noch Ermüdete aus dem Kampf zurücktreten.

---

[38] ... *die Alpenhöhen besetzen:* Dem Handel sollte der Zugang über die Alpen von Chablais bis ins Aosta-Tal über den Großen St. Bernhard eröffnet werden

[5] Das Gefecht dauerte nun schon mehr als sechs Stunden ununterbrochen fort, und uns verließen nicht allein die Kräfte, sondern es fehlte auch schon an Wurfgeschossen. Der Feind aber setzte uns desto schärfer zu und fing bei der zu großen Ermattung unserer Truppen an, den Wall zu durchbrechen und den Graben auszufüllen. Es war nun auf das äußerste gekommen. Da kamen in Eile der Hauptmann der ersten Kohorte, Sextius Baculus, der, wie wir oben erwähnt haben, in dem Nervier-Krieg mehrere Wunden empfangen hatte, und der Tribun Caius Volusenus, ein einsichtsvoller und tapferer Mann, zu Galba und erklärten, jetzt sei nichts mehr übrig als in einem Ausfall den letzten Versuch zu machen. Die Hauptleute wurden also zusammengerufen und durch sie ohne Verzug den Soldaten bekannt gemacht, etwas von dem Kampf nachzulassen, die Wurfspieße vom Feind nur aufzufangen und sich von ihrer Anstrengung zu erholen, sodann auf das Zeichen aus dem Lager auszufallen und ihre ganze Hoffnung in ihre persönliche Tapferkeit zu setzen.

[6] Die Soldaten befolgten diesen Befehl und stürzten unvermutet aus allen Lagertoren auf die Feinde, ohne ihnen Zeit zu lassen, zu sehen, was vorginge oder sich zu sammeln. Das Glück wendete sich also und jene, die in Hoffnung der Eroberung unseres Lagers zusammengekommen waren, wurden von allen Seiten umringt und niedergehauen.

Von dreißigtausend Mann – so stark war ihre Macht bei dem Vorrücken gegen unser Lager nach zuverlässigen Nachrichten gewesen – blieb mehr als der dritte Teil auf dem Platz, der Rest musste voller Schrecken die Flucht ergreifen. Nicht einmal auf den Höhen ließ man ihm Zeit, sich festzusetzen. Nachdem so die ganze Macht des Feindes versprengt und entwaffnet war, zogen sich unsere Truppen wieder in das Lager und hinter die Schanzen zurück.

Galba wollte nach diesem Treffen nichts weiter wagen und meinte, die nunmehrigen Umstände entsprächen nicht den Absichten, mit denen er hier sein Winterlager genommen habe. Er steckte daher am Tag darauf den ganzen Flecken in Brand, wozu ihn hauptsächlich der Mangel an Lebensmitteln und Zufuhr bewog, und führte auf dem Rückzug nach der Provinz, den er ohne Widerstand und Aufenthalt vom Feinde angetreten hatte, die Legion in das nantuatische und von da in das allobrogische Gebiet, wo er den Winter zubrachte.

Krieg gegen die Veneter

[7] CAESAR GLAUBTE JETZT in jeder Beziehung die Unruhen in Gallien gedämpft: Die Belgier waren besiegt, die Germanen verjagt, die Seduner in den Alpen überwunden, und er wollte sich daher mit dem Anfang des Winters nach Illyrien begeben, weil er auch einmal zu diesen Völkern zu kommen und ihr Land kennenzulernen wünschte. Allein da entstand plötzlich wieder ein Krieg in Gallien. Die Veranlassung war folgende: Der junge Publius Crassus hatte mit der siebenten Legion nächst den Seeküsten bei den Anden den Winter hindurch gestanden. Wegen Mangels an Getreide in diesem Land schickte er mehrere Präfekten und Tribune in die angrenzenden Staaten, um Lebensmittel und Zufuhr herbeizuschaffen; unter anderen wurde Titus Terrasidius zu den Unellern und Essuviern, Trebius Gallus zu den Coriosoliten und Quintus Velanius mit Titus Sillius zu den Venetern gesandt.

[8] Dieser Staat hat auf dem ganzen Küstengebiet dort das größte Ansehen; denn die Veneter haben sehr viele Schiffe, mit denen sie gewöhnlich nach Britannien fahren: Sie sind die besten und geübtesten Seeleute, und sämtliche Seefahrer sind bei den wenigen Häfen auf dem so ungestümen und offenen Meer hier, die alle den Venetern gehören, denselben zinsbar. Crassus hatte Geiseln von ihnen; in dem Wahn nun, sie durch dieses Mittel zurückzubekommen, begannen sie den Sillius und Velanius in Haft zu nehmen. Dieser Schritt bewog ihre Nachbarn, wie denn überhaupt die Gallier schnell und übereilt in ihren Entschlüssen sind, den Trebius und Terrasidius in derselben Absicht festzuhalten. Dann schickte man sogleich Gesandte umher, und vertreten durch ihre führenden Männer verband man sich, in allem gemeinschaftlich zu Werk zu gehen und jedes Schicksal miteinander zu teilen. Auch die übrigen Staaten wurden aufgestachelt, sich lieber in der Freiheit, die man von den Voreltern ererbt habe, zu behaupten, als der Römer Joch zu tragen. Das ganze Küstenland trat sogleich ihrem Entschluss bei, und man sandte gemeinschaftlich Abgeordnete an Publius Crassus, er möge die Geiseln zurückschicken, wenn er seine Leute wiederhaben wolle.

[9] Auf den Bericht des Crassus von diesem Vorfall befahl Caesar, weil er selbst zu weit entfernt war, einstweilen Kriegsschiffe auf dem Ligerstrom [Loire], der sich in das Weltmeer ergießt, zu bauen, Ruderknechte aus der Provinz einzuüben und Matrosen und Steuerleute aufzutreiben. In

kurzer Zeit wurde alles zustande gebracht, und sobald es die Jahreszeit zuließ, begab sich Caesar zum Heer. Auf die Nachricht von Caesars Ankunft und auch im Bewusstsein des schweren Vergehens Gesandte, deren Person bei allen Völkern jederzeit heilig und unverletzlich gewesen, verhaftet und in Fesseln geworfen zu haben, trafen die Veneter sowie die übrigen Staaten, nach der Größe der Gefahr, ebenfalls Gegenanstalten zum Krieg, vorzüglich aber Zurüstungen zur See und das mit um so größerer Zuversicht, als sie sich von der natürlichen Beschaffenheit ihres Landes viel versprachen. Denn sie wussten, dass die Wege auf der Landseite durch Sümpfe von der austretenden See oft durchschnitten würden, die Landungen auf der Meeresseite aber bei Unkenntnis der Gegend und bei den wenigen Häfen sehr erschwert seien. Auch zählten sie darauf, unser Heer würde sich aus Mangel an Getreide nicht lange bei ihnen halten können.

Wenn aber alles selbst gegen ihre Erwartung ausfiele, so hätten sie doch immer die Übermacht zur See, die Römer keine Flotte, keine Kenntnisse von den Untiefen, Landungsorten und Inseln der Gegenden, wo sie den Krieg zu führen hätten, und endlich hier auf dem unermesslichen offenen Weltmeer stehe es mit der Schifffahrt ganz anders als in einem Binnenmeer [Mittelmeer]. Nach diesen Maßregeln befestigten sie ihre Städte, führten das Getreide vom Land in diese zusammen, verstärkten ihre Seemacht an den Veneter-Küsten, wo Caesar den Kriegsschauplatz, wie man wusste, eröffnen würde, mit Schiffen, so viel sie nur konnten, zogen die Osismer, Lexovier, Namneter, Ambiliater, Moriner, Diablinthen, Menapier in ihr Bündnis und ließen aus dem gegenüberliegenden Britannien noch Hilfsvölker kommen.

[10] Das waren die Schwierigkeiten bei diesem Krieg, auf die wir oben hingedeutet haben. Doch viele Gründe, so die widerrechtliche Festnahme der römischen Ritter, die Erneuerung des Krieges nach geschehener Unterwerfung, die Empörung nach Stellung von Geiseln, die Verbindung so vieler Staaten, besonders die Besorgnis, dass nicht auch andere Völker glaubten, sie dürften ein Gleiches wagen, wenn man das ungestraft ließe – alles das veranlasste Caesar zum Krieg. Weil er nun wusste, dass die Gallier fast ohne Ausnahme Freunde von Unruhen seien, sich leicht und bald zu Kriegen verleiten ließen, wie überhaupt alle Menschen ohne Unterschied nach Freiheit verlangten und den Stand der Sklaverei hassten,

so fand er es angemessen, sein Heer zu teilen und weiter auszudehnen, ehe sich noch mehr Staaten mit jenen verbänden.

[11] Er schickte also seine Reiterei unter dem Legaten Titus Labienus in das Land der Treverer, nächst dem Rheinstrom, mit dem Auftrag, in das remische Gebiet und das der übrigen Belgier einzurücken und dafür Sorge zu tragen, dass sie ihre Verpflichtungen einhalten, auch die Germanen, die dem Gerücht nach von den Belgiern zum Beistand gerufen waren, zu verhindern, falls sie mit Gewalt über den Rhein gehen wollten. Den Publius Crassus ließ er mit zwölf Kohorten von verschiedenen Legionen und einer großen Anzahl Reiter nach Aquitanien aufbrechen, damit nicht von diesen Völkern Hilfstruppen nach Gallien geschickt werden könnten und so die Vereinigung so mächtiger Nationen verhindert würde. Der Legat Titurius Sabinus musste in das Gebiet der Uneller, Coriosoliten und Lexovier ziehen, um diese Völker zu beschäftigen. Den jungen Decimus Brutus machte er zum Befehlshaber der Flotte und der gallischen Schiffe aus dem Pictonischen, Santonischen und den übrigen unterjochten Seeküsten mit dem Befehl, bei der ersten Gelegenheit gegen die Veneter auszulaufen. Er selbst brach gegen diese mit dem Landheer auf.

[12] Die Lage der festen Plätze der Veneter war ungefähr folgende: Sie waren an den Spitzen von Landzungen oder Vorgebirgen angelegt, sodass man während der Flut, welche innerhalb zwölf Stunden zweimal eintrat, ihnen nicht zu Land beikommen konnte, aber auch nicht mit Schiffen zur See, weil diese bei der zurücktretenden Ebbe auf Untiefen gerieten. Beiden Arten von Angriffen auf eine Stadt standen also Hindernisse im Weg. Waren die Feinde also durch die Größe unserer Belagerungsanstalten an einem Ort besiegt, war die See durch Wälle und Dämme zurückgedrängt und diese fast der Stadtmauer gleich erhöht, sodass sie an ihrer Rettung zu verzweifeln begannen: Dann ließen sie jedes Mal Schiffe, die sie im Überfluss hatten, landen und retteten sich mit Hab und Gut in die nächsten Städte, wo sie aufs Neue durch dieselben Vorteile ihrer Lage Schutz fanden. Das taten sie nun einen großen Teil des Sommers hindurch um so unbehinderter, weil Stürme unsere Flotte aufhielten und die Schifffahrt auf dem ungeheuren offenen Weltmeer, bei der Höhe der Flut und den wenigen, ja fast gar nicht vorhandenen Häfen überaus schwierig war.

[13] Die Schiffe der Feinde hatten folgende Bauart und Einrichtung: Ihr Boden war etwas flacher als bei unseren Schiffen, um desto sicherer auf den Sandbänken und bei Ebbe auszuhalten; das Vorderteil war ziemlich hoch, auch das Hinterteil hatte einen den starken Wogen und Stürmen angemessenen Bau. Das ganze Schiff war ferner von Eichenholz, um heftige Stöße jeder Art auszuhalten, das Verdeck war aus schuhbreiten Brettern mit eisernen Nägeln von Daumendicke aneinander genagelt. Statt an Seilen hing der Anker an Ketten; die Segel waren von Häuten und dünnem Leder, entweder aus Mangel an Flachs und Unkenntnis, ihn zu verarbeiten, oder, was wahrscheinlicher ist, weil man meinte, Segel von Leinwand würden so heftige Stürme und Windstöße nicht aushalten oder die schweren Schiffe ließen sich damit nicht sicher genug leiten.

Nimmt man nun Geschwindigkeit und schnellen Ruderschlag aus, worin wir die Feinde übertrafen, so war alles übrige in Rücksicht auf jene Seegegend und die heftigen Stürme an den gallischen Schiffen passender und besser als an den unseren eingerichtet; denn mit unseren Schiffsschnäbeln konnte man jenen nicht schaden, so stark waren sie gebaut, noch auch ihrer Höhe wegen weder mit Wurfwaffen noch mit Enterhaken ihnen leicht beikommen. Außerdem hielten sie, wenn die See tobte und sie sich dem Wind überließen, den Sturm sicherer aus, fuhren mit weniger Gefahr auf Seebänken auf und mussten sich beim Verlaufen der Flut nicht sorgen, was hingegen alles unsere Schiffe befürchten mussten.

[14] Nach Eroberung mehrerer Städte der Veneter sah Caesar ein, seine so große Anstrengung sei ohne Nutzen, und auch nach Bezwingung eines Ortes könne er die Feinde doch nicht an der Flucht hindern oder ihnen Schaden zufügen. Er beschloss daher, seine Flotte zu erwarten. Sie kam. Bei deren Anblick liefen die Feinde sogleich mit zweihundertundzwanzig Schiffen, die auf das Beste ausgerüstet und mit allen Arten von Waffengerät versehen waren, aus dem Hafen aus und stellten sich uns gerade entgegen. Weder der Oberbefehlshaber Brutus, noch die Kriegstribunen und Hauptleute, welche die einzelnen Schiffe leiteten, waren mit sich einig, was sie vornehmen oder wie sie angreifen sollten.

Denn mit den Schiffsschnäbeln wussten sie, konnten sie jenen nichts schaden, hätten sie aber Türme errichtet, so war das Hinterteil der feindlichen Schiffe doch noch so hoch, dass man nicht wohl von diesem niederen Standpunkt Geschosse auf sie werfen konnte, während die von den Galliern geschleuderten Waffen desto schwerer trafen. Eine Vorrichtung nur tat uns gute Dienste: scharfe Sicheln nämlich, ähnlich den Mauersicheln, die auf lange Stangen gesteckt und befestigt waren. Mit diesen ergriff man die Seile, an denen die Segelstangen an den Masten hingen, zog sie durch die Gewalt, mit der das Schiff fortgerudert wurde, an und riss sie entzwei. Beim Zerreißen der Stricke fielen die Segelstangen natürlich herunter, und da alles bei den Schiffen der Gallier auf den Segeln und dem Takelwerk beruhte, so war auf einmal ihre ganze Flotte außer Kraft gesetzt. Der Ausgang des Treffens hing nun von der Tapferkeit ab, worin unsere Truppen leicht die Oberhand gewannen und das um so eher, weil die Schlacht vor den Augen Caesars und des ganzen Heeres vor sich ging, sodass keine kühnere Tat unbemerkt blieb, denn alle Hügel und Anhöhen, von denen man eine Aussicht auf die nahe See hatte, waren von unseren Truppen besetzt.

[15] Als die Segelstangen, wie gesagt, heruntergestürzt waren, nahmen immer zwei bis drei unserer Schiffe ein feindliches in die Mitte, und die Soldaten strengten sich mit aller Kraft an, auf die feindlichen Schiffe zu kommen. Das sahen die Feinde und wussten nach dem Verlust mehrerer Schiffe kein Gegenmittel. Sie wollten sich also durch die Flucht retten: Schon hatten sie die Schiffe nach dem Wind gewendet, da entstand plötzlich eine solche Windstille und Ruhe, dass sie sich nicht von der Stelle bewegen konnten. Das kam uns am besten zustatten, um unser Werk zu vollenden: Wir holten ein Schiff nach dem anderen ein und eroberten es. Nur wenige von der ganzen Flotte erreichten bei Einbruch der Nacht das Küstenland. Das Treffen hatte von vier Uhr bis zum Untergang der Sonne gedauert.

[16] Durch diese Schlacht hatte der Krieg mit den Venetern und dem ganzen Küstengebiet sein Ende; denn die gesamte waffenfähige Mannschaft und alle ihre betagten Männer von Einsicht oder Ansehen sowie ihre ganze Seemacht waren hier beisammen. Nach deren Verlust hatte also der Rest weder einen Zufluchtsort noch auch die Aussicht, ihre Städte zu behaupten. Sie unterwarfen sich demnach Caesar mit Hab und Gut. Caesar aber beschloss, sie um so schärfer zu bestrafen, damit die Barbaren das Völkerrecht an den Gesandten in Zukunft um so mehr beachten möchten. Er ließ daher alle ihre Obrigkeiten hinrichten, die übrige Bevölkerung aber als Sklaven verkaufen.

Krieg mit den Unellern

[17 | 18] WÄHREND DIESER VORGÄNGE im Venetischen war Titurius Sabinus mit den Truppen, die er von Caesar erhalten hatte, in das Gebiet der Uneller eingerückt, wo Viridovix den Oberbefehl über alle Völker führte, die sich in dieser Gegend empört hatten und eine starke Macht und viele Streitkräfte beisammen hatte. In dieser Zeit hatten auch die Eburovicer, ein Aulercer-Stamm, und die Lexovier ihren Senat, der dem Krieg nicht zustimmen wollte, ermordet, ihre Tore den Römern verschlossen und sich zu Viridovix geschlagen. Zudem kam noch eine Menge liederlichen Gesindels und Räuber zusammen, die, in der Hoffnung, plündern zu können, oder aus Hang zum Krieg, von den Feldarbeiten und ihrem täglichen Gewerbe weggelaufen waren. Sabinus stand in einem Lager, das seiner Lage nach in jeder Hinsicht vorteilhaft war.

Zweitausend Schritte davon hatte sich Viridovix gelagert, der Tag für Tag ausrückte und ein Treffen anbot, sodass Sabinus sich seines Zauderns wegen, das Treffen anzunehmen, nicht allein Verachtung bei den Feinden, sondern auch einigen Tadel von unseren Truppen zuzog. Der Feind erfrechte sich sogar, bis an den Lagerwall zu kommen, so stark war seine Überzeugung von unserer Furcht. Der Beweggrund dieses Verfahrens des Sabinus war sein Grundsatz, ein Legat solle sich in Abwesenheit des Oberfeldherrn nicht mit dem Feind einlassen, wenn nicht das Schlachtfeld für ihn vorteilhaft oder die Umstände sehr günstig wären. Als er nun die Feinde in der Meinung von seiner Furcht bestärkt hatte, suchte er sich einen geschickten und verschlagenen Gallier unter den Hilfstruppen, die er bei sich hatte, aus und brachte ihn mit großen Geschenken und Verheißungen dahin, zu dem Feinde überzugehen.

Jener also, von des Sabinus Absichten unterrichtet, kam auf diese Weise als Überläufer zu den Feinden und stellte ihnen die Furcht der Römer dar; dann machte er sie mit Caesars misslicher Lage im venetischen Gebiet bekannt und bestätigte, es sei wahr, dass Sabinus die nächste Nacht heimlich mit seinen Truppen aufbrechen, und, um dem Caesar zu Hilfe zu kommen, abziehen werde. Auf diese Aussage schrie alles: Solche günstige Gelegenheit dürfe man nicht versäumen! Man müsse sofort das Lager stürmen. Zu diesem Entschluss hatten die Gallier viele Gründe: das Zaudern des Sabinus in den vorangegangenen Tagen, die Versicherungen des Überläufers, Mangel an Lebensmitteln, für die sie so wenig gesorgt hatten, die Hoffnung auf den Veneter-Krieg und schließlich, weil man das, was man wünscht, gern glaubt. Viridovix und die übrigen Heerführer durften daher nicht eher aus der Versammlung gehen, als bis sie ihre Einwilligung gegeben hatten, die Waffen zu ergreifen und gegen das Lager vorzurücken. Nach ihrer Zustimmung gingen die Feinde frohen Mutes wie des Sieges gewiss, mit Bündeln von Reisig und Gesträuch, um die römischen Gräben auszufüllen, auf das Lager los.

[19] Dieses stand auf einem Hügel, der sich vom Fuß aus gegen tausend Schritte etwa allmählich erhob. Die Feinde stürmten in vollem Lauf darauf zu, um den Römern zum Versammeln und Bewaffnen so wenig Zeit als möglich war, zu lassen und kamen außer Atem an. Sabinus gab nach der gewöhnlichen Aufmunterungsrede seinen kampfbegierigen Soldaten das Zeichen zur Schlacht und stürzte plötzlich aus zwei Toren auf die Gallier zu, die wegen des Gepäcks, das sie trugen, nicht frei genug waren. Bei unserm vorteilhaften Stand, der Unwissenheit und Ermattung der Feinde, der Tapferkeit unserer Truppen und ihrer in den vorigen Schlachten erworbenen Übung wurden die Gallier sogleich beim ersten Angriff besiegt und ergriffen sofort die Flucht. Wir holten mit unseren frischen Kräften die unbeholfenen Flüchtlinge ein und machten viele nieder. Den Rest verfolgte die Reiterei und ließ nur wenige übrig, die durch die Flucht entkommen waren. Sabinus und Caesar vernahmen so zu derselben Zeit, jener vom Seetreffen, dieser von des Sabinus Sieg, und alle Staaten ergaben sich ungesäumt dem Titurius. Denn so keck und bereitwillig der Gallier zu Feld zieht, so weich und nachgiebig wird dieses Volk bei Niederlagen.

Crassus' Zug nach Aquitanien

[20] FAST UM DIESELBE ZEIT war Publius Crassus in Aquitanien eingerückt, dessen Größe und Volksmenge sich danach schätzen lässt, dass man es als den dritten Teil Galliens, wie schon gesagt ansehen muss. Bei der Vorstellung, er habe nun da Krieg zu führen, wo der Legat Lucius Valerius Praeconinus geschlagen war und von wo der Prokonsul Lucius Manilius sich mit Verlust alles Gepäcks hatte flüchten müssen, erkannte er wohl, dass er mit nicht gewöhnlicher Vorsicht zu Werk gehen müsse. Er sorgte demnach für ausreichenden Getreidevorrat und berief überdies

noch viele tapfere Männer aus Tolosa, Carcaso und Narbo[39], welche gallische Städte unserer Provinz am nächsten liegen, persönlich aus diesen Gegenden zu sich und führte so sein Heer in die Grenzen der Sotiaten. Auf die Nachricht von seinem Vorrücken zogen diese eine starke Macht zusammen und griffen mit ihrer Hauptstärke, der Reiterei, uns auf dem Zug an. Anfangs hatten wir also nur mit ihrer Reiterei zu kämpfen, als diese überwunden war und wir sie verfolgten, kam unvermutet auch ihr Fußvolk aus einem Hinterhalt in einem Tal zum Vorschein und erneuerte durch seinen Angriff auf unsere getrennten Linien die Schlacht.

[21] Das Treffen war heftig und hartnäckig; denn die Sotiaten, stolz auf ihr Waffenglück in den vorangegangenen Zeiten, glaubten, das Heil von ganz Aquitanien hinge nun von ihrer Tapferkeit ab, unsere Truppen aber wollten der Welt zeigen, was sie auch ohne den Oberfeldherrn und die übrigen Legionen, unter einem ganz jungen Anführer leisten könnten. Mit starkem Verlust ergriff der Feind endlich die Flucht, und Crassus unternahm nach einem großen Blutbad einen Angriff auf die Stadt der Sotiaten. Der Widerstand aber war heftig. Man baute also Schirmdächer und führte Türme auf; allein die Feinde wagten bald Ausfälle, bald untergruben sie unseren Erdwall und unsere Schirmdächer, worin die Aquitanier äußerst geschickt sind, weil sie viele Bergwerke besitzen. Als sie aber sahen, bei unserer Aufmerksamkeit wolle gar nichts glücken, schickten sie Gesandte zu Crassus mit der Bitte, ihre Unterwerfung anzunehmen. Er tat es und sie lieferten, seinem Befehl gemäß, ihre Waffen aus.

[22] Während dieser Vorgang unsere ganze Aufmerksamkeit auf sich gezogen hatte, versuchte der Oberbefehlshaber Adiatuanus mit fünfhundert Solduriern, wie man sie hier nennt, auf der anderen Stadtseite einen Ausfall. Mit dieser Mannschaft hat es folgende Bewandtnis: Sie genießen mit demjenigen, welchem sie sich in Freundschaft ergeben haben, alle Annehmlichkeiten des Lebens; leidet er aber gewaltsamerweise einen Unfall, so müssen sie dasselbe Schicksal mit ihm teilen oder sich sogar selbst entleiben, und wirklich hat sich seit Menschengedenken noch keiner gefunden, der nach dem Tod desjenigen, dessen Freundschaft er sich hingegeben hatte, zu sterben sich geweigert hätte. Mit diesen Truppen also versuchte Adiatuanus einen Ausfall. Auf das Geschrei, welches darauf in den Schanzen auf dieser Seite sich erhob, griffen unsere Soldaten zu den

---

[39] heutige Städte: Toulouse, Carcassonne und Narbonne

Waffen, und Adiatuanus wurde nach einem heißen Kampf in die Stadt zurückgetrieben. Doch erhielt er die Erlaubnis von Crassus, sich unter den einmal festgestellten Bedingungen unterwerfen zu dürfen.

[23] Nachdem man die Waffen und Geiseln empfangen hatte, rückte Crassus in das vocatische und tarusatische Gebiet. Die Nachricht, ein von Natur und durch Kunst so haltbarer Platz sei in kurzer Zeit nach der Ankunft der Römer erobert worden, bewog die Gallier, Gesandte überallhin abzuschicken, sich zu verbinden, einander Geiseln zu geben und Heere auszurüsten. Auch schickte man Gesandte an die Völkerschaften in dem diesseitigen Hispanien nächst Aquitanien und ließ von daher Hilfstruppen und Anführer kommen.

Nach deren Ankunft trafen sie Anstalten, den Krieg mit großem Nachdruck und starker Macht zu führen. Zu Anführern wurden Männer gewählt, die alle Feldzüge unter Quintus Sertorius mitgemacht hatten und denen man große Einsicht im Kriegswesen zutraute. Diese fingen nach römischer Art an, die Pässe zu besetzen, das Lager zu verschanzen und uns die Zufuhr abzuschneiden. Da Crassus einsah, er könne seine Truppen wegen ihrer Schwäche nicht auseinanderlegen, der Feind nehme Streifzüge vor, besetze die Wege und lasse dennoch genug Truppen zur Sicherheit des Lagers zurück, man könne daher nicht ohne Schwierigkeiten Getreide und Zufuhren herbeischaffen, der Feind verstärke sich von Tag zu Tag, so hielt er es für gut, ohne Verzug eine Schlacht zu liefern. Diesen Entschluss trug er im Kriegsrat vor und fand alle gleichen Sinnes. Er setzte daher das Treffen auf den folgenden Tag fest.

[24] Bei Tagesanbruch rückte Crassus mit dem ganzen Heer aus und bildete zwei Schlachtlinien, wobei er Hilfstruppen in der Mitte aufstellte, sodann wartete er ab, wozu sich die Feinde entschließen würden. Diese glaubten zwar, sie könnten bei ihrer Stärke, ihrem alten Kriegsruhm und unserer Schwäche ohne Gefahr schlagen, fanden es aber doch sicherer, die Wege besetzt zu halten, die Zufuhr abzuschneiden und ohne Verlust zu siegen. Wollten sich aber die Römer aus Mangel an Lebensmitteln zurückziehen, so dachten sie, dieselben in der Verwirrung auf dem Zug unter dem Gepäck und bei gesunkenem Mut anzugreifen. Dieser Plan wurde von den Anführern genehmigt; die Feinde blieben also nach dem Ausrücken der Römer in ihrem Lager. Als Crassus das wahrnahm und der Feind durch sein Zaudern und die erregte Meinung unsere etwas furchtsamen Truppen mutiger zur Schlacht gemacht hatte, und alles schrie, man

solle ohne Verzug gegen das Lager vorrücken, ging Crassus, dem allgemeinen Verlangen folgend, auf dasselbe los.

[25] Während die Soldaten hier in Abteilungen die Gräben ausfüllten oder die Feinde mit einem Hagel von Wurfwaffen vom Wall und den Schanzen trieben, die Hilfstruppen aber, auf die Crassus kein großes Zutrauen im Gefecht selbst setzte, Steine und Wurfspieße herbeischafften oder Rasen an den Wall trugen und so den Anschein erweckten als ob sie selbst mitkämpften, und während andererseits auch die Feinde entschlossen und furchtlos stritten, und ihre Wurfwaffen vom Wall herab gute Wirkung taten, erfuhr Crassus durch Reiter, die das feindliche Lager umritten hatten, von der Seite des decumanischen Tores [Porta Decumana] sei das feindliche Lager mit weniger Sorgfalt verwahrt, und dort könne man leichter eindringen.

[26] Crassus sprach nun den Führern der Reiter zu, ihre Leute mit Belohnungen und Versprechungen aufzumuntern und teilte ihnen selbst keine Verhaltensbefehle mit. Diese zogen also, seinen Befehlen gemäß, die zurückgelassene Bedeckung im römischen Lager, vier Kohorten, die noch bei frischen Kräften waren, an sich und kamen so schnell durch einen großen Umweg, um nicht in des Feindes Lager bemerkt zu werden, während aller Sinn und Aufmerksamkeit auf die Schlacht gerichtet war, vor die Schanzen, von denen wir oben gesprochen haben. Sie brachen schnell durch und standen in dem feindlichen Lager, ehe man dort noch sehen oder wahrnehmen konnte, was vorging. Unsere Soldaten hörten kaum das Geschrei von dieser Seite her, so drangen sie mit neuen Kräften, wie es gewöhnlich bei Aussicht auf Sieg geschieht, mutiger auf die Feinde los. Diese, von allen Seiten umringt, sprangen in ihrer verzweifelten Lage den Wall hinunter und suchten ihr Heil in der Flucht. Allein unsere Reiterei verfolgte sie auf der Ebene und ließ von fünfzigtausend Mann, die nach zuverlässigen Berichten aus Aquitanien und Cantabrien zusammengekommen waren, kaum den vierten Teil übrig. Spät in der Nacht kehrte sie erst in das römische Lager zurück.

[27] Bei der Nachricht von dieser Schlacht ergab sich Aquitanien größtenteils dem Crassus und stellte freiwillig Geiseln, darunter waren namentlich die Tarbellen, Bigerrionen, Ptianier, Vocaten, Tarusaten, Elusaten, Gaten, Auscer, Garunner, Sibulaten und Cocosaten. Nur einige Völkerschaften an den äußersten Grenzen verließen sich auf die Jahreszeit, da der Winter vor der Tür stand, und taten dies nicht.

Erster Zug gegen Moriner und Menapier

[28] FAST UM DIESELBE ZEIT rückte Caesar, obgleich der Sommer seinem Ende nahe war, in das morinische und menapische Gebiet[40] ein, weil diese Völker, nach Dämpfung der Unruhen in ganz Gallien, allein noch in den Waffen standen und noch keine Gesandtschaft Friedens halber an ihn geschickt hatten, in der Hoffnung, mit diesem Krieg bald zu Ende zu kommen. Allein diese Völker führten den Krieg ganz anders als die übrigen Gallier; denn weil sie sahen, dass die größten Völkerschaften, die eine entscheidende Schlacht versuchten, geschlagen und überwunden waren, so begaben sie sich mit Hab und Gut in die großen Wälder und Sümpfe, deren ihr Land voll war. Als Caesar am Eingang zu diesen Wäldern sein Lager schlagen ließ, kam kein Feind zum Vorschein, als aber unsere Leute bei der Arbeit sich zerstreut hatten, stürzten sie von allen Seiten des Waldes plötzlich heraus und fielen uns an. Die Unseren ergriffen sogleich die Waffen und warfen sie in den Wald zurück. Der Feind verlor dabei zwar viel Volk, doch auch bei uns ging es nicht ganz glücklich aus, weil mehrere zu tief in die unwegsamen Gegenden nachgedrungen waren.

[29] Caesar ließ am Tag darauf den Wald zum Teil niederhauen und alle abgehauene Bäume zur Bedeckung der beiden Seiten gegen den Feind auftürmen, damit man unsere unbewaffneten und unvorbereiteten Soldaten nicht von der Seite überfallen könnte. Man war in wenigen Tagen mit unglaublicher Geschwindigkeit weit vorgerückt; Herden und der vorderste Teil des Gepäcks war schon in unseren Händen und die Feinde selbst im Rückzug zu den dichteren Wäldern zu begriffen – allein stürmisches Wetter trat plötzlich ein, sodass man das ganze Vorhaben aufgeben musste und sich wegen der anhaltenden Regengüsse nicht länger unter den Zelten halten konnte. Caesar verheerte demnach das ganze Land, äscherte Dörfer und Wohnungen ein und ging mit seinem Heer ins Winterlager ins aulercische und lexovische Gebiet[41] und in die übrigen Staaten, die kurz zuvor die Waffen ergriffen hatten.

---

[40] *morinische u. menapische Gebiete:* am Niederrhein in Flandern und um Dünkirchen

[41] *aulercische und lexovische Gebiete:* am Unterlauf der Seine gelegen, auch zwischen der Loire und der Seine

VIERTES BUCH
Krieg gegen Usipeter und Tenctherer

[1] IM WINTER DES FOLGENDEN JAHRES, wo Cn. Pompeius und M. Crassus Konsuln waren, gingen die Usipeter, ein germanisches Volk, ebenso wie die Tenctherer über den Rhein, nicht weit von seiner Mündung in das Meer. Die Veranlassung hierzu waren die Sueben, welche diese Völker seit geraumer Zeit beunruhigten, mit Kriegen bedrückten und am Feldbau hinderten. Die Sueben [42] sind bei weitem das mächtigste und kriegerischste Volk von allen Germanen. Sie sollen hundert Gaue haben, aus deren jedem sie jährlich tausend Mann ins Feld schicken. Das übrige Volk zu Hause sorgt indessen für des Heeres und den eigenen Unterhalt. Im Jahr darauf ziehen diese hingegen wieder in den Krieg, und jene bleiben daheim. So werden weder Feldbau, noch Kriegswesen und Waffenübung unterbrochen.

Besonderes und abgeteiltes Feldeigentum gibt es bei ihnen nicht, auch darf man nicht länger als ein Jahr an einem Ort seines Anbaus wegen bleiben. Ihre Nahrung sind Feldfrüchte, größtenteils aber Milch und Fleisch von ihrem Vieh; eine Hauptbeschäftigung ist die Jagd – eine Lebensweise, die sowohl durch die Nahrungsmittel als durch die täglichen Leibesübungen und das ungebundene Leben (denn von Kindheit an werden sie zu keiner Pflicht und Zucht angehalten und handeln durchaus nie gegen ihre Neigung) ihre Kräfte unterhält und ihren Körpern die ungemeine Größe gibt. Auch unter ihrem so kalten Landstrich haben sie sich gewöhnt, keine andere Kleidung zu tragen als Felle, wegen deren Kürze der Körper doch größtenteils unbedeckt bleibt; dazu baden sie in Flüssen.

[2] Handelsleuten steht ihr Land offen, aber nicht sowohl um etwas einzukaufen, als vielmehr um die gemachte Kriegsbeute an sie abzusetzen. Nicht einmal ausländische Pferde, die man in Gallien so gern hat und mit großen Kosten anschafft, brauchen die Germanen, sondern ihre einheimischen, die, obgleich schlecht gebaut und ungestaltet, durch tägliche Übungen äußerst ausdauernd werden. In den Reitergefechten springen sie oft vom Pferd und fechten zu Fuß. Die Pferde werden abgerichtet,

---

[42] *Sueben:* german. Stamm, damals in der Gegend an der Oder bis zur Ostsee

unterdessen nicht von der Stelle zu gehen, und erfordern es die Umstände, so laufen ihre Reiter eilends zu ihnen zurück. Nach ihren Sitten ist nichts schändlicher und unmännlicher, als auf Sätteln zu reiten. Ein noch so schwacher Haufen ist daher verwegen genug, sich an die zahlreichste Schar von Sattelreitern zu wagen. Die Weineinfuhr ist bei ihnen verboten, denn man wird dadurch nach ihrer Meinung zum Aushalten der Strapazen zu weich und weibisch.

[3] Die öffentliche Meinung ihres Volkes setzt darin den größten Ruhm, wenn nächst ihren Grenzen alles weit und breit wüst liegt: Denn das beweise, dass viele Staaten hätten ihrer Macht weichen müssen. Auf der einen Seite des Sueben-Gebietes soll daher eine Einöde von sechshunderttausend Schritten sein. Auf der anderen Seite schließen sich die Ubier an, deren Staat nach Begriff der Germanen einst groß und blühend war. Dieses Volk ist wegen seiner Lage nächst dem Rhein, wegen des häufigen Besuchs von Kaufleuten und weil sie wegen ihrer Nachbarschaft schon mehr an gallische Sitten gewöhnt sind etwas gebildeter als andere ihres Namens. Mit diesen führten die Sueben häufige Kriege und obschon sich dieselben wegen der Größe und Macht ihres Staates in ihrem Land behaupteten, so machten sie doch dieselben viel demütiger, schwächer und sich zinsbar.

[4] Ein gleiches Schicksal hatten auch die Usipeter und Tenctherer, von denen wir oben gesprochen haben. Nach einem Widerstand von mehreren Jahren gegen die Macht der Sueben wurden sie zuletzt aus ihrer Mark vertrieben. Sie zogen dann drei Jahre in Germanien umher und kamen an den Rhein, wo die Menapier wohnten und diesseits wie jenseits des Flusses Felder, Höfe und Dörfer hatten. Bei der Ankunft eines so großen Völkerschwarms verließen die Menapier voller Schrecken ihre Wohnungen auf dem rechten Ufer, besetzten das linke Rheinufer und wehrten den Germanen den Übergang. Diese machten alle möglichen Versuche, allein aus Mangel an Schiffen konnten sie keine Gewalt anwenden, noch auch bei der Wachsamkeit der Menapier heimlich übersetzen; deshalb nahmen sie einen verstellten Rückzug nach Hause, nach einem Zug von drei Tagen aber wendeten sie sich wieder und ihre Reiterei, die den ganzen Weg in einer Nacht zurückgelegt hatte, überfiel unvermutet und unversehens die Menapier, die auf die Nachricht ihrer Späher von dem Abzug der Germanen ohne Bedenken ihre Dörfer am rechten Rheinufer wieder bezogen hatten. Diese wurden erschlagen und auf ihren weggenomme-

nen Schiffen setzten die Feinde über den Fluss, ehe die Menapier, die diesseits des Rheines ruhig in ihrem Eigentum geblieben waren, noch etwas von dem Vorgang wussten. Auch der Wohnungen jener bemächtigten sie sich und lebten den ganzen übrigen Winter hindurch vom Reichtum der Überfallenen.

[5] Bei diesen Nachrichten war Caesar wegen der Schwäche des gallischen Charakters in Sorgen (denn dieses Volk ist überhaupt in seinen Entschlüssen wankelmütig und zu Unruhen geneigt) und glaubte daher, ihnen nicht vertrauen zu dürfen. Es ist aber in Gallien Sitte, Reisende, auch gegen ihren Willen, anzuhalten und sich nach allem, was sie gehört oder erfahren, zu erkundigen. Das Volk drängt sich in den Städten um die Kaufleute und nötigt sie, zu sagen, woher sie kämen und was sie für Neuigkeiten von da mitbrächten. Auf solche Gerüchte und Erzählungen hin fassen sie oft Entschlüsse über die wichtigsten Angelegenheiten, die sie auf der Stelle bereuen müssen, weil man eben nur nach schwankenden Gerüchten handelt und die Aussagen von den Reisenden gewöhnlich nach dem Wunsch der Gallier erdichtet werden.

[6] Caesar kannte diese Gewohnheit und begab sich, um einem bedenklichen Krieg zuvorzukommen, vor seiner gewöhnlichen Zeit zu dem Heer. Bei der Ankunft fand er seine Mutmaßungen bestätigt, einige Staaten hatten Gesandtschaften an die Germanen geschickt und sie eingeladen, das Rheingebiet zu verlassen, alle ihre Forderungen sollten erfüllt werden. Auf diese Hoffnung hin schweiften die Germanen schon weiter umher und waren in das Land der Eburonen und der Condruser[43], eines Schutzstaates der Treverer, vorgerückt. Caesar berief die vornehmsten Gallier zu sich, fand aber nicht ratsam, sie etwas von seinen Entdeckungen merken zu lassen, sondern schmeichelte ihnen und bestärkte sie in ihren Gesinnungen. Darauf verlangte er Reiterei und beschloss, den Krieg gegen die Germanen anzufangen.

[7] Sobald für das Getreide gesorgt und die Reiter ausgesucht waren, begann Caesar seinen Zug dahin, wo die Germanen, wie er gehört hatte, standen. Als er noch einige Tagesmärsche von ihnen entfernt war, kamen Abgesandte, deren Anrede ungefähr diese war: Die Germanen würden zwar keine Feindseligkeiten gegen Rom anfangen, jedoch wären sie auch im Fall eines Angriffs zur Gegenwehr bereit. Denn nach der Sitte ihrer

---

43 *Land der Eburonen und der Condruser:* linksrheinisch am Mittelrhein

Väter widersetzten sich die Germanen jedem, der sie bekriegte, ohne ihn zu bitten, indessen wollten sie ihm noch das sagen, dass sie, aus ihren Wohnplätzen vertrieben, nur ungern hierher gekommen seien. Verlangten die Römer ihre Freundschaft, so könnten sie ihnen nützlich sein. Sie müssten ihnen aber Land einräumen oder gestatten, das eroberte Gebiet zu behalten. Nur den Sueben müssten sie weichen, aber mit diesen könnten es auch nicht einmal die Götter aufnehmen. Sonst gebe es kein Volk auf der Welt, das sie nicht bezwingen könnten.

[8] Caesar antwortete hierauf, was er für passend hielt und schloss mit den Worten: Solange sie in Gallien stünden, könne er keine Freundschaft mit ihnen schließen. Übrigens sei es kein rechtlicher Grund, ein fremdes Land in Besitz zu nehmen, wenn man sein eigenes nicht habe behaupten können; auch gebe es in Gallien nicht so viel herrenloses Land, dass man es ohne Beeinträchtigung anderer zumal einer solchen Menge Volkes einräumen könne. Doch sollten sie sich in dem Gebiet der Ubier niederlassen, deren Gesandte sich bei ihm befänden, um sich über die Misshandlungen der Sueben zu beklagen; er wolle die Ubier hierzu veranlassen.

[9] Die Abgesandten erklärten, sie wollten diesen Vorschlag den Ihrigen mitteilen und nach einer Bedenkzeit von drei Tagen zurückkommen. Inzwischen bäten sie, Caesar möchte unterdessen nicht weiter gegen sie vorrücken. Allein dieser erklärte, auch hierzu könne er sich nicht entschließen, denn er hatte erfahren, es sei einige Tage zuvor eine starke Abteilung ihrer Reiterei über die Maas geschickt worden, um im Land der Ambivariten zu plündern und Lebensmittel aufzutreiben. Diese Truppen, glaubte er, wollten sie an sich ziehen, und nur in dieser Absicht suchten sie Aufschub.

[10] Die Maas entspringt im lingonischen Gebiet auf dem Vogesengebirge und ergießt sich nach ihrer Vereinigung mit dem Rheinarm Waal, der die Insel der Bataver bildet, etwa achtzig Millien weiter in die See. Der Rhein hat seine Quelle in dem Gebiet der Lepontier, eines Alpenvolkes. Nachdem er die lange Strecke durch das nantuatische, helvetische, sequanische, mediomatrische, tribocische und treverische Gebiet sehr schnell durchströmt hat, teilt er sich in mehrere Arme und bildet so viele ungeheure Inseln, die größtenteils von wilden und barbarischen Völkern bewohnt sind, deren einige nur von Fischen und Vogeleiern leben sollen; durch viele Mündungen ergießt er sich dann in das Weltmeer.

[11] Caesar war nur noch zwölftausend Schritte vom Feind entfernt, als die Abgesandten der genommenen Abrede zufolge zurückkamen und ihn auf dem Zug, wo sie ihn trafen, inständig baten, nicht weiter vorzurücken. Als sie dies nicht von ihm erlangen konnten, ersuchten sie ihn, der Reiterei, die die Vorhut machte, alle Feindseligkeiten zu verbieten, ihnen aber möchte er gestatten, an die Ubier Gesandte zu schicken. Stellten sie deren Häuptlinge und Senat durch einen Eidschwur sicher, dann, erklärten sie, wollten sie von Caesars Vorschlag Gebrauch machen: Er solle ihnen nur drei Tage Zeit lassen, die Sache zustande zu bringen. Caesar hielt dagegen, alles das ziele nur dahin, um bei dem Aufschub von drei Tagen ihre entfernte Reiterei an sich zu ziehen, doch versprach er ihnen, er wolle des Wassers wegen an diesem Tag nur noch viertausend Schritte weiterrücken, am folgenden Tag sollten sie sich in möglichster großer Anzahl bei ihm einfinden, damit er über ihre Forderungen entscheiden könne. Inzwischen schickte er an die Anführer, die mit der ganzen Reiterei vorausgegangen waren, den Befehl, nichts gegen den Feind zu unternehmen; greife man sie aber an, sich zu halten, bis er selbst mit dem Fußvolk nachkäme.

[12] Die Feinde aber, sowie sie unsere Reiterei erblickten, die fünftausend Mann stark war, während sie selbst nur achthundert hatten, weil die Abteilung, welche zur Beschaffung von Lebensmitteln über die Maas gegangen, noch nicht zurückgekehrt war, unternahmen auf die Unsrigen einen Angriff. Die vermuteten nichts Böses, weil kurz zuvor ihre Abgesandten den Caesar verlassen und sie einen Waffenstillstand für diesen Tag begehrt hatte; die Angreifer brachten die Unsrigen sogleich in Unordnung. Als diese sich nun widersetzten, sprangen jene nach ihrer Sitte von den Pferden und stachen von unten unsere Pferde nieder, warfen viele von unseren Leuten zu Boden und jagten den Rest in die Flucht. Der Schrecken war so groß, dass sie nicht eher aufhörten zu fliehen, als bis sie unseren Heereszug zu Gesicht bekamen.

Wir verloren in diesem Gefecht vierundsiebzig Reiter, und unter diesen den tapferen Aquitanier Piso, einen Mann von hohem Adel, dessen Großvater über seinen Staat unumschränkt geherrscht und von dem Senat den Ehrentitel ›Freund‹ erhalten hatte. Er kam seinem Bruder, der abgeschnitten war, zu Hilfe und entriss ihn der Gefahr, wurde aber von seinem Pferd abgeworfen und wehrte sich, solange er konnte, ungemein tapfer. Allein er wurde umringt und erschlagen. Als das sein

Bruder, der schon aus dem Schlachtgedränge entkommen war, in der Ferne sah, sprengte er in vollem Galopp in die Feinde zurück und kam so ebenfalls um.

[13] Nach diesem Treffen dachte Caesar, er habe nun weder die Abgesandten zu empfangen noch Vorschläge von Leuten anzuhören, die nach begehrtem Waffenstillstand betrügerisch und heimtückisch aus eigenem Antrieb Feindseligkeiten angefangen hätten, und hielt es zugleich für die größte Torheit, des Feindes Verstärkung und die Ankunft seiner Reiterei abzuwarten. Er bemerkte ferner, wie viel Ansehen sich der Feind bei der bekannten Unzuverlässigkeit der Gallier durch diese eine Schlacht bei ihnen erworben habe und hielt es für gut, ihnen keine Zeit zu Entschließungen zu lassen. Nachdem Caesar also beschlossen und sein Vorhaben den Legaten und dem Quaestor mitgeteilt hatte, bot sich die schönste Gelegenheit, das Treffen keinen Tag länger zu verschieben. Die Germanen kamen nämlich am Tag darauf früh mit gleicher Treulosigkeit und Verstellung in großer Anzahl mit allen Fürsten und ältesten zu Caesar ins Lager, teils um sich, wie sie vorgaben, zu entschuldigen, dass man am Tag vorher gegen die Verabredung und ihr Begehren angegriffen habe, teils auch um ihn womöglich durch einen zu erlangenden Waffenstillstand zu hintergehen. Caesar war froh, sie in seiner Gewalt zu haben und ließ sie im Lager festhalten, dann brach er mit dem ganzen Heer auf. Die Reiterei musste jetzt die Nachhut machen, weil er sie von dem vorherigen Treffen für noch zu bestürzt hielt.

[14] Nach einem schnellen Marsch von acht Meilen erreichte Caesar in den drei Schlachtreihen das feindliche Lager, ehe noch die Germanen etwas von dem, was vorging, wissen konnten. Alles, unser geschwindes Vorrücken, die Abwesenheit der Ihrigen, der Mangel an Zeit, einen Kriegsrat zu halten oder die Waffen zu ergreifen, versetzte den Feind in Schrecken und vor Verwirrung wusste er nicht, ob er gegen uns ausrücken, sich im Lager verteidigen oder durch die Flucht retten sollte. Als wir ihre Furcht an dem Geschrei und dem Durcheinanderlaufen wahrnahmen, brachen unsere Soldaten voller Erbitterung wegen des Meineides am Tag vorher ins Lager ein. Was geschwind noch die Waffen ergreifen konnte, leistete kurzen Widerstand und setzte sich zwischen den Wagen und dem Gepäck zur Gegenwehr, der übrige Schwarm aber von Weibern und Kindern (denn die ganze Nation war ausgewandert und über den

Rhein gegangen) ergriff zerstreut die Flucht, auf der sie Caesar durch seine Reiterei verfolgen ließ.

[15] Als die Germanen das Geschrei hinter sich hörten und das Blutbad unter den Ihrigen sahen, warfen sie ihre Waffen weg, verließen ihre Feldzeichen und stürzten zum Lager hinaus. Am Zusammenfluss der Maas und des Rheines angekommen sahen sie sich außerstande, weiter zu fliehen. Sie wurden daher größtenteils niedergehauen, der Rest sprang ins Wasser und fand darin vor Schrecken und Ermattung bei der Heftigkeit des Stromes sein Grab. Unsere Leute kehrten nach einer so fürchterlichen Schlacht ohne Verlust eines Mannes, außer etlichen Verwundeten heim; die Feinde waren vierhundertdreißigtausend Köpfe stark gewesen. Caesar erlaubte denen, die man im Lager festgehalten hatte, fortzugehen, allein aus Furcht, von den Galliern für die Verheerungen ihrer Fluren gestraft und gepeinigt zu werden, erklärten sie, sie wollten bei ihm bleiben. Caesar stellte es ihrem Belieben anheim.

Erster Rheinübergang nach Germanien

[16] NACH DEM KRIEG mit den Germanen beschloss Caesar aus vielen Gründen einen Übergang über den Rhein. Die Hauptursache war, er wollte, als er sah, die Germanen ließen sich so leicht zu Einfällen in Gallien verleiten, sie um ihre eigene Sicherheit fürchten zu lassen, wenn er ihnen zeigte, das Heer des römischen Volkes vermöge und wage es, über den Rhein zu gehen; dazu kam noch, dass die Abteilung der tenctherischen und usipetischen Reiterei, die nach unserer Erwähnung oben in der Absicht zu plündern und Lebensmittel zu holen, über die Maas gegangen und nicht bei der Schlacht zugegen war, sich nach der Flucht ihres Volkes über den Rhein in das Sugamber-Gebiet zurückgezogen und mit diesem Volk vereinigt hatte.

Als nun Caesar eine Botschaft an sie sandte, um die Auslieferung von Leuten zu begehren, die ihn und die Gallier bekriegt hätten, so erhielt er zur Antwort: ›Am Rhein höre Roms Herrschaft auf. Wenn er den Übergang der Germanen in Gallien gegen seinen Willen für ein Vergehen hielte, mit welchem Recht er denn auch jenseits des Rheines noch Befehl und Gewalt auszuüben verlange?‹ Die Ubier endlich, die aus Germanien jenseits des Rheines allein Gesandte an Caesar geschickt und nicht nur

Freundschaft mit ihm geschlossen, sondern ihm auch Geiseln gestellt hatten, baten ihn inständig um Hilfe gegen die harten Bedrängnis durch die Sueben oder, wenn Caesar bei seinen Unternehmungen für den Staat daran gehindert sei, nur mit dem Heer über den Rhein zu gehen. Das wäre ihnen schon Trost und Hilfe für die Zukunft genug; denn nach dem Sieg über Ariovist und nach dem letzten Treffen hätten die römischen Truppen einen solchen Namen und solche Achtung auch bei den entferntesten Germanen, dass sie durch die hohe Meinung von der Römer Macht und die Freundschaft mit ihnen schon gesichert seien. Zum Übergang des Heeres versprachen sie eine große Zahl Schiffe zu stellen.

[17] Aus allen diesen Gründen war Caesar entschlossen, über den Rhein zu gehen. Allein die Überfahrt auf Schiffen hielt er für zu unsicher und unter seiner und des römischen Volkes Würde. Man stellte ihm zwar die größten Schwierigkeiten bei einem Brückenbau wegen der Breite, Tiefe und Heftigkeit des Stromes vor, dessen ungeachtet aber glaubte er, einen solchen vornehmen oder den Übergang ganz unterlassen zu müssen. Den Bau der Brücke aber veranstaltete er auf folgende Weise. Er verband je zwei und zwei anderthalb Fuß dicke Balken, die am unteren Ende scharf zugespitzt und nach der Höhe des Flusses ausgemessen waren, zwei Fuß weit voneinander. Nachdem diese durch Maschinen in den Fluss gesenkt, festgestoßen und mit Rammen eingetrieben waren (und zwar nicht senkrecht wie Pfeiler, sondern vorwärts gelehnt und schief nach der Richtung des Stromes geneigt), wurden ihnen gegenüber zwei andere, auf eben dieselbe Weise verbunden, in einer Entfernung von vierzig Fuß unterhalb, aber gegen den Strom und die Gewalt des Flusses gerichtet, aufgestellt. Diese beiden Strebegestelle wurden durch oben eingepasste zwei Fuß breite Balken (denn so viel Zwischenraum ließen gerade die beiden verbundenen Pfähle) vermittelst zwei Klammern an beiden äußersten Enden auseinander gehalten.

Auf diese Weise von einander gesperrt und auf den entgegengesetzten Seiten verbunden, erhielt der Bau eine solche Stärke und Beschaffenheit, dass, je heftiger die Macht des Stromes gewesen wäre, desto fester sich das Werk aneinander geschlossen hätte. Die Brückenjoche wurden nun in der Länge durch Holzwerk miteinander verbunden und mit Stangen und Flechtwerk überdeckt. Überdies wurden auch Tragepfeiler unterhalb der Brücke schief eingetrieben, die als eine Mauer in Verbindung mit dem ganzen Werk die Gewalt des Stromes hemmen sollten, desgleichen auch noch andere oberhalb der Brücke, um durch deren Schutz das Anprallen von Baumstämmen oder Schiffen, die etwa der Feind heruntertreiben ließe, um die Brücke zu zerstören zu schwächen und diese so zu schützen.

[18] Innerhalb zehn Tagen, nachdem man mit der Beschaffung des Holzes angefangen hatte, war der ganze Bau fertig. Das Heer ging über den Strom, und Caesar nahm seinen Weg gegen das sigambrische Gebiet, nachdem er eine starke Bewachung an beiden Seiten der Brücke zurückgelassen hatte. Indessen kamen von mehreren Staaten Abgesandte zu ihm, die Frieden und Freundschaft suchten. Caesar gab ihnen einen freundschaftlichen Bescheid und befahl, Geiseln zu geben. Allein die Sigambrer hatten sich seit dem Anfang des Brückenbaues auf Anraten der Tenctherer und Usipeter, die bei ihnen waren, zurückgezogen, mit Hab und Gut geflüchtet und in Einöden und Waldungen versteckt.

[19] Nach einem Aufenthalt von einigen Tagen, während dessen alle Dörfer und Gebäude eingeäschert und die Feldfrüchte abgemäht wurden, begab sich Caesar in das Land der Ubier und versprach ihnen gegen die Bedrängnis der Sueben seinen Beistand. Hier erfuhr er, die Sueben hätten auf die Nachricht ihrer Späher von dem Brückenbau einen Landtag abgehalten und Boten nach allen Gauen geschickt mit dem Befehl, die Wohnungen zu verlassen und Kinder, Weiber, Hab und Gut in die Waldungen zu flüchten. Ihre ganze waffenfähige Mannschaft wäre aufgeboten, an einem Ort zusammenzukommen, und dazu sei etwa die Mitte des Suebenlandes bestimmt worden; hier hätten sie beschlossen, die Römer zu erwarten und zu schlagen. Bei dieser Nachricht glaubte Caesar, da sein ganzes Ziel bei dem Rheinübergang, nämlich die Germanen zu schrecken, die Sigambrer zu züchtigen, den Ubiern ihre Feinde vom Hals zu schaffen, jetzt erreicht war, nach einem Aufenthalt von achtzehn Tagen Ruhm und Vorteil genug erworben zu haben. Er zog sich also nach Gallien zurück und zerstörte die Brücke.

Erste Überfahrt nach Britannien

[20] OBWOHL DER SOMMER nun zu Ende ging und bei der nördlichen Lage Galliens überhaupt der Winter unter diesem Himmelsstrich frühzeitig eintritt, rüstete sich Caesar doch, nach Britannien zu gehen, denn er wusste, dass beinahe in allen Kriegen mit den Galliern von daher die Feinde unterstützt worden waren. Und fände er auch keine Zeit mehr, noch Krieg zu führen, so dachte er doch, es habe seinen Nutzen, wenn er

auch nur auf dieser Insel landete, die Völkerstämme näher ansähe und die Gegenden, Häfen und Landungsorte kennenlernte, von dem allen die Gallier beinahe nichts wussten. Denn, die Kaufleute ausgenommen, kommt nicht leicht jemand dahin, und selbst diese haben nur von den Küsten und den Gegenden, welche Gallien gegenüber liegen, Kenntnis. Caesar konnte daher durch die Kaufleute, die er von allen Orten herbeirufen ließ, weder von der Größe der Insel noch von deren Völkern, weder von ihrer Stärke noch von ihrer Kriegsweise und ihren Sitten irgendetwas erfahren.

[21] Ehe er also einen solchen Versuch machte, hielt er es für ratsam, den Caius Volusenus mit einem Kriegsschiff vorauszuschicken, um hierüber Entdeckungen zu machen. Er hatte den Auftrag, über alles Kundschaft einzuziehen und dann ohne Verzug zurückzukehren. Caesar rückte indessen mit seiner ganzen Macht in das morinische Gebiet, weil von hier die Überfahrt nach Britannien am kürzesten ist und ließ nebst der Flotte, die man im vorigen Sommer zum Veneter-Krieg gebaut hatte, Schiffe von allen Staaten an den benachbarten Küsten hierher zusammenkommen. Sein Vorhaben wurde unterdessen bekannt und von Kaufleuten den Britanniern hinterbracht. Es kamen daher von mehreren Staaten Abgesandte zu ihm mit dem Erbieten, Geiseln zu stellen und sich der römischen Herrschaft zu unterwerfen.

Nach Anhörung ihrer Gesuche gab Caesar ihnen freundschaftliche Versicherungen und schickte sie mit der Ermahnung zurück, ihrem Versprechen treu zu bleiben. Mit ihnen ging ein gewisser Commius, den Caesar nach Bezwingung der Atrebater zu ihrem König gemacht hatte, ein Mann, dessen Tätigkeit und Einsicht ihm gefiel und auf dessen Treue er sich verlassen zu können glaubte und der auch in jenen Gegenden viel Ansehen besaß. Diesem trug er auf, jeden Staat, wo er nur könnte, anzugehen und nebst der Ermahnung, sich unter Roms Schutz zu begeben, bekannt zu machen, Caesar werde selbst in den nächsten Tagen kommen. Nachdem Volusenus die Gegenden beobachtet hatte, so viel er nämlich dazu Gelegenheit hatte, da er nicht aus dem Schiff zu gehen und sich den Barbaren anzuvertrauen wagte, hinterbrachte er am fünften Tag bei seiner Rückkehr Caesar seine Entdeckungen.

[22] Bei Caesars Aufenthalt in diesen Küstenstrichen kamen von einem großen Teil der Moriner Abgesandte, um sich wegen des früheren Benehmens, dass sie als ferne und mit unseren Sitten gänzlich unbekannte

Völker das römische Volk bekriegt hätten, zu entschuldigen mit dem Versprechen, Caesars Befehle fortan stets zu erfüllen. Das kam Caesar sehr gelegen, denn er wollte keinen Feind im Rücken lassen und war doch wegen der Jahreszeit außerstande, Krieg zu führen, sodann gedachte er auch nicht wegen so geringfügiger Unternehmungen Britannien hintanzustellen. Er forderte demnach eine starke Anzahl Geiseln und nahm, nachdem diese gestellt waren, die Moriner in seinen Schutz. Ungefähr achtzig Lastschiffe hatte er indes zusammengebracht und auf so viele vermindert, als man nach seinem Überschlag zur Überfahrt für zwei Legionen brauchte; überdies verteilte er alle vorrätigen Kriegsschiffe an den Quaestor, die Legaten und Anführer der Bundesgenossen. Dazu kamen noch achtzehn Lastschiffe, die acht Millien weiter von ungünstigem Wind aufgehalten, den nämlichen Hafen nicht erreichen konnten. In diese verteilte er die Reiterei. Den Rest des Heeres ließ er unter den Legaten Titurius Sabinus und Aurunculeius Cotta in das menapische Gebiet und in diejenigen Gaue der Moriner rücken, von denen noch keine Abgesandte zu ihm gekommen waren. Der Legat Sulpicius Rufus erhielt den Auftrag, mit einer hinreichend großen Schutztruppe den Hafen zu besetzen.

[23] Nach diesen Anstalten stach Caesar bei gutem Wind, der eingetreten war, ungefähr um die dritte Nachtwache in See, die Reiter aber bekamen Befehl, nach dem anderen Hafen zu ziehen, sich dort einzuschiffen und nachzukommen. Während dieses jedoch etwas saumselig geschah, erreichte er selbst gegen zehn Uhr früh mit den ersten Schiffen Britanniens Küsten und sah auf allen Hügeln die Feinde unter den Waffen stehen. Die Gegend war so beschaffen: Um den Hafen herum schlossen sich Berge so eng an, dass man von den Anhöhen das Gestade mit den Wurfwaffen erreichen konnte. Caesar hielt daher diesen Ort schlechterdings zu seiner Landung für unpassend und blieb bis gegen drei Uhr nachmittags vor Anker liegen, um die übrigen Schiffe zu erwarten.

Indessen ließ er die Legaten und Kriegstribunen zusammenkommen, sagte ihnen, was er von Volusenus gehört hatte und zeigte ihnen, was er wünsche. Dabei ermahnte er sie, alles, wie es die Kriegszucht, besonders aber das Seewesen, wo die Bewegungen so plötzlich und unstet wären, erfordere, auf seinen Wink und zu der bestimmten Zeit zu befolgen. Nach ihrer Entlassung gab Caesar, weil Wind und Flut zu gleicher Zeit günstig war, das Zeichen zur Abfahrt und segelte, nachdem die Anker gelichtet waren, sieben Meilen weiter, wo er an einem freien, flachen Ufer die Flotte anlegte.

[24] Die Feinde hatten jedoch die Absicht der Römer durchschaut und ihre Reiterei samt den Wagenstreitern, deren sie sich in den Schlachten bedienten, vorausgeschickt, mit den übrigen Truppen folgten sie nach, und hinderten nun die Unseren daran, die Schiffe zu verlassen. Wir waren in der misslichsten Lage, weil man sich wegen der Größe unserer Schiffe nicht dem Ufer nähern konnte. Ferner waren unsere Soldaten in unbekannten Gegenden, unter der drückenden Last ihrer schweren Rüstung am freien Gebrauch ihrer Hände gehindert über Bord gesprungen und mussten in den Fluten stehen und dazu mit den Feinden kämpfen, während diese vom Land her oder auch selbst ein wenig ins Wasser vorgerückt, am ganzen Körper unbehindert auf bekanntem Boden voller Mut die Wurfwaffen brauchten und ihre abgerichteten Pferde antrieben. Das alles machte unsere Leute bestürzt und bei ihrer gänzlichen Unkenntnis von Schlachten dieser Art zeigten nicht alle ihre bei Landschlachten gewöhnliche Munterkeit und Kampfbegierde.

[25] Als Caesar das bemerkte, ließ er die Kriegsschiffe, deren Anblick den Feinden ungewohnt und die je nach Bedarf weit leichter zu bewegen waren, etwas von den Lastschiffen entfernen, durch die Ruder vorwärts bringen und den Feinden zur Seite aufstellen, mit dem Befehl, jene mit Schleudern, Pfeilen und Wurfwaffen zurückzutreiben und zu verjagen. Das verschaffte uns große Vorteile, denn der Feind staunte über die Gestalt unserer Schiffe, die Bewegungen der Ruder und das noch nicht gesehene Geschütz und wich so ein wenig zurück.

Aber auch jetzt noch zögerten unsere Soldaten, besonders wegen der Tiefe des Meeres; da rief der Soldat, welcher den Adler der zehnten Legion trug, zu den Göttern flehend, dass sie sein Vorhaben zum Heil für die Legion möchten ausschlagen lassen: ›Kameraden, springt mit mir hinab, wenn ihr den Adler nicht den Feinden verraten wollt! Ich wenigstens folge meiner Pflicht gegenüber dem Vaterland und den Feldherrn!‹ Nach diesen mit lauter Stimme gerufenen Worten sprang er über Bord und watete mit dem Adler auf die Feinde zu. Unsere Leute sprachen hierauf einander zu, eine solche Schande nicht auf sich kommen zu lassen und sprangen allesamt ins Meer. Auch jene aus den nächsten Schiffen folgten, als sie dies sahen und gingen auf die Feinde los.

[26] Von beiden Seiten focht man heftig. Allein, weil die Unseren weder Reihe halten noch feststehen konnten, sondern der eine aus dem, der andere aus jenem Schiff sich an das erste beste Feldzeichen anschloss, auf das er stieß, so gerieten sie in große Unordnung. Als die Feinde dagegen, die alle Untiefen kannten, von der Küste her einzelne von uns die Schiffe verlassen sahen, sprengten sie in vollem Galopp auf sie zu und umringten sie bei unserer erschwerten Gegenwehr mit überlegener Anzahl, während andere von der unbedeckten Seite her auf alle zusammen ihre Geschosse warfen. Als Caesar dies wahrgenommen hatte, besetzte er schnell die Boote der Kriegsschiffe wie auch die Wachschiffe mit Truppen und schickte sie seinen Leuten im Gedränge zu Hilfe. Sobald die Unseren nun Land gewonnen hatten und unsere Scharen insgesamt nachgerückt waren, machten sie einen Angriff auf den Feind und warfen ihn zurück; verfolgen konnten sie ihn aber nicht weiter, weil die Reiterei uns auf der Fahrt nicht hatte beihalten und die Insel nicht erreichen können. Dies einzige fehlte also an Caesars bisherigem Kriegsglück.

[27] Die geschlagenen Feinde schickten, sobald sie sich von der Flucht wieder sammelten, Gesandte an Caesar zu Friedensunterhandlungen mit dem Anerbieten, Geiseln zu geben und sich zu unterwerfen. Mit diesen Abgesandten kam auch der Atrebate Commius, den Caesar nach unserer obigen Erzählung nach Britannien vorausgeschickt hatte, zurück. Sie hatten ihn nämlich, als er aus dem Schiff trat und die Befehle des Feldherrn überbrachte, ergriffen und in Fesseln geworfen. Allein nach dem Treffen sandten sie ihn zurück und schoben bei dem Gesuch um Frieden die Schuld auf den großen Haufen mit der Bitte, ihm seines Unverstandes wegen zu verzeihen. Caesar beschwerte sich, dass man ohne Ursache Feindseligkeiten angefangen habe, während man doch von freien Stücken Abgesandte zu ihm auf das Festland geschickt und Frieden nachgesucht hätte, jedoch erklärte er, er wolle es ihrem Unverstand verzeihen und verlangte Geiseln. Diese wurden teils gleich gestellt, teils sollten sie aus entlegenen Gegenden erst geholt und in einigen Tagen gegeben werden. Unterdessen wurde das Landvolk nach Hause zurückgeschickt, und die Häuptlinge kamen von allen Seiten herbei, sich und ihre Staaten Caesar zu empfehlen.

[28] Da hierdurch der Frieden gesichert war, liefen am vierten Tag nach der Landung in Britannien die achtzehn oben erwähnten Schiffe mit den Reitern an Bord bei einem gelinden Wind aus ihrem Hafen aus. Bei ihrer

Annäherung an Britanniens Küsten, als man sie schon aus unserem Lager sah, erhob sich plötzlich ein so heftiger Sturm, dass kein Schiff seine Fahrt fortsetzen konnte, sondern sie teils in den Hafen, aus dem sie ausgelaufen waren, zurückgeworfen, teils an die unteren Küsten der Insel mehr gegen Westen hin mit großer Gefahr verschlagen wurden. Doch weil nach dem Werfen der Anker die Fluten die Schiffe bedeckten, so stachen sie in dieser stürmischen Nacht wieder in See und schifften dem Festland zu.

[29] In derselben Nacht hatte man Vollmond, wo gewöhnlich die Flut am höchsten ist, das wussten aber unsere Leute nicht. Die Flut stieg also zu gleicher Zeit in die Kriegsschiffe, die Caesar zur Überfahrt der Truppen gebraucht und auf das Land gezogen hatte, und der Sturm beschädigte die Lastschiffe, die an den Küsten vor Anker lagen. Unsere Leute wussten sich nicht zu raten und nicht zu helfen. Ein guter Teil der Schiffe wurde zerschmettert, und der Rest war nach dem Verlust der Anker, der Taue und des übrigen Gerätes zum Auslaufen unbrauchbar. Das ganze Heer geriet daher, wie es nicht anders sein konnte, in große Bestürzung, denn man hatte keine anderen Schiffe, um die Truppen zurückzubringen, alle Bedürfnisse zur Ausbesserung der Flotte fehlten, und weil alle darüber einig waren, man müsse den Winter in Gallien zubringen, so war für kein Getreide in diesen Gegenden gesorgt.

[30] Als nun die Fürsten von Britannien diese missliche Lage wahrnahmen, die nach der Schlacht gekommen waren, Caesars Befehle zu vollstrecken, so besprachen sie sich untereinander, und da sie um unseren Mangel an Reiterei, Schiffen und Getreide wussten und an dem kleinen Lager – um so kleiner, als Caesar die Legionen ohne Gepäck übergesetzt hatte – unsere Schwäche an Truppen sahen, so hielten sie es für das beste, sich zu empören, Getreide und Zufuhr uns abzuschneiden und den Krieg in den Winter hineinzuziehen. Denn sie waren überzeugt, würde dieses Heer besiegt oder von der Rückfahrt abgeschnitten, so würde in der Folge niemand mehr nach Britannien kommen, um sie zu bekriegen. Man verband sich also aufs Neue, verlor sich nach und nach aus dem Lager und zog das Volk in der Stille von den Feldarbeiten zusammen.

[31] Caesar wusste zwar noch nichts von ihren Anschlägen, doch argwöhnte er bei dem Unfall seiner Flotte und dem Ausbleiben der Geiseln, das, was nun auch wirklich geschah. Er bereitete sich daher auf jeden möglichen Fall vor; er ließ nämlich täglich Getreide vom Feld ins Lager

führen, mit dem Holz und Erz der am meisten beschädigten Schiffe besserte er die übrigen aus und befahl, die notwendigen Dinge hierzu vom Festland hinüberzuschaffen. Bei der äußersten Betriebsamkeit, mit der die Soldaten Hand anlegten, brachte es Caesar mit einem Verlust von zwölf Schiffen so weit, dass man mit den übrigen bequem in See stechen konnte.

[32] Während dieser Anstalten war wie gewöhnlich eine Legion, nämlich die siebente, um Getreide zu holen, ausgeschickt worden, ohne dass sich bis dahin ein Krieg hatte vermuten lassen. Denn ein Teil der Einwohner blieb bei seinen Feldarbeiten, ein Teil ging sogar in dem Lager ein und aus, da meldeten die Feldwachen, die vor den Toren des Lagers standen, Caesar, es steige in der Gegend, wohin die Legion gegangen sei, ein ungewöhnlich großer Staub auf. Caesar, der sogleich, was in der Tat geschehen war, vermutete, nämlich dass die Feinde einen neuen Angriff begonnen hätten, brach mit den Kohorten der Torwachen nach dieser Gegend hin auf; zwei von den übrigen Kohorten sollten Wache halten, der Rest sich bewaffnen und ihm nachkommen.

Er war eine gute Strecke vorgerückt, als er seine Leute in Bedrängnis sah, wie sie sich nur noch mit knapper Not gegen den Feind halten konnten und die Legion zusammengedrängt von allen Seiten mit den Wurfwaffen angegriffen wurde. Weil nämlich auf allen Feldern das Getreide schon gemäht war und in dieser Gegend allein noch stand, so hatten sich die Feinde in der Vermutung, wir würden dahin kommen, des nachts im Gebüsch versteckt und fielen plötzlich über unsere Leute her, als sie verteilt und entwaffnet im Mähen begriffen waren. Einige wenige waren erschlagen, die übrigen in Unordnung gebracht und von der Reiterei und den Streitwagen eingeschlossen worden.

[33] Mit dem Kampf von diesen Streitwagen aus verhält es sich so: Anfangs umjagen die Britannier den Feind nach allen Richtungen, werfen ihre Geschosse ab und bringen meistens schon durch das Erschrecken der Pferde und das Gerassel der Räder Unordnungen hervor. Haben sie sich aber zwischen die Reiterhaufen gedrängt, so springen sie von den Wagen herab und fechten zu Fuß. Der Wagenlenker zieht sich unterdessen allmählich aus dem Gefecht zurück und stellt seinen Wagen so, dass der Kämpfer bei dem Druck von feindlicher Übermacht ungehindert zu demselben kommen kann. So vereinigen sie die Geschwindigkeit der Reiterei mit der Standhaftigkeit des Fußvolkes und

haben es durch tägliche Übungen und Gewohnheiten dahin gebracht, dass sie auf abschüssigen und jähen Abhängen die Pferde in vollem Galopp einhalten, sie in kurzer Zeit bändigen und wenden, über die Deichsel hinlaufen, auf dem Joch stehen bleiben und sich von da mit der größten Geschwindigkeit in den Wagen werfen können.

[34] Unter diesen Umständen kam Caesar den Unsrigen, die durch die Neuheit des Kampfes bestürzt waren, zu sehr gelegener Zeit zu Hilfe, denn bei seiner Ankunft stutzten die Feinde und unsere Truppen erholten sich von ihrer Bestürzung. Caesar hielt den gegenwärtigen Zeitpunkt zum Angriff und zu einer Schlacht nicht für günstig, blieb in seiner vorteilhaften Stellung eine kurze Zeit stehen und ging mit den Legionen ins Lager zurück. Während unter diesen Austritten alles bei uns beschäftigt war, verlief sich das übrige britannische Landvolk, das noch geblieben war. Nun folgten mehrere Tage ununterbrochen Unwetter. Wir konnten daher das Lager nicht verlassen und die Feinde keinen Angriff unternehmen. Indessen schickten sie die Boten überall hin und machten unsere Schwäche bekannt mit der Darstellung, wie günstig die Gelegenheit sei, Beute zu machen und ihre Freiheit für immer zu sichern, wenn man die Römer aus ihrem Lager schlagen würde. Hierdurch brachten sie in kurzer Zeit eine große Macht zu Fuß und zu Pferd zusammen und rückten so vor das Lager.

[35] Caesar sah zwar voraus, dass die Feinde, im Fall sie geschlagen würden, wie an den vorigen Tagen durch ihre Geschwindigkeit entkommen würden, doch weil er zufällig etwa dreißig Reiter, die mit dem oben erwähnten Atrebaten Commius nach Britannien herübergekommen waren, erhalten hatte, so stellte er sich vor dem Lager in Schlachtordnung. In dem nun erfolgten Treffen konnten die Feinde nicht lange dem Angriff unserer Truppen widerstehen und ergriffen die Flucht. Man verfolgte sie, so gut es Kräfte und Schnelligkeit zuließen und hieb eine gute Anzahl nieder, worauf man weit und breit die Gegend verheerte und verbrannte und in das Lager zurückkehrte.

[36] Am nämlichen Tag kamen Abgesandte vom Feind zu Caesar, um Frieden zu suchen. Er erlegte ihnen nun die doppelte Anzahl der verlangten Geiseln auf mit dem Befehl, sie auf das Festland nachzuschicken, weil er bei der bevorstehenden Tag- und Nachtgleiche seine gebrechlichen Schiffe nicht den Stürmen aussetzen wolle, stach bei gutem Wetter gegen Mitternacht in See und erreichte mit der ganzen

Flotte ohne Verlust das Festland. Nur zwei Lastschiffe konnten nicht mit den übrigen den Hafen erreichen, sondern wurden etwas weiter gegen Norden verschlagen.

Zweiter Zug gegen Moriner und Menapier

[37] ALS AUS DEN SCHIFFEN ungefähr dreihundert Mann ausgestiegen waren und ins Lager zogen, da umringten diese die Moriner, die Caesar bei seiner Abfahrt nach Britannien in Frieden zurückgelassen hatte, aus Hoffnung auf Beute in einer anfangs nicht beträchtlichen Zahl und forderten, wenn ihnen ihr Leben lieb wäre, die Waffen zu strecken. Als nun die Römer ein Quadrat bildeten und sich verteidigten, so kamen auf das Geschrei jener gegen sechstausend Mann zusammen. Auf diese Nachricht schickte Caesar seinen Leuten die ganze Reiterei aus dem Lager zu Hilfe. Unterdessen hielten diese den Angriff aus, fochten über vier Stunden mit der größten Tapferkeit und töteten mehrere Feinde, ohne dass sie selbst viele Wunden bekamen. Als unsere Reiterei zum Vorschein kam, warfen die Feinde ihre Waffen weg und liefen davon. Eine Menge wurde auf der Flucht niedergehauen.

[38] Am folgenden Tag sandte Caesar den Legaten Titus Labienus mit den Legionen, die er aus Britannien zurückgebracht hatte, gegen die Moriner, welche den Aufstand begonnen hatten. Und weil sie wegen der jetzigen Trockenheit der Sümpfe, in die sie sich im vorigen Jahre geflüchtet hatten, nun nichts hatten, wohin sie sich hätten retten können, so kamen sie beinahe alle in die Gewalt des Labienus. Die Legaten Quintus Titurius und Lucius Cotta, die mit ihren Legionen in das menapische Gebiet gerückt waren, verheerten das flache Land, schnitten das Getreide ab und legten die Wohnungen in Asche, weil sich die Einwohner insgesamt in das dichteste Gehölz versteckt hatten, und kehrten dann zu Caesar zurück. Caesar fasste den Entschluss, alle Legionen bei den Belgiern überwintern zu lassen. Zwei Staaten Britanniens nur schickten die versprochenen Geiseln dorthin, die übrigen unterließen es. Auf Caesars Bericht verordnete der Senat in Rom dieser Taten wegen ein Dankfest von zwanzig Tagen.

FÜNFTES BUCH
Zweite Überfahrt nach Britannien

[1] UNTER DEM KONSULAT des Lucius Domitius und Appius Claudius begab sich Caesar nach seiner jährlichen Gewohnheit aus dem Winterlager nach Italien und trug den Legaten, welchen er die Legionen anvertraut hatte, auf, so viele neue Schiffe wie nur möglich den Winter hindurch bauen und die alten ausbessern zu lassen. Auch bestimmte er deren Bauart und Gestalt: Sie sollten etwas breiter gemacht werden als unsere gewöhnlichen Schiffe auf dem Mittelmeer, um sie geschwinder laden und ans Land ziehen zu können und das um so mehr, weil er gesehen hatte, dass die See in diesen Gegenden wegen der häufigen Ebbe und Flut nicht so hohe Wellen schlage; zur Überführung der Ladungen und vielen Pferde aber mussten sie etwas breiter werden, als sonst Schiffe auf anderen Meeren.

Alle diese Fahrzeuge sollten Ruderschiffe werden, wobei der niedere Bau gute Dienste tut. Das Notwendige zum vollständigen Auftakeln derselben ließ Caesar aus Hispanien holen. Nach den Gerichtstagen in den Kreisstädten des diesseitigen Galliens reiste Caesar nach Illyrien, weil den eingegangenen Nachrichten zufolge das Grenzgebiet der Provinz durch die Einfälle der Piruster verwüstet wurde. Bei seiner Ankunft verlangte er von den Staaten Truppen und bestimmte ihren Sammelplatz. Auf die Nachricht davon schickten die Piruster eine Gesandtschaft an Caesar, um ihn zu belehren, nichts von diesen Vorfällen sei zufolge eines öffentlichen Beschlusses geschehen, auch zeigten sie sich bereit, den Schaden auf jede Art zu vergüten. Nach Annahme dieser Erklärung forderte Caesar von ihnen Geiseln und bestimmte einen Tag zu deren Stellung. Wenn sie dies nicht täten, erklärte er, würde er sie bekriegen. Die Geiseln wurden nach Caesars Befehl an dem bestimmten Tag herbeigebracht, und er ernannte für die Staaten Schiedsrichter, um den Schaden zu schätzen und die Entschädigungshöhe zu bestimmen.

[2] Hierauf hielt Caesar seine Gerichtssitzungen auch in Illyrien ab und ging dann nach dem diesseitigen Gallien zurück. Von da begab er sich zum Heer. Nach seiner Ankunft besuchte er alle Winterlager und fand trotz des äußersten Mangels an allem Nötigen durch die ausgezeichnete Tätigkeit der Soldaten gegen sechshundert Schiffe vollendet, von der Bau-

art, die wir oben beschrieben haben, nebst achtundzwanzig Kriegsschiffen, sodass nur wenig daran fehlte, sie in einigen Tagen vom Stapel lassen zu können. Caesar lobte die Soldaten und diejenigen, die das Unternehmen geleitet hatten und gab weitere Befehle. Zum Sammelplatz der ganzen Flotte bestimmte er den Hafen Itius, aus welchem man, wie er gesehen hatte, am bequemsten nach Britannien hinüberfährt. Die Überfahrt vom Festland beträgt etwa dreißig Meilen. Eine Anzahl Soldaten, die nach seinem Gutdünken hierzu hinreichend war, ließ er zurück und brach mit vier Legionen ohne Gepäck, nebst achthundert Reitern nach dem treverischen Gebiet auf, weil dieses Volk weder die Landtage besuchte noch sich seine Befehle beachtete und, wie die Sage ging, die Germanen vom rechten Rheinufer aufzuhetzen versuchte.

[3] Dieser Staat hatte bei Weitem die beste Reiterei in ganz Gallien und viel Fußvolk; er stößt, nach unserer Erwähnung oben, an den Rhein. Zwei Männer, Indutiomarus und Cingetorix, stritten damals miteinander um die höchste Gewalt in demselben. Auf die Nachricht von Caesars Anzug mit den Legionen kam sogleich der eine Häuptling zu ihm mit der Versicherung, er und sein ganzer Anhang blieben ihrer Pflicht treu und würden nie die Freundschaft mit Rom brechen. Dann machte er ihn auch mit den Vorgängen im treverischen Gebiete bekannt. Allein Indutiomarus warb Reiterei und Fußvolk, versteckte alle, die altershalber nicht zu den Waffen taugten, in dem Ardenner-Wald, der sich in einer ungeheuren Strecke vom Rhein mitten durch die Grenzen der Treverer bis an das römische Gebiet zieht, und machte Zurüstungen zum Krieg.

Doch als einige Fürsten dieses Staates, teils aus Freundschaft mit Cingetorix, teils aus Furcht wegen der Ankunft unseres Heeres, zu Caesar kamen und, weil sie für den Staat nicht sorgen konnten, insbesondere für sich bei Caesar baten, so besorgte er doch einen allgemeinen Abfall seiner Partei und schickte an Caesar Abgesandte mit der Erklärung: ›Er habe nur in der Absicht, sich nicht aus seinem Land entfernen und zu Caesar gehen wollen, um den Staat desto leichter im Zaum zu halten, damit sich der Pöbel bei der Entfernung des ganzen Adels nicht aus Mangel an Einsicht vergehen möchte. Er habe demnach den Staat in seiner Gewalt, wolle mit Caesars Erlaubnis ins Lager kommen und dessen Händen sein und des Staates Schicksal anvertrauen.‹

[4] Caesar merkte zwar, warum Indutiomarus jetzt so spreche und was ihn von seinem gefassten Entschluss abschrecke, jedoch um nicht bei

allen Vorbereitungen zu dem britannischen Krieg den Sommer im treverischen Gebiet zu verlieren, forderte er ihn mit zweihundert Geiseln vor
sich. Die Geiseln kamen und mit ihnen auch des Indutiomarus Sohn und
dessen ganze Verwandtschaft, die Caesar namentlich verlangt hatte.
Hierauf sprach er dem Indutiomarus freundlich zu mit der Ermahnung,
seiner Pflicht treu zu bleiben, zog aber dennoch von dem treverischen
Adel, den er zu sich kommen ließ, einen nach dem anderen auf die Seite
des Cingetorix, was dieser, wie Caesar einsah, nicht allein um ihn verdient
hatte, sondern er hielt es auch für sehr wichtig, dass das Ansehen eines
Mannes, von dessen vorzüglicher Anhänglichkeit er überzeugt war, in
seinem Staat so viel als möglich gelte. Dieses Verfahren, sein Ansehen bei
seinem Volk zu schwächen, nahm Indutiomarus übel auf, und da er
ohnehin schon einen alten Groll gegen uns hegte, so wurde er um so
mehr durch diese Kränkung erbittert.

[5] Nachdem dies beigelegt war, kam Caesar mit seinen Legionen beim
Hafen Itius an und hörte hier, dass vierzig Schiffe, die man im Melder-
Gebiet[44] gebaut hatte, von einem Sturm verschlagen seien und weil sie
ihre Fahrt nicht fortsetzen konnten, wieder dahin, von wo sie ausgelaufen
waren, zurückgekehrt wären. Die übrigen Schiffe fand er sämtlich segel-
fertig und mit allem versehen. Hier kam auch die Reiterei von ganz
Gallien, viertausend Mann an der Zahl, nebst den Häuptlingen aller
Staaten zusammen. Caesar hatte aus Furcht vor einem Aufstand in seiner
Abwesenheit beschlossen, nur sehr wenige davon, von deren Treue er
Proben hatte, in Gallien zurückzulassen, die übrigen aber als Geiseln mit
sich zu nehmen.

[6] Unter diesen befand sich auch der Haeduer Dumnorix, von dem wir
schon oben gesprochen haben. Dieser sollte nach Caesars Beschluss insbesondere mitfahren, weil ihm dessen Neuerungssucht, Herrschbegierde,
hoher Mut und großes Ansehen bei den Galliern bekannt war. Dazu kam
noch, dass Dumnorix auf dem Landtag der Haeduer hatte verlauten
lassen, Caesar werde ihm die Regierung des Staates übertragen, eine
Äußerung, welche die Haeduer sehr kränkte, obwohl sie es nicht wagten,
Gesandte zu Caesar zu schicken, um sich dessen zu weigern oder ihn
durch Bitten umzustimmen. Caesar aber hatte das von seinen Gastfreun-

---

[44] *Melder:* Ein kleiner keltischer Volksstamm zwischen Seine und Marne,
Bereich der Île-de-France

den erfahren. Dumnorix sparte anfangs keine Bitten, ihn doch in Gallien zu lassen, teils weil er, der Seefahrt ungewohnt, sich vor dem Meer scheute, teils weil ihn, wie er vorgab, Vorahnungen zurückhielten. Als er aber seine Bitte hartnäckig verweigert sah und keine Hoffnung hatte, sein Gesuch erfüllt zu erhalten, so hetzte er die gallischen Häuptlinge auf, rief einen nach dem anderen auf die Seite, warnte sie, das Festland zu verlassen, machte ihnen bange, man führe nicht ohne Absichten den ganzen Adel aus Gallien, Caesars Plan sei, sie alle in Britannien ermorden zu lassen, weil er sich nicht getraue, es vor den Galliern zu tun, gab den übrigen sein Wort und verlangte einen Eid, in allem, was sie als vorteilhaft für Gallien anerkennen würden, nach gemeinschaftlichem Plan zu handeln. Dies wurde Caesar von mehreren hinterbracht.

[7] Da Caesar dem Staat der Haeduer ein so hohes Ansehen eingeräumt hatte, so beschloss er auf diese Nachricht hin, alles anzuwenden, um den Dumnorix in Schranken zu halten und ihn abzuschrecken, und als er dessen Wahnsinn zu weit gehen sah, sich und den Staat durch Gegenmaßregeln vor Gefahr zu sichern. In den fünfundzwanzig Tagen, die er ungefähr hier zubrachte, weil er wegen des Nordwestwindes, der hier fast immer weht, nicht auslaufen konnte, machte er es sich daher zum Geschäft, den Dumnorix von jedem pflichtwidrigen Schritt abzuhalten und dessen ungeachtet alle seine Pläne zu erfahren.

Bei gutem Wind, der endlich eintrat, ließ er seine Truppen zu Fuß und zu Pferd an Bord gehen, und während aller Gedanken damit beschäftigt waren, fing indessen Dumnorix an, ohne Caesars Wissen mit den haeduischen Reitern nach Hause zu ziehen. Caesar setzte, auf die Mitteilung davon, die Fahrt und alles andere bei Seite und schickte ihm eine starke Abteilung von Reiterei nach mit dem Befehl, ihn zurückzubringen oder zu erschlagen, wenn er sich zur Wehr setzte und nicht gehorchte, denn er glaubte, dass in seiner Abwesenheit ein Mann nichts Verständiges tun werde, der noch in seiner Gegenwart seinen Befehl nicht geachtet hätte. Bei dem Befehl zurückzukehren setzte sich Dumnorix zur Gegenwehr, hieb um sich und rief seine Reiter zum Beistand an, unter wiederholtem Schreien, er sei ein freier Mann und aus einem freien Staat. Die Gesandten umringten den Menschen und hieben ihn, ihrem Befehl zufolge, nieder. Die Reiterei der Haeduer ging insgesamt zu Caesar zurück.

[8] Als dies abgetan war und Caesar den Labienus mit drei Legionen und zweitausend Reitern auf dem Festland zurückgelassen hatte, um die Häfen zu decken, für Lebensmittel zu sorgen und auf alle Vorgänge in Gallien ein wachsames Auge zu haben und nach Zeit und Umständen nötige Maßregeln zu ergreifen, stach er mit fünf Legionen und eben so viel Reiterei, als er auf dem Festland zurückgelassen, bei Sonnenuntergang in See. Da der linde Südwestwind sich um Mitternacht legte, konnte er seine Richtung nicht behalten, sondern wurde von der Strömung weiter getrieben und erblickte bei Tagesanbruch Britannien links zur Seite liegend. Er folgte jetzt der veränderten Strömung und suchte durch Rudern jene Küsten der Insel zu gewinnen, wo die Landung nach seiner Erfahrung im letzten Sommer am leichtesten war.

Bei dieser Gelegenheit verdient das brave Betragen unserer Soldaten das größte Lob, die mit den schweren Lastschiffen durch unausgesetzte Anstrengung im Rudern den Kriegsschiffen im Lauf völlig gleich blieben. Um Mittag etwa näherte sich die ganze Flotte Britanniens Küsten, ohne einen Feind zu sehen, denn nach den späteren Aussagen der Kriegsgefangenen vor Caesar hatte sich die hier versammelte starke Macht des Feindes bei der Menge unserer Schiffe – es kamen nämlich jene vom vorigen Jahre und die, welche einzelne zu ihrem Privatgebrauch hatten bauen lassen, eingerechnet, zusammen mehr als achthundert Segel auf einmal zum Vorschein – aus Schrecken von den Küsten zurückgezogen und hinter die Anhöhen versteckt.

[9] Caesar setzte die Truppen ans Land und ließ ein bequemes Lager abgrenzen. Nach Befragung der Kriegsgefangenen über den Standort des Feindes ließ er zehn Kohorten und dreihundert Reiter zur Deckung der Flotte an den Küsten zurück und brach um die dritte Nachtwache gegen die Feinde auf, wegen der Flotte um so weniger besorgt, da er sie an einem sanften, felsenfreien Ufer vor Anker zurückließ; den Oberbefehl über die zurückgelassene Bewachung der Schiffe vertraute er dem Quintus Natriums an.

Nach einem nächtlichen Marsch von etwa zwölf Meilen erblickte er die Feinde. Diese rückten mit ihrer Reiterei und den Streitwagen an einen Fluss vor, fingen von ihrem höheren Standort an, unsere Truppen aufzuhalten und begannen den Kampf. Sie wurden von unserer Reiterei besiegt und verbargen sich in dichten Wäldern, wo sie einen von Natur und Kunst stark befestigten Platz besetzten, den man, wie es schien, schon vorher zur Nutzung bei einheimischen Kriegen vorbereitet hatte, denn alle Zugänge waren durch Verhaue verwahrt. Sie selbst machten einzeln aus dem Wald Ausfälle und hinderten die Unsrigen daran, in die Verschanzungen einzudringen. Allein die Soldaten der siebenten Legion bildeten ein Schilddach, führten einen Damm an den Verschanzungen auf, nahmen den Platz weg und trieben mit geringem Verlust die Feinde aus dem Gehölz. Wegen der Unkenntnis der Gegend und auch weil Caesar die wenige Zeit, die vom Tag noch übrig war, zur Errichtung eines Lagers verwenden wollte, verbot er, die Fliehenden weiter zu verfolgen.

[10] Am folgenden Morgen sandte Caesar die Reiterei und das Fußvolk in drei Abteilungen aus, die Geflohenen zu verfolgen. Nach einem kurzen Marsch, als man schon die Nachhut in Sicht hatte, kamen Reiter von Quintus Atrius mit der Nachricht zu Caesar, in der verflossenen Nacht sei beinahe die ganze Flotte durch einen sehr heftigen Sturm beschädigt worden, und weil weder Anker noch Taue gehalten, noch Matrosen und Steuerleute bei der Heftigkeit desselben hätten aushalten können, sei sie auf das Land geworfen und habe daher durch das Anprallen der Schiffe großen Schaden erlitten.

[11] Auf solche Nachricht ließ Caesar Legionen und Reiter zurückrufen und sie auf ihrem Weg Halt machen. Er selbst ging zur Flotte zurück und sah hier ungefähr das mit Augen, was man ihm schriftlich und mündlich schon berichtet hatte. Es zeigte sich aber, dass sich mit einem Verlust von etwa vierzig Schiffen doch die übrigen, wenn auch mit viel Mühe, wieder herstellen ließen. Zu den Werkleuten[45], die er aus seinen Legionen nahm, ließ er daher noch andere vom Festland herüberkommen, dem Labienus aber schrieb er, von den Legionen, die er bei sich habe, so viele Schiffe wie möglich bauen zu lassen.

Es war zwar ein mühsames und anstrengendes Unternehmen, doch fand es Caesar am dienlichsten, alle Schiffe auf das Land zu ziehen und Lager und Flotte in eine Verschanzung einzuschließen. Man setzte die Arbeit nicht einmal nachts aus und war daher in zehn Tagen ungefähr damit fertig. Als die Schiffe auf das Land gezogen und das Lager in einem vortrefflichen Verteidigungszustand war, ließ er dieselben Truppen wie

---

[45] *Werkleute:* Dies waren militärisch organisierte Handwerker, entweder in
Form einer eigenen Truppenabteilung oder in den Legionen verteilt. Sie
unterstanden dem *praefectus fabrum*

vorher zur Sicherheit der Schiffe zurück und kehrte selbst dahin zurück, von wo aus er hierher gekommen war. Hier fand er bereits ein größeres Heer der Britannier von überall her an einem Ort versammelt, die allgemeine Leitung des Krieges aber in der Hand des Cassivellaunus, dessen Gebiet der Fluss Themse von den Seestaaten trennt, vom Meer ungefähr in einer Entfernung von achtzigtausend Schritten. Dieser Häuptling führte zwar sonst ewig Krieg mit den übrigen Völkern, allein durch unsere Landung wurden die Britannier bewogen, ihm die ganze Leitung des Krieges zu überlassen.

[12] Der innere Teil Britanniens wird von Leuten bewohnt, welche die Sage Eingeborene der Insel nennt, die Seeküsten hingegen von solchen, die aus Beute und Kriegslust von Belgien herüberkamen (welche fast alle noch den Namen der Staaten führen, aus denen sie ursprünglich nach Britannien gekommen sind), nach dem Krieg sich da niedergelassen und das Feld zu bauen angefangen haben. Die Volksmenge geht ins Unendliche, die zahlreichen Häuser sind fast wie die gallischen; die Viehzucht ist sehr stark; statt der Münzen bedient man sich des Erzes oder eiserner Stäbchen von bestimmtem Gewicht. Im Inneren findet man Zinn, an den Küsten Eisen, jedoch in geringer Menge; ihr Erz wird aus der Fremde eingeführt. Die Holzarten sind dieselben wie in Gallien, nur Buchen und Tannen gibt es nicht. Hasen, Hühner und Gänse darf man nach ihrer Ansicht nicht essen: doch hält man diese Tiere zur Lust und zum Vergnügen. Der Himmelsstrich ist milder als in Gallien, die Kälte weniger streng.

[13] Ihrer Gestalt nach ist die Insel ein Dreieck, dessen eine Seite Gallien gegenüberliegt. Der eine Winkel bei Kent, dem gewöhnlichen Landungsort der Schiffe von Gallien aus, zieht sich nach Osten, der andere Winkel weiter unten, nach Süden. Diese Seite ist etwa fünfhunderttausend Schritte lang; die andere hat ihre Richtung gegen Hispanien und Westen zu. Auf dieser liegt Hibernia, das als halb so groß als Britannien geschätzt wird und so weit von Britannien wie dieses von Gallien entfernt ist. Auf dem halben Weg dahin kommt man an eine Insel, die Mona heißt; außer dieser sollen hier noch mehrere kleine Inseln liegen, auf denen, nach einigen Schriftstellern, im Winter vierzig Tage unaufhörlich Nacht sein soll.

Wir haben bei unseren Nachfragen nichts davon erfahren, als dass wir, nach genauen Beobachtungen mit der Wasseruhr, die Nächte kürzer als auf dem Festland fanden. Die Länge dieser Seite schätzen die Britannier auf siebenhunderttausend Schritte. Auf der dritten Seite gegen Norden ist die offene See. Ihr Winkel schaut hauptsächlich nach Germanien zu: man gibt ihr etwa achthunderttausend Schritt Länge. Der ganze Umfang der Insel beträgt also zweitausend Millien.

[14] Unter allen Völkern der Insel sind die Einwohner von Kent, welche Gegend ganz an der Seeküste liegt, bei Weitem die gebildetsten. Sie haben in ihrer Lebensart viel mit den Galliern gemein. Im Innern des Landes säet man nur an wenigen Orten Getreide, lebt sonst von Milch und Fleisch und kleidet sich in Tierhäute. Alle Britannier färben sich mit Waid blau, wodurch sie in den Schlachten desto fürchterlicher aussehen. Die Haare auf dem Kopf lassen sie wachsen, sonst scheren sie, Kopf und Oberlippe ausgenommen, den ganzen Leib glatt. Je zehn bis zwölf, besonders Brüder mit den Brüdern oder Väter mit den Söhnen, haben immer ihre Weiber gemeinschaftlich: die Kinder aus diesen Ehen werden dem zugeeignet, dem die Jungfrau zuerst zugeführt wurde.

[15] Die feindliche Reiterei und ihre Wagenstreiter gerieten mit unseren Reitern auf dem Weg in ein heftiges Gefecht. Doch behielten wir auf allen Punkten die Oberhand und trieben sie in die Wälder und auf die Hügel zurück. Ihr Verlust war ansehnlich, weil man jedoch im Nachsetzen zu hitzig war, verloren auch wir einige Leute. Nach kurzer Zeit, als wir sorglos an dem Lager arbeiteten, stürzten die Feinde unvermutet aus dem Gehölz und begannen einen heftigen Angriff auf die Vorposten vor dem Lager. Caesar schickte zwei Kohorten, und zwar die ersten Kohorten von zwei Legionen zu Hilfe, allein bei der Bestürzung, in der unsere Truppen wegen der ihnen fremden Art des Kampfes waren, brach der Feind sehr kühn durch den kleinen Zwischenraum zwischen den beiden Kohorten hindurch und zog sich ohne Verlust zurück. Wir verloren an diesem Tag den Kriegstribun Quintus Laberius Durus; endlich wurden durch mehrere nachgeschickte Kohorten erst die Feinde geworfen.

[16] Dieses Gefecht geschah vor dem Lager im Angesicht unseres ganzen Heeres. Man sah daher an der ganzen Kampfesart, dass unser Fußvolk, seiner schweren Rüstung wegen, weniger gegen Feinde dieser Art tauge, da es die Flüchtigen nicht verfolgen konnte und einzelne sich nicht getrauten, sich von ihren Fahnen zu entfernen, während für unsere Reiterei aber jedes Gefecht sehr gefährlich war, da die Feinde sogar absichtlich wichen und wenn sie unsere Reiter von den Legionen etwas

fortgelockt hatten, von den Streitwagen sprangen und sich zu Fuß in einen ungleichen Kampf einließen. Reitergefechte aber waren ihrer Beschaffenheit nach für die Zurückweichenden und Verfolgenden gleich bedenklich. Hierzu kam noch, dass sie nicht in geschlossenen Haufen, sondern in Abteilungen, in großen Zwischenräumen, schlugen und kleine Truppenabteilungen in Bereitschaft stehen hatten, um einander nach der Reihe abzulösen und frische, unverbrauchte Leute an die Stelle der Ermatteten einrücken zu lassen.

[17] Tags darauf stand der Feind fern vom Lager auf den Höhen, zeigte sich aber nur zerstreut und fing, jedoch mit weniger Eifer, als am Tag vorher, an, unsere Reiterei zum Gefecht zu reizen. Allein um Mittag, als Caesar den Legaten Caius Trebonius mit drei Legionen und der ganzen Reiterei zum Futtersammeln ausgeschickt hatte, stürzten die Britannier plötzlich von allen Seiten auf die Futtersammler los und blieben sogar von den Adlern [Feldzeichen] und Legionen nicht fern. Die Unseren griffen sie lebhaft an, warfen sie zurück und hörten nicht auf, sie zu verfolgen, solange die Reiterei die Feinde im Vertrauen auf die Legionen, die sie sich nachrücken sahen, vor sich herjagte. Man hieb eine Menge nieder und ließ ihnen keine Zeit, sich zu sammeln, sich zu stellen oder von den Wagen herabzuspringen. Auf dieser Flucht gingen die Hilfstruppen, die von allen Orten hergekommen waren, auseinander, und von dieser Zeit an vermied der Feind Schlachten mit vollständiger Truppenmacht gegen die Römer.

[18] Caesar erkannte des Feindes Pläne und zog mit seiner Armee gegen des Cassivellaunus Staaten am Fluss Themse. Dieser Fluss hat nur eine Furt, über die man jedoch nur mit Schwierigkeiten setzen kann. Bei seiner Ankunft sah Caesar den Feind am Ufer jenseits des Flusses zahlreich aufgestellt, das Ufer aber mit scharfen, spitzen Pfählen befestigt, wie sie auch im Fluss verdeckt eingerammt waren. Caesar, der das von Kriegsgefangenen und Überläufern erfahren, schickte die Reiterei voraus, die Legionen mussten ihr auf dem Fuß folgen. Unsere Truppen rückten, bis an den Hals im Wasser, so geschwind und rasch vor, dass der Feind dem Sturm der Legionen und Reiter nicht widerstehen konnte, das Ufer preisgab und floh.

[19] Cassivellaunus hatte, wie erwähnt, alle Hoffnung auf ein entscheidendes Gefecht aufgegeben, ließ die größere Zahl seiner Truppen auseinander gehen und beobachtete jetzt mit den noch zurückgebliebenen

viertausend Wagenstreitern unseren Zug, wobei er sich nur wenig von der Straße entfernte, in unzugänglichen und waldigen Gegenden sich verbarg und aus allen Orten, durch welche, wie er erfahren hatte, wir unseren Zug nehmen würden, Vieh und Menschen von den Feldern in die Wälder treiben ließ. Wenn nun unsere Reiter sich etwas zu dreist über die Felder verbreiteten, um zu plündern und zu verheeren, so stürzte er mit den Wagenstreitern auf allen ihm bekannten Wegen und Stegen aus den Waldungen und brachte unsere Reiter durch seine Angriffe in große Gefahr. Das schreckte sie von weiten Streifzügen ab, und es blieb nichts übrig, als dass Caesar die Reiterei dem Zug der Legionen anschloss und so weit durch Sengen und Verheeren dem Feind schadete, als es sich bei der Anstrengung und den Märschen der Legionen tun ließ.

[20] Unterdessen schickten die Trinovanten[46], der mächtigste Staat wohl in diesem Land, Gesandte an Caesar mit dem Erbieten, sich zu ergeben und seine Befehle zu befolgen. Von den Trinovanten stammte der junge Mandubracius, der sich in Caesars Schutz begeben hatte und zu ihm auf das Festland gekommen war (seinen Vater nämlich, den König jenes Staates, hatte Cassivellaunus getötet, er selbst war durch die Flucht dem Tod entgangen). Dann begehrten sie, er möge den Mandubracius gegen des Cassivellaunus Gewalttätigkeiten beschützen und ihn schicken, um sie zu beherrschen und ihre Regierung zu übernehmen. Caesar dagegen verlangte von ihnen vierzig Geiseln und Getreide für sein Heer und ließ den Mandubracius heimziehen. Seine Befehle wurden sogleich befolgt und die vollständige Zahl Geiseln nebst dem Getreide geliefert.

[21] Als Caesar die Trinovanten in Schutz genommen und vor allem Unfug seiner Soldaten gewahrt hatte, schickten auch die Cenimagner, Segontiaker, Ancaliten, Bibrocer und Casser Gesandtschaften und unterwarfen sich. Von diesen erfuhr Caesar, in der Nachbarschaft sei des Cassivellaunus Hauptquartier zwischen Sümpfen und Wäldern, mit einer sehr großen Menge von geflüchteten Menschen und einer Masse Vieh. ›Stadt‹ nennen die Britannier solche unwegsamen Waldungen, durch Wälle und Gräben befestigt, wohin sie sich gegen einen feindlichen Überfall zu flüchten pflegen. Caesar brach also mit seinen Legionen nach jenem Ort auf und fand ihn durch Natur und Kunst außerordentlich befestigt;

---

46 *Trinovanten:* Stamm um das Gebiet nördlich der Themse-Mündung; Essex, Suffolk, Colchester

dennoch unternahm er einen Angriff von zwei Seiten. Die Feinde hielten eine kurze Zeit Stand, konnten dann aber den Angriff der Unseren nicht aushalten und stürzten auf der entgegengesetzten Seite zur ›Stadt‹ hinaus. Man fand in dem Ort sehr viel Vieh, von den Flüchtigen wurden viele eingeholt und erschlagen.

[22] Während dieser Vorfälle in der hiesigen Gegend schickte Cassivellaunus an die vier Fürsten Cingetorix, Carvilius, Taximagulus und Segovax, nach Kent, das, nach unserem obigen Bericht, an der Küste liegt, durch Boten den Befehl, mit voller vereinter Macht das Schiffslager Caesars überraschend anzugreifen und zu bestürmen. Allein unsere Bewachung machte beim Anrücken des Feindes einen Ausfall aus dem Lager, tötete viele und nahm einen angesehenen Führer, Lugotorix, gefangen, worauf sie ohne Verlust wieder ihr Lager bezog. Auf die Nachricht von dieser Schlacht wurde Cassivellaunus durch die vielen Niederlagen und Verwüstungen seiner Staaten, am meisten aber durch den Abfall der anderen Stämme bewogen, unter Vermittlung des Atrebaten Commius Abgesandte an Caesar zu schicken, um sich zu ergeben. Caesar seinerseits, entschlossen, wegen der unvermutet in Gallien ausgebrochenen Unruhen, den Winter auf dem Festland zuzubringen, weil vom Sommer nur mehr wenig übrig war und der Rest, wie er sah, leicht verstreichen konnte, setzte daher für Cassivellaunus Geiseln fest und bestimmte den Tribut, den Britannien jährlich an Rom bezahlen sollte, und untersagte ihm auch alle Feindseligkeiten gegen Mandubracius und die Trinovanten.[47]

[23] Nach Stellung der Geiseln ging Caesar mit dem Heer an die Küste zurück, wo er die Schiffe ausgebessert fand. Sie wurden ins Wasser gelassen, und Caesar begann wegen der großen Anzahl Kriegsgefangener und des Verlustes einiger Schiffe durch den Sturm die Truppen in zwei Sendungen zurückzuführen. Und dies gelang ihm so glücklich, dass von seiner so starken Flotte trotz so vieler Fahrten weder in diesem noch im verflossenen Jahr ein Schiff mit Soldaten an Bord verloren ging. Hingegen wurden von den Schiffen der ersten Sendung, die nach Aussetzung der Truppen vom Festland leer zurückfuhren, sowie jene sechzig Schiffe,

---

[47] *gegen Mandubracius und die Trinovanten:* Die Britannier zahlten die Tribute nicht, es entwickelte sich in der Folge aber ein Verkehr zwischen der Insel und dem Festland

die Labienus später hatte bauen lassen, fast alle vom Sturm verschlagen, nur sehr wenige ausgenommen, die ihren Bestimmungsort erreichten. Nachdem Caesar einige Zeit vergebens auf diese gewartet hatte, legte er notgedrungen seine Soldaten etwas enger zusammen, um nicht durch die Jahreszeit bei der bevorstehenden Tag- und Nachtgleiche an der Fahrt gehindert zu werden, und stach um die zweite Nachtwache bei größter Meeresstille in See. Mit Tagesanbruch erreichte er mit allen Schiffen, ohne Verlust eines einzigen, das Land. Die Schiffe wurden auf das Land gezogen und ein Landtag der Gallier zu Samarobriva[48] abgehalten.

Erster Kampf mit Ambiorix

[24] WEGEN ANHALTENDER DÜRRE war diesmal ein Jahr der Missernte. Caesar musste daher seine Soldaten anders als im vorigen Jahr in die Winterquartiere verlegen und das Heer in mehrere Staaten verteilen. Eine Legion ließ er durch den Legaten Caius Fabius in das morinische Gebiet führen; die zweite durch Quintus Cicero in das nervische; die dritte durch Lucius Roscius in das essuvische Gebiet; die vierte musste mit Titus Labienus Winterlager im remischen Land, an den Grenzen der Treverer, nehmen; drei wurden unter dem Befehl des Quaestors Marcus Crassus und der Legaten Lucius Munatius Plancus und Caius Trebonius nach Belgien verlegt. Eine, die er erst neulich jenseits des Po errichtet, schickte er mit fünf Kohorten zu den Eburonen, deren Land größtenteils zwischen dem Rhein und der Maas liegt und die unter der Herrschaft des Ambiorix und Catuvolcus standen.

Diese Truppen wurden den Legaten Quintus Titurius Sabinus und Lucius Aurunculeius Cotta übergeben. Durch diese Verteilung der Legionen dachte Caesar am leichtesten dem Getreidemangel vorzubeugen, und doch lagen alle Winterlager der Legionen, die ausgenommen, mit der Lucius Roscius in das ruhigste und friedfertigste Land eingerückt war, in einem Bezirk von hunderttausend Schritten. Caesar war entschlossen, bevor er Gewissheit erlangt hatte, dass die Legionen die Winterlager bezogen und in Verteidigungszustand gesetzt hätten, Gallien nicht zu verlassen.

[25] Unter dem hohen Adel der Carnuten befand sich ein gewisser Tasgetius, dessen Vorfahren in seinem Staat die Regierung in den Händen gehabt hatten. Caesar setzte ihn wegen seiner Tapferkeit und

---

[48] *Samarobriva:* heutige Stadt Amiens im Norden Frankreichs

Anhänglichkeit sowie wegen seiner vortrefflichen Dienste in allen gallischen Kriegen wieder in die Würde seiner Väter ein, aber im dritten Jahr
der Regierung brachten ihn seine Feinde unter öffentlicher Teilnahme
vieler Mitbürger um. Caesar, hiervon benachrichtigt, ließ aus Besorgnis,
der ganze Staat möchte durch die Menge der hierin Verwickelten zum
Abfall verleitet werden, den Lucius Plancus mit seiner Legion aus Belgien
eilends in das carnutische Gebiet vorrücken und dort sein Winterlager
aufschlagen, die Mörder des Tasgetius aber ergreifen und sich zuschicken.
Unterdessen lief von allen Legaten und Quaestoren, denen er die
Legionen übergeben hatte, die Nachricht ein, man habe die Winterlager
bezogen und in Verteidigungszustand gesetzt.

[26] Fünfzehn Tage ungefähr seit Beziehung der Standlager brach
plötzlich Krieg und Empörung durch Ambiorix und Catuvolcus aus. Sie
waren zwar dem Sabinus und Cotta an der Grenze entgegengekommen,
hatten auch das Getreide in das Winterlager geliefert, allein durch die
Botschaften des Treverers Indutiomarus aufgereizt, brachten sie die
Ihrigen zum Aufstand, überfielen unvermutet unsere Holzfäller[49] und
rückten mit viel Volk vor das Lager, um es zu stürmen. Die Unseren
griffen sogleich zu den Waffen, besetzten den Wald, und die hispanischen
Reiter wagten einen Ausfall und erhielten die Oberhand in einem Gefecht
mit der feindlichen Reiterei: Deshalb ließen jene hoffnungslos vom Sturm
ab und schrien laut auf ihre Weise: Einige von uns sollten zur
Unterredung hinauskommen; sie hätten Vorschläge über die gemeinschaftlichen Angelegenheiten zu machen, wodurch der Zwist, wie sie
hofften, sich beilegen ließe.

[27] Man schickte zu dieser Unterredung einen vertrauten Freund des
Quintus Titurius, den römischen Ritter Caius Arpinius, und einen Spanier,
Quintus Junius, der schon früher oft mit Aufträgen von Caesar zu Ambiorix gegangen war. Ambiorix begann folgendermaßen: ›Er sei, das leugne
er nicht, dem Caesar für seine Güte gegen ihn höchst verbunden, denn
durch ihn sei er vom bisherigen Tribut an seine Nachbarn, die Atuatucer,
befreit; auch sein und seines Bruders Sohn, die als Geiseln bei diesen in
Sklaverei und in Fesseln gelegen hätten, wären ihm von Caesar zurück-
gegeben worden. Der Angriff auf das römische Lager sei nicht nach
seinem Plan und Willen, sondern durch den Zwang seiner Mitbürger

---

[49] *Holzfäller:* Die mit dem Holzfällen beauftragten Soldaten

geschehen, denn nach ihrer Verfassung habe das Volk eben so viele Gewalt über den Fürsten als der Fürst über das Volk. Das sei übrigens auch der Grund der Feindseligkeiten: sein Staat habe sich nicht gegen die plötzliche Verschwörung der Gallier auflehnen können; dafür sei seine geringe Macht ein deutlicher Beweis, denn so kurzsichtig sei er nicht, dass er sich einbilden sollte, Rom mit seiner Macht bezwingen zu können. Es sei dies vielmehr der allgemeine Plan von ganz Gallien, und dieser Tag sei bestimmt worden, um alle Lager Caesars zugleich anzugreifen, damit keine Legion der anderen zu Hilfe kommen könne. Gallier hätten hierbei Galliern nicht leicht entgegen stehen dürfen, besonders da man die Herstellung der allgemeinen Freiheit, wie es schiene, zum Ziel habe.

Für diese habe er nun, gemäß seiner Liebe zum Vaterland, genug getan, jetzt nehme er Rücksicht auf die Pflicht des Dankes für Caesars Wohltaten und ermahne und bitte als Gastfreund den Titurius, sich und seine Truppen zu retten. Eine starke Schar Germanen in ihrem Sold sei über den Rhein gegangen, in drei Tagen würden sie da sein. Ihr Rat wäre, die Truppen, wenn man wollte, ehe die Völker in der Nachbarschaft es merkten, aus dem Winterlager entweder zu Cicero oder zu Labienus zu führen, deren einer ungefähr fünfzigtausend Schritt, der andere etwas weiter von dem Ort hier entfernt liege; er verspreche und beteuere eidlich, dass sie ohne Gefahr durch seine Staaten abziehen könnten. So sorge er für das Beste seines Volkes, das er von der Last des Winterlagers befreie und zeige sich auch gegen Caesars Dienste dankbar.‹ Nach dem Schluss dieser Rede entfernte sich Ambiorix.

[28] Arpinius und Junius hinterbrachten alles, was sie gehört hatten, den beiden Legaten. Ein so unerwarteter Auftritt setzte diese in Verlegenheit, und obschon es nur die Aussage eines Feindes war, hielten sie es doch für wichtig. Am meisten machte es Eindruck auf sie, dass man sich kaum vorstellen konnte, ein so unansehnliches und schwaches Volk wie die Eburonen, würde aus eigenem Trieb einen Krieg mit Rom wagen. Man hielt also Kriegsrat, und es entstand hier ein großer Zwist. Lucius Aurunculeius, mehrere Kriegstribunen und Hauptleute ersten Ranges waren der Meinung, nichts zu übereilen und ohne Caesars Befehl nicht das Winterlager zu verlassen. Sie erklärten, in dem verschanzten Winterlager könne man sich gegen das stärkste Heer der Germanen behaupten; ein Beweis dafür sei der erste Sturm aufs Lager, den man so tapfer und überdies mit großem Verlust des Feindes zurückgeschlagen habe. Lebensmittel seien im Überfluss da; mittlerweile käme auch wohl vom

nächsten Lager und von Caesar Ersatz herbei, endlich sei nichts leichtsinniger und schimpflicher, als sich in einer so wichtigen Sache nach Vorschlägen des Feindes zu richten.

[29] Dagegen erhob sich Titurius: man würde zu spät kommen, wenn sich der Feind erst nach Vereinigung mit den Germanen verstärkt oder man gar in dem nächsten Lager eine Niederlage erlitten hätte. Die Zeit, einen Entschluss zu fassen, sei kurz; Caesar müsse seiner Meinung nach schon nach Italien abgegangen sein, sonst würden die Carnuten keinen Anschlag auf das Leben des Tasgetius gefasst und bei seiner Anwesenheit in Gallien die Eburonen nicht mit solcher Verachtung unserer Truppen das Lager angegriffen haben. Er sähe nicht darauf, dass dieser Rat von einem Feind herrühre, sondern auf die Tatsachen. Der Rhein sei in der Nähe, Ariovists Tod[50] und unsere früheren Siege den Germanen ein Ärgernis, Gallien aber sei durch so viele schimpfliche Niederlagen, seine Unterjochung durch Rom und den Verlust seines alten Kriegsruhmes tief erbittert. Wer endlich sich wohl einbilden könnte, Ambiorix würde auf das Ungewisse hin so etwas wagen! Sein Vorschlag gewähre in jedem Fall Sicherheit. Habe man nichts Arges zu befürchten, so würde man ohne Anstoß die nächste Legion erreichen. Mache ganz Gallien mit den Germanen gemeinschaftliche Sache, so sei ein schneller Abzug das einzige Rettungsmittel. Welchen Ausgang denn Cottas und der anderen entgegengesetzte Meinung haben würde? Bei dieser habe man, wenn auch gegenwärtig keine Gefahr, doch als Folge einer langwierigen Belagerung sicher den Ausbruch des Hungers zu erwarten.

[30] Nach diesem Streit für und wider schrie endlich, beim heftigen Widerspruch Cottas und der ersten Hauptleute, Sabinus und zwar so laut, dass es viele Soldaten hörten: »So behaltet Recht, weil ihr es doch so haben wollt; ich bin nicht der, welcher am meisten unter euch vor der Todesgefahr bebt. Die Soldaten werden es schon empfinden und wenn uns ein härteres Los trifft von dir, Cotta, Rechenschaft fordern, sie, die ohne deine Einsprache schon übermorgen in Vereinigung mit den Truppen in dem nächsten Lager das Kriegsschicksal mit den übrigen teilen könnten und nicht, entfernt und getrennt, weit von den anderen durch Schwert oder Hunger umkommen müssen.«

---

[50] *Ariovists Tod:* Schlacht, an deren Folgen Ariovist verstarb, siehe Buch 1, Kapitel 53

[31] Da erhoben sich die Mitglieder des Kriegsrates, umarmten beide und baten, nicht alles durch Zwietracht und Starrsinn in die äußerste Gefahr zu stürzen. Bei einiger Gesinnung würde man bleibend oder aufbrechend leicht dem Feind widerstehen, bei ihrer Uneinigkeit aber sähe man nirgends Heil. Der Streit dauerte bis gegen Mitternacht; da gab Cotta endlich nach. Der Vorschlag des Sabinus drang durch: Es ward bekannt gemacht, mit Tagesanbruch rücke man aus. Der Rest der Nacht wurde schlaflos zugebracht, da der Soldat seine Habseligkeiten durchmusterte, was er etwa mitnehmen könne oder von den Wintergerätschaften im Stich lassen müsse. Kein Grund wurde vergessen, das Bleiben als gefährlich zu schildern und die Gefahr durch Entkräftung und Wachen der Truppen zu vergrößern. Mit Tagesbeginn brach das Lager auf – so sicher, als wenn der Rat hierzu nicht von einem Feind, sondern von Ambiorix als Freund gegeben wäre – in sehr langem Zug und mit viel Gepäck.

[32] Als der Feind am nächtlichen Lärm und der Unruhe den Abzug voraus sah, legte er zwei Millien davon an einem gelegenen und verborgenen Ort im Wald einen doppelten Hinterhalt und erwartete die Ankunft der Römer. Als nun das Heer größtenteils in ein langes Tal eingerückt war, kam er plötzlich an dessen beiden Seiten zum Vorschein, drängte die Nachhut, ließ die Vorhut nicht bergaufwärts rücken und begann das Gefecht an dieser für uns unbequemsten Stelle.

[33] Jetzt erst begann Titurius, der das nicht vorausgesehen hatte, zu beben, hin und her zu laufen, die Kohorten aufzustellen, doch selbst das so ängstlich, dass man ihn völlig außer Fassung sah, wie es gewöhnlich geschieht, wenn man in einer Notlage einen Entschluss fassen muss. Allein Cotta, der überdacht hatte, so etwas könne auf dem Marsch wohl geschehen und deshalb gegen denselben gestimmt hatte, versäumte kein Mittel zur allgemeinen Rettung. Er rief die Soldaten auf, sprach ihnen wie ein Feldherr zu und focht selbst wie ein gemeiner Soldat. Da sie beide aber wegen der Länge des Zuges nicht wohl alles selbst tun und was überall zu tun war, übersehen konnten, so gaben sie Befehl, das Gepäck zurückzulassen und einen Kreis zu bilden. Unter solchen Umständen kann man den Entschluss ja nicht tadeln, doch hatte er den Nachteil, dass er das Zutrauen unserer Truppen schwächte und den Feind kampfesmutiger machte, weil man dieses Verhalten als eine Folge der äußersten Furcht und Verzweiflung betrachtete. Dazu kam noch, dass der Soldat ganz allgemein von seinen Feldzeichen fortlief und zum Gepäck eilte,

um seine besten Sachen zu holen und wegzuschleppen; überall nichts als Geschrei und Gejammer.

[34] Aber auch der Feind bewies Umsicht. Die Anführer machten allgemein bekannt, niemand solle aus den Gliedern treten; die Beute gehöre ihnen. Für sie sei vorbehalten, was immer die Römer verlassen hätten. Sie sollten also bedenken, alles hinge von dem Sieg ab. Die Unsrigen, obgleich von ihrem Führer und dem Glück verlassen, waren trotzdem dem Feind an Mut und Zahl gewachsen, und sie setzten ihre ganze Hoffnung auf die Tapferkeit. So oft deshalb eine Kohorte vorbrach, richtete sie immer ein großes Blutbad unter den Feinden an. Als das Ambiorix sah, gab er Befehl, die Wurfwaffen nur aus der Ferne zu gebrauchen und sich nicht in der Nähe mit den Römern einzulassen, bei jedem Vordringen derselben aber zurückzuweichen; bei ihrer leichten Rüstung und der täglichen Übung könne man den Römern nicht gefährlich werden. Beim Rückzug zu ihren Fahnen aber sollten sie die Römer wieder verfolgen.

[35] Dieser Befehl wurde aufs Genaueste vollzogen. Sobald also eine Kohorte aus dem Kreis hervorbrach und vorrückte, zog sich der Feind aufs Schnellste zurück. Indessen musste sich diese Abteilung notwendigerweise bloßstellen und den Geschossen und den Wurfwaffen die offene Seite preisgeben; wollte sie dann aber wieder in die Linie zurück, aus der sie hervorgerückt war, so wurde sie von den ausgewichenen und den übrigen in der Nähe stehenden Feinden abgeschnitten. Wollten die Römer aber die Stellung behaupten, so konnten sie weder ihre Tapferkeit zeigen noch sich in der dichtgeschlossenen Masse vor der Menge von Wurfwaffen schützen.

Und doch trotz all dieser Bedrängnisse und trotz aller empfangenen Wunden leisteten unsere Truppen Widerstand und hatten, als schon ein großer Teil des Tages verflossen war – denn es wurde vom frühen Morgen bis gegen zwei Uhr nachmittags gefochten – nichts getan, was ihrer unwürdig gewesen wäre. In dieser Schlacht wurde Titus Balventius, der im vorigen Jahr die erste Centurie geführt hatte, ein Mann von großer Tapferkeit und hohem Ansehen, mit einem Wurfspieß durch beide Schenkel geschossen. Quintus Lucanius, von gleichem Rang, wurde, da er seinem eingeschlossenen Sohn mit ungemeiner Tapferkeit zu Hilfe kommen wollte, erschlagen und der Legat Lucius Cotta bei der Aufmunterung der Kohorten und Centurien von einem Schleuderer gerade ins Gesicht getroffen.

[36] Dies bewog den Quintus Titurius, an Ambiorix, den er in der Ferne seinen Truppen zusprechen sah, seinen Dolmetscher Cneius Pompeius zu entsenden, um ihn zu bitten, dass er seiner und der Soldaten schonen möchte. Ambiorix gab auf sein Gesuch zur Antwort: Titurius könne, wenn er wolle, mit ihm sprechen. Er glaube von seinem Volk alles zur Rettung der Soldaten zu erhalten, ihm solle kein Leid geschehen, dafür stehe er ein. Titurius besprach sich mit dem verwundeten Cotta, ob er es ratsam finde, aus der Schlacht zu gehen und sich in seiner Gesellschaft mit Ambiorix zu besprechen. Er hoffe Gnade für sich und die Truppen zu erhalten. Cotta erklärte, er ginge zu keinem Feind, solange dieser die Waffen in der Hand habe. Und dabei blieb er.

[37] Sabinus gebot nun den Kriegstribunen und Centurionen vom ersten Rang, die eben bei ihm waren, mitzugehen und befolgte, nach seiner Annäherung bei Ambiorix, dessen Befehl, die Waffen zu strecken; sein Gefolge musste auf sein Geheiß dasselbe tun. Unterdessen zog Ambiorix bei der Unterhandlung über die Vergleichspunkte das Gespräch in die Länge, und Titurius wurde nach und nach umringt und erschlagen. Da erhoben die Feinde nach ihrer Art ein lautes Siegesgeschrei, fielen heulend die Unseren an und brachten sie in Verwirrung. Lucius Cotta fand kämpfend mit dem größten Teil der Truppen den Tod auf dem Schlachtfeld; der Rest zog sich in das verlassene Lager zurück. Unter ihnen warf der Adlerträger, Lucius Petrosidius, im Gedränge feindlicher Übermacht den Adler über den Wall und starb mit dem Schwert in der Faust vor dem Lager den Heldentod. Mit Mühe und Not verteidigte man das Lager bis in die Nacht. Während derselben brachten sich alle bis auf einen Mann aus Verzweiflung um. Wenige nur entkamen aus dieser Schlacht und erreichten auf ungewissen Pfaden durch Waldungen das Lager des Legaten Titus Labienus, dem sie die Vorgänge meldeten.

Stolz über diesen Sieg brach Ambiorix sogleich mit der Reiterei auf und setzte Tag und Nacht seinen Zug nach dem Atuatucer-Gebiet an den Grenzen seiner Staaten fort und befahl dem Fußvolk, ihm zu folgen. Der Verlauf der Sache wurde hier erzählt und die Atuatucer zum Aufstand gebracht. Am Tag darauf kam Ambiorix zu den Nerviern und sprach ihnen zu, die Gelegenheit, sich für immer frei zu machen und an den Römern für die erlittenen Misshandlungen zu rächen, nicht verstreichen zu lassen: Zwei Legaten seien geblieben, ein großer Teil des Heeres aufgerieben worden; man könne die Legion des Cicero im Winterlager leicht mit einem unvermuteten Überfall niedermachen. Hierzu bot er seinen Beistand an. Die Nervier waren durch diese Darstellungen ohne Mühe überredet.

[39] Sie schickten also ohne Verzug zu ihren Untertanen, den Ceutronen, Grudiern, Levacern, Pleumoxiern und Geidumnern, boten alles auf und kamen in Eilmärschen noch vor der Nachricht vom Tod des Titurius vor Ciceros Lager an. Auch hier geschah, was nicht leicht anders geschehen konnte. Einige unserer Soldaten, die Holz und Brennmaterialien im Wald holten, wurden bei der unvermuteten Ankunft der Reiterei abgefangen. Hierauf bestürmten die Eburonen, Nervier, Atuatucer und alle ihre Bundesgenossen und Schutzvölker die Legion mit großer Macht. Sie behauptete sich nur mit knapper Not an diesem Tag, weil der Feind seine ganze Hoffnung auf die Geschwindigkeit setzte und fest überzeugt war, nach diesem Sieg für die Zukunft alles gewonnen zu haben.

[40] Cicero fertigte ohne Verzug einen schriftlichen Bericht an Caesar an und setzte den Überbringern große Belohnungen aus. Alle Wege waren aber besetzt, und so wurden die Boten abgefangen. Die Nacht hindurch baute man von dem Holz, das zur Verschanzung des Lagers zusammengebracht war, mit unglaublicher Geschwindigkeit gegen hundertundzwanzig Türme und ergänzte alle noch unvollkommenen Werke.

Am Tag darauf hatte sich der Feind ungleich mehr verstärkt, bestürmte aufs Neue das Lager und füllte den Graben aus, von den Unsrigen wurde jedoch, wie tags vorher, Widerstand geleistet. So ging es nach der Reihe in den folgenden Tagen fort. Die ganze Nacht wurde ununterbrochen gearbeitet, weder Kranken noch Verwundeten ward Zeit zur Ruhe gegeben. Alles Notwendige für den Sturm am folgenden Tag wurden während der Nacht in bereit gestellt, eine Menge vorne angebrannter Pfähle und Mauerpfeile verfertigt; die Türme mit Brettern gedeckt und Zinnen und Brustwehren von Flechtwerk gefertigt; Cicero selbst genoss, ungeachtet seiner so schwächlichen Gesundheit, nicht einmal der Nachtruhe, sodass er erst durch die stürmischen Bitten der Soldaten gezwungen wurde, sich zu schonen.

[41] Endlich zeigten die Anführer und Vornehmsten der Nervier, die Zutritt zu Cicero und Vorwand durch dessen Freundschaft hatten, den Wunsch, mit ihm zu sprechen. Man gestattete es. Sie brachten hier dasselbe vor, was Ambiorix mit dem Titurius unterhandelt hatte: Ganz Gallien stehe unter Waffen, die Germanen seien über den Rhein gegangen, die Winterlager Caesars und der Übrigen würden bestürmt.

Des Titurius Tod wurde dabei erwähnt, und um ihn zu überzeugen, wurde an die Anwesenheit des Ambiorix erinnert[51]. Man betrüge sich, sagten sie, wenn man von jenen Hilfe erwarte, die sich selbst nicht zu helfen wüssten. Doch bei ihren Gesinnungen gegen Cicero und das römische Volk ließen sie sich alles gefallen, nur Winterlager nicht: Diese Gewohnheit dürfe nicht Wurzel fassen. Was sie betreffe, so könne man ungekränkt aus dem Winterlager und ohne Besorgnisse, wohin man sonst wolle, abziehen. Cicero antwortete weiter nichts, als: Rom pflege nicht, von einem Feind mit den Waffen in der Hand Vorschläge anzunehmen. Wollten sie die Waffen niederlegen, so könnten sie sich seiner Vermittlung bedienen und Abgesandte an Caesar schicken, bei dessen Gerechtigkeitsliebe werde ihr Gesuch, wie er hoffe, Gewährung finden.

[42] Als so der Nervier Hoffnung gescheitert war, schlossen sie unser Winterlager mit einem Wall von neun Fuß Höhe und einem Graben von fünfzehn Fuß Tiefe ein. Das hatten sie sich durch den Umgang mit uns in früheren Zeiten abgeschaut, oder es wurde ihnen auch von einigen römischen Kriegsgefangenen gezeigt, allein aus Mangel an eisernen Werkzeugen für diese Arbeit mussten sie den Rasen mit Schwertern ausstechen und den Grund mit Händen und Kleidern herbeitragen. Hieraus konnte man ihre Anzahl beurteilen, denn in nicht ganz drei Stunden brachten sie mit dieser Befestigung im Umfang von tausend Schritt zustande. An den folgenden Tagen begannen sie mit dem Aufbau von Türmen in verhältnismäßiger Größe nach der Wallhöhe und der Anfertigung von Mauersicheln und Sturmdächern, ebenfalls nach Anweisung der Kriegsgefangenen.

[43] Am siebenten Tag der Belagerung erhob sich ein entsetzlicher Wind. Die Feinde schleuderten glühende Kugeln von Ton [und Pech] und glühende Pfeile auf unsere Lagerhütten, die nach gallischer Art mit Stroh gedeckt waren. Diese fingen sogleich Feuer und der heftige Wind verbreitete den Brand im ganzen Lager. Die Feinde machten sich sogleich mit entsetzlichem Gebrüll, wie siegesgewiss, auf, setzten die Türme und Sturmdächer in Bewegung und begannen mit Leitern den Wall zu ersteigen. Allein hier zeigte sich die Tapferkeit und Geistesgegenwart unserer Soldaten, dass sie, obgleich auf allen Seiten vom Feuer umringt, überschüttet mit einem Hagel von Wurfwaffen, das Gepäck, ihren ganzen

---

[51] Ambiorix könnte als Vertrauter der Römer den Tod des Titurius bestätigen

Reichtum, verbrennen sahen und doch keiner vom Wall fortlief, ja sich nicht einmal umschaute. Alles focht mit einer Hitze, mit einem Mut ohne Beispiel. Das war für uns der härteste Tag. Doch hatte er auch den Erfolg, dass eine ungeheure Menge Feinde, die sich vor dem Wall zusammengedrängt hatten und deren Hinterglieder die Vordermänner nicht zurücktreten ließen, verwundet oder getötet wurden. Als der Brand etwas nachließ und ein Turm angeschoben und bis an den Wall gebracht war, traten die Centurionen der dritten Kohorte von ihrem Standort zurück, entfernten auch alle die Ihrigen und luden mit Winken und Zurufen die Feinde ein, auf den Wall zu kommen. Keiner von ihnen wagte es; da jagte man sie mit einem Steinhagel von allen Seiten vom Turm hinunter und setzte diesen in Brand.

[44] Bei jener Legion waren zwei heldenmütige Hauptleute, die sich bereits den Führern ersten Ranges näherten, Titus Pullo und Lucius Vorenus. Beide hatten fortwährend Zänkereien untereinander, wer vor dem anderen den Vorzug verdiene, und hatten daher immerfort in Streit über ihre Rangordnung gelebt. In dem hitzigsten Gefecht nun vor den Schanzen rief jetzt Pullo: »Vorenus, was zauderst du? Welche andere Gelegenheit erwartest du noch, um deinen Mut zu erproben? Dieser Tag soll unseren Zwist entscheiden!« Nach diesem Ruf trat er aus den Verschanzungen und stürzte sich in den dichtesten Haufen der Feinde. Da blieb auch Vorenus nicht länger auf dem Wall und folgte ihm aus Furcht, ein allgemeines Vorurteil gegen sich zu erwecken.

In geringer Entfernung warf jetzt Pullo seinen Speer auf die Feinde und traf einen, der aus dem Haufen hervorsprang. Die Feinde warfen sich mit ihren Schilden vor die Leiche und schleuderten alle ihre Wurfwaffen auf Pullo. Dieser wurde abgeschnitten, sein Schild durchlöchert, und ein kleiner Wurfspieß haftete im Gürtel. Dieser Unfall verrückte ihm die Schwertscheide und hemmte die Hand, als er das Schwert ziehen wollte: Ihn, der außerstande, sich zu wehren, umringten die Feinde. Da sprang sein Gegner Vorenus herbei und kam ihm in der Not zu Hilfe. Der ganze Schwarm wendete sich nun sogleich von Pullo gegen diesen, in dem Wahn, jener sei von dem Wurfspieß durchbohrt. Vorenus stürzte ihnen mit dem Schwert in der Faust entgegen, und es kam zum Handgemenge. Einen Feind stieß er nieder, und die anderen trieb er etwas zurück. Allein in der Hitze, mit der er auf die Feinde drang, wurde er bergab gestoßen und fiel. Hier im Gedränge kam ihm wieder Pullo zu Hilfe, und beide zogen sich, nach Verwundung vieler Feinde, unbeschädigt mit dem größten Ruhm in die Verschanzung zurück. So brachte beide ihr Wetteifer und Kampf in die Lage, dass ein Feind den anderen schützte und rettete und dass sich bei ihrer Tapferkeit nicht entscheiden ließ, wessen Mut vor dem des anderen den Vorzug verdiente.

[45] Je schwerer und härter die Angriffe von Tag zu Tag wurden, besonders weil bei der Menge der schwer Verwundeten die Zahl der Streiter sehr zusammengeschmolzen war, desto mehr Briefe und Boten schickte man an Caesar. Ein Teil dieser wurde aufgefangen und vor unseren Augen zu Tode gemartert. Wir hatten im Lager einen Nervier von angesehenem Stand mit Namen Vertico, der gleich anfangs bei unserer Einschließung zu Cicero übergegangen war und sich ihm treu gezeigt hatte. Dieser brachte durch die Aussicht auf Freiheit und große Belohnungen seinen Sklaven dazu, einen Brief an Caesar zu überbringen. Mit diesem Schreiben, um einen Wurfspieß gewunden, machte sich der Sklave auf den Weg, ging als Gallier ohne Verdacht durch die Gallier hindurch und kam zu Caesar, der durch ihn von Ciceros und der Legion Gefahr vernahm.

[46] Caesar empfing den Brief ungefähr um fünf Uhr nachmittags[52] und schickte sogleich einen Boten in das Bellovacische Gebiet an den Quaestor Marcus Crassus, der fünfundzwanzig Meilen von ihm im Winterlager war, mit dem Befehl, um Mitternacht mit der Legion aufzubrechen und ohne Verzug zu ihm zu stoßen. Crassus brach mit dem Boten auf. Durch einen anderen Boten erhielt der Legat Caius Fabius den Befehl, mit seiner Legion in das Nervische Gebiet zu rücken, wohin ihn, wie Caesar wusste, der Weg führte. Dem Labienus schrieb er, mit seiner Legion in das Gebiet der Nervier zu gehen, wenn es die Lage der Dinge erfordere. Die übrigen Truppen mochte Caesar wegen ihrer großen Entfernung nicht erwarten. Von Reitern brachte er etwa vierhundert aus den nächsten Winterlagern zusammen.

[47] Ungefähr um neun Uhr morgens erfuhr Caesar von der Vorhut des Crassus Ankunft und rückte an diesem Tag selbst noch zwanzigtausend Schritte vorwärts. Dem Crassus gab Caesar den Oberbefehl in Samarobriva nebst einer Legion, weil er dort alles Gepäck, die Geiseln der

---

[52] *Fünf Uhr nachmittags:* Vom Übersetzer aus der antiken Zeitrechnung ›*hora undecima diei*‹, um die elfte Tagesstunde, in das moderne Maß gesetzt. Diese Umrechnung erfolgt im gesamten Text.

Staaten, die Kriegskanzlei und alles Getreide, das für die Bedürfnisse im Winter zusammengeführt war, zurückließ. Fabius säumte nach dem erhaltenen Befehl ebenfalls nicht lange und stieß auf dem Zug zu Caesar. Bei der Nachricht vom Tod des Titurius und der Niederlage seiner Kohorten hatte sich die ganze Macht der Treverer auf den Labienus geworfen. Er fürchtete daher, ihrer Macht bei einem Aufbruch aus dem Winterlager, der einer Flucht gleichkam, zu unterliegen, besonders da er ihren Übermut wegen des jüngsten Sieges kannte; er schrieb deshalb dem Caesar zurück, mit welcher Gefahr seine Legion ihr Winterlager verlassen würde, gab sodann einen ausführlichen Bericht über den Vorgang bei den Eburonern und erklärte, dass die ganze Macht der Treverer zu Fuß und zu Pferd drei Meilen von ihm lagere.

[48] Caesar billigte seinen Entschluss, und obschon er von seiner Hoffnung auf drei Legionen auf zwei zurückkam, hielt er doch eine schnelle Ausführung für das einzige Rettungsmittel des Ganzen. Er kam also in Eilmärschen an die Grenzen der Nervier. Hier erfuhr er von den Kriegsgefangenen die Vorgänge vor Ciceros Lager und dessen gefährliche Lage. Er überredete dann einen gallischen Reiter mit großen Verheißungen, dem Cicero einen Brief zu überbringen, der in griechischer Sprache geschrieben war, damit unsere Pläne bei etwaigem Auffangen nicht dem Feind verraten würden. Der Gallier bekam die Anweisung, den Brief, wenn er nicht an Ort und Stelle kommen könnte, an dem Riemen eines Spießes in das Lager zu werfen. In diesem Brief stand, dass Caesar mit den Legionen aufgebrochen sei und bald ankommen werde, zugleich mit der Ermahnung, sich wie bisher tapfer zu halten. Der Gallier bediente sich aus Angst vor Gefahr nach Caesars Vorschrift seines Wurfspießes. Zufällig blieb dieser aber zwei Tage an einem Turm unbemerkt hängen, und erst am dritten Tage sah ihn ein Soldat, zog ihn heraus und brachte ihn dem Cicero. Dieser las den Brief und machte seinen Inhalt den versammelten Soldaten bekannt. Er versetzte alle in die größte Freude. Bald sah man auch in der Ferne Rauch an mehreren Orten aufsteigen und wurde dadurch von dem Anzug der Legionen völlig überzeugt.

[49] Auf die Nachricht hiervon durch die Kundschafter hoben die Gallier die Belagerung auf und zogen Caesar mit ihrer ganzen Macht entgegen. Sie waren etwa sechzigtausend Mann stark. Bei dieser Gelegenheit bat sich Cicero von dem schon erwähnten Vertico abermals jenen Gallier aus, um einen Brief an Caesar zu schicken und ermahnte diesen, ja behutsam und vorsichtig auf dem Weg zu sein. In dem Brief

berichtete er, der Feind habe ihn verlassen und seine ganze Macht gegen Caesar gewendet. Beim Empfang dieses Schreibens, ungefähr um Mitternacht, teilte Caesar den Bericht sogleich den Soldaten mit und stärkte ihren Mut zur Schlacht. Mit Anbruch des folgenden Morgens rückte Caesar weiter und sah nach einem Marsch von vier Meilen etwa jenseits eines großen Tales und Baches das feindliche Heer.

Bei einem Angriff auf so ungünstigem Boden gegen eine so starke Macht hätte er zuviel gewagt, und weil er nun noch überdies den Cicero nicht mehr belagert wusste, so glaubte er überhaupt von seiner Schnelligkeit ablassen zu dürfen, machte also Halt und schlug auf einer möglichst bequemen Stelle ein Lager auf. Dieses Lager von nur siebentausend Mann war an und für sich nicht groß, besonders aber jetzt, wo es ohne Gepäck war, sehr klein. Dennoch zog es Caesar durch Verengung der Lagerstraßen so sehr als nur möglich zusammen, in der Absicht dem Feind ganz schwach zu erscheinen. Indessen schickte er Späher nach allen Seiten aus, um den besten Weg durch das Tal auszukundschaften.

[50] An diesem Tag fielen nur einige Reitergefechte ohne Bedeutung am Bach vor. Beide Heere blieben in ihrer Stellung, die Gallier, weil sie Verstärkungen, die noch auf dem Weg waren, erwarteten, und Caesar, um den Feind womöglich durch vorgetäuschte Furcht auf seine Seite zu locken und vor dem Tal bei seinem Lager zu schlagen, oder wenn er das nicht erreichen könnte, nach Durchsuchung der Wege mit weniger Gefahr durch das Tal über den Bach zu ziehen. Mit Tagesanbruch rückte die feindliche Reiterei vor unser Lager und ließ sich mit der unsrigen in ein Gefecht ein. Caesar ließ absichtlich seine Reiter weichen und sich in das Lager zurückziehen. Dann mussten die Soldaten dessen Wall auf allen Seiten erhöhen, die Tore verrammeln und bei allen diesen Anstalten durcheinander laufen und sich bestürzt stellen.

[51] Das alles reizte endlich die Feinde, über den Bach zu gehen und sich an einem ungünstigen Ort in Schlachtordnung zu stellen. Weil wir aber sogar unsere Posten von dem Wall zurückgezogen hatten, so kamen sie bis vor das Lager und schleuderten auf allen Seiten die Wurfwaffen über die Verschanzungen. Herolde mussten um das Lager herum bekannt machen: »Wolle jemand, Gallier oder Römer, überlaufen, so könne er es ohne Gefahr bis neun Uhr tun; länger sei es nicht gestattet!« Ihre Verachtung gegen uns ging so weit, dass sie in dem Wahn, man könne nicht durch die Tore, die mit einzelnen Reihen von Rasen zum Schein nur zugelegt waren, einbrechen, den Wall mit den Händen auseinanderzu-

reißen und die Gräben aufzufüllen begannen. Da machte plötzlich Caesar zu allen Toren heraus einen Ausfall, schlug die Feinde mit der ausgesandten Reiterei sogleich in die Flucht, sodass sich nicht ein einziger, in der Absicht zu kämpfen, entgegen stellte, hieb eine große Menge nieder und nahm allen übrigen die Waffen ab.

[52] Wegen der vielen Wälder und Sümpfe hielt Caesar eine weitere Verfolgung für bedenklich, ferner sah er, dass sie den Platz sogar nicht ohne geringen Verlust verließen und kam noch an demselben Tag mit seinem Heer im besten Zustand bei Cicero an. Die errichteten Türme, Sturmdächer und Schanzen des Feindes setzten ihn in Verwunderung. Bei der Musterung der Legion fand er nicht einmal jeden zehnten Mann ohne Wunden. Aus dem allen schloss er auf die Größe der Gefahr und wie tapfer man sich gehalten habe. Dem Cicero und der Legion erteilte er ihr wohlverdientes Lob, die Centurionen und Kriegstribunen, denen Cicero das Zeugnis einer vorzüglichen Tapferkeit gab, rief er insbesondere vor die Front. Über den Untergang des Sabinus und Cotta erhielt er durch die Gefangenen nähere Nachrichten. Am Tag darauf erzählte Caesar diesen Vorgang den versammelten Truppen und sprach ihnen Trost und Mut zu. Den Nachteil, den man durch die Schuld und Unbesonnenheit des Legaten erlitten habe, müsse man, wie er sie belehrte, um so gelassener ertragen, da deren Untergang durch die Gnade der unsterblichen Götter und ihre Tapferkeit gesühnt und so wenig dem Feind ein Grund, sich länger zu freuen, als ihnen, sich weiter zu kränken geblieben sei.

[53] Die Kunde von Caesars Sieg verbreitete sich indessen mit unglaublicher Geschwindigkeit bis zu Labienus. Er stand zwar sechzigtausend Schritt von Ciceros Lager, und Caesar war um drei Uhr nachmittags hier eingerückt, und doch erscholl schon vor Mitternacht vor den Lagertoren ein Geschrei von den Remern, die den Sieg und ihre Freude darüber dem Labienus anzeigen wollten. Als die Nachricht hiervon auch zu den Treverern gekommen war, nahm Indutiomarus, der am folgenden Tag das Lager des Labienus angreifen wollte, seinen Rückzug und ging mit seiner ganzen Macht in das heimische Gebiet zurück. Fabius bezog, auf Caesars Befehl, wieder ein Winterlager. Caesar aber fasste den Entschluss, mit drei Legionen drei Winterlager bei Samarobriva zu beziehen und wegen der großen Unruhen in Gallien den ganzen Winter hindurch beim Heer zu bleiben. Denn auf die Nachricht von unserer Niederlage und vom Tod des Titurius beriet man sich in allen Staaten Galliens über den Krieg, schickte Boten und Gesandte überall herum und erkundigte sich nach den

Plänen der Übrigen und wo die Feindseligkeiten ausbrechen sollten, hielt in Einöden nächtliche Zusammenkünfte, und fast jeden Augenblick den ganzen Winter hindurch wurde Caesar durch Nachrichten von Versammlungen und Bewegungen der Gallier in Sorgen gesetzt. Unter anderem berichtete ihm der Legat Lucius Roscius, Führer der dreizehnten Legion, dass ein starkes gallisches Heer aus den Staaten in Aremorica[53] zusammengezogen und bis auf achttausend Schritte von seinem Lager[54] vorgerückt wäre, dann aber, auf die Nachricht von Caesars Sieg, fast fluchtartig auseinander gelaufen sei.

[54] Caesar ließ nunmehr die Häuptlinge aus den Staaten zu sich rufen und erhielt, teils weil er sie damit schreckte, er wisse, was vorginge, teils durch Zureden, einen großen Teil Galliens in seiner Pflicht. Dennoch planten die Senonen, ein Staat mit vorzüglicher Macht und großem Einfluss in Gallien, gemeinschaftliche Anschläge auf das Leben des Cavarinus, den Caesar zu ihrem König gemacht hatte und dessen Bruder Moritasgus, bei Caesars Ankunft in Gallien, so wie früher seine Vorfahren, die Regierung inne hatte; sie setzten ihm also auf der Flucht, die er, bei rechtzeitiger Entdeckung ihrer Absichten, ergriffen hatte, bis an die Grenze nach und jagten ihn aus Heimat und Herrschaft fort.

Sie schickten dann zwar Abgesandte an Caesar, um sich zu rechtfertigen, dieser aber befahl dem ganzen Senat, zu ihm zu kommen, und der erschien nicht. Ja der Einfluss davon, dass sich einige Urheber von Feindseligkeiten wieder eingefunden hatten, war auf diese wilden Völker so groß und brachte eine solche Veränderung in der Gesinnung aller hervor, dass ihm fast alle Staaten verdächtig waren. Davon ausgenommen waren die Haeduern und Remern, denen Caesar immer eine ausgezeichnete Achtung bewiesen hatte – den Ersteren wegen ihrer alten anhaltenden Treue, den Letzteren wegen ihrer jüngst geleisteten Dienste im belgischen Kriege. Ich weiß aber auch nicht, ob man sich hierüber sehr wundern darf und zwar aus mehreren Gründen, besonders aber, weil es diesem gallischen Volk, das bisher den Ruhm der Tapferkeit allen voraus hatte, äußerst schmerzlich war, so viel von seinem Ruhm verloren zu haben, dass es sich von Rom Gesetze musste vorschreiben lassen.

---

[53] *Aremorica (keltisch ›are moric‹ am Meer entlang):* Stämme an den Küsten

[54] dieses Lager war bei den *Esuriern* in der Normandie

Aufstand der Treverer

[55] DIE TREVERER, an ihrer Spitze Indutiomarus, schickten den ganzen Winter hindurch Gesandte auf Gesandte über den Rhein, wiegelten die Völker auf, versprachen Sold und behaupteten, dass unsere Macht nach dem Verlust eines großen Teiles unseres Heeres ungleich schwächer sei. Trotzdem ließ sich kein Volk in Germanien zum Rheinübergang überreden. Man habe es, versetzten jene, zweimal – in dem Krieg mit Ariovist und bei dem Übergang der Tenctherer – versucht, man dürfe das Glück nicht wieder auf das Spiel setzen. Ungeachtet dieser fehlgeschlagenen Hoffnung bot Indutiomarus Truppen auf, übte sie, kaufte von den Nachbarn Pferde auf und zog durch große Belohnungen Verbannte und Sträflinge aus ganz Gallien auf seine Seite. Sein Ansehen war dadurch so gestiegen, dass Gesandte von allen Seiten zu ihm strömten, und teils für sich, teils im Namen ihrer Staaten, seine Gunst und Freundschaft suchten.

[56] Als Indutiomarus nun bemerkte, dass man aus eignem Antrieb zu ihm komme, und erkannte, dass einerseits die Carnuten und Senonen das Bewusstsein ihres Vergehens antreibe, andererseits sich bereits die Nervier und Atuatucer zum Krieg gegen die Römer rüsteten und es ihm somit an Freiwilligen gar nicht fehlen werde, sobald er aus seinen Grenzen vorrücken würde, berief er eine bewaffnete Volksversammlung. Das ist nach gallischer Sitte die Eröffnung des Krieges. Nach einem Staatsgesetz müssen dann alle Erwachsenen mit Waffen erscheinen, wer zuletzt kommt, wird vor der Versammlung mit allen Arten von Qualen zu Tode gemartert. Indutiomarus ließ in dieser Versammlung das Haupt der Gegenpartei, seinen Schwiegersohn Cingetorix, der, wie oben erwähnt, sich an Caesar angeschlossen hatte und ihm nie untreu wurde, zum Staatsfeind erklären und seine Güter einziehen. Als dies getan war, machte er hier bekannt, er sei von den Senonen, Carnuten und anderen Völkern berufen worden; dahin werde er seinen Zug durch das remische Gebiet nehmen und ihr Land dabei verheeren; doch zunächst wolle er erst das Lager des Labienus angreifen. Hierzu gab er nun seine Befehle.

[57] Des Labienus Lager war durch Natur und Kunst außerordentlich fest. Ohne Sorge also für sich und die Legion dachte er stets nur daran, keinen günstigen Vorteil je zu versäumen. Auf die Nachricht von des Indutiomarus Erklärung in der Volksversammlung, die ihm Cingetorix und dessen Verwandte hinterbracht hatten, ließ er durch Boten in den

nächsten Staaten überall Reiter aufbieten und setzte den Tag fest, wo sie zu ihm stoßen sollten. Indessen schwärmte Indutiomarus fast täglich mit seiner ganzen Reiterei vor dem Lager umher, teils um dessen Lage zu erkundschaften, teils um mit uns zu sprechen oder auch um Furcht einzujagen. Seine Reiterei schleuderte dabei gewöhnlich alle ihre Wurfwaffen über den Wall; Labienus aber verschloss sich mit seinen Truppen hinter die Verschanzungen und bestärkte den Schein von seiner Furcht auf jede mögliche Art.

[58] Als nun Indutiomarus von Tag zu Tag mit mehr Übermut gegen uns vor das Lager kam, zog Labienus in der Nacht die Reiter, die er aus den nächsten Staaten hatte herbei rufen lassen, in das Lager, und hielt mit so vieler Sorgfalt durch Wachen seine Leute innerhalb des Lagers zusammen, dass nichts davon konnte verraten oder den Treverern hinterbracht werden. Unterdessen erschien Indutiomarus, seiner täglichen Gewohnheit nach, wieder vor dem Lager und brachte da den Tag größtenteils zu. Seine Reiter warfen ihre Wurfwaffen und forderten uns mit lautem Gespött zur Schlacht heraus: Man erwiderte unsererseits kein Wort. Gegen Abend, als es ihnen beliebte, zog dessen Reiterei getrennt und zerstreut ab.

Da ließ Labienus unvermutet seine Reiter aus zwei Toren hervorbrechen, mit dem bestimmten Befehl, sobald die Feinde in Schrecken gesetzt und zum Fliehen gebracht wären, was, wie er voraus sah, geschehen würde, und auch wirklich geschah, nur allein den Indutiomarus anzugreifen und keinen eher zu verwunden, als bis man ihn getötet sähe. Er wollte sich nicht mit den anderen aufhalten und Indutiomarus so Zeit zur Flucht gewinnen lassen wollte; auf seinen Kopf setzte er eine große Belohnung aus. Zur Unterstützung der Reiterei wurden die Kohorten nachgeschickt. Das Glück begünstigte den Plan des Legaten, und bei der allgemeinen Jagd auf Indutiomarus wurde er gerade an einer Furt des Flusses eingeholt, erschlagen und sein Haupt in das Lager zurückgebracht. Bei dem Rückzug hieben unsere Leute noch, was sie erreichen konnten, nieder. Das zusammengezogene Heer der Eburonen und Nervier aber ging auf die Nachricht von diesem Ereignis auseinander, und Caesar hatte nach diesem Vorfall zunächst mehr Ruhe in Gallien.

SECHSTES BUCH
Unruhen in Gallien

[1] AUS VIELEN GRÜNDEN sah Caesar noch größeren Unruhen in Gallien entgegen und hob daher durch seine Legaten Marcus Silanus, Caius Antistius und Titus Sextius Truppen aus. Zugleich ersuchte er den Prokonsul Cneius Pompeius, weil er in Angelegenheiten des Staates doch einmal mit höchster Gewalt bekleidet in der Nähe der Stadt bleiben würde, die Truppen aus dem diesseitigen Gallien, die er als Konsul vereidigt hätte, zusammenzuberufen und zu ihm stoßen zu lassen. Denn nach Caesars Ansicht kam auch für die Zukunft viel darauf an, die Meinung in Gallien zu erhalten, Italien habe solche Hilfsquellen, dass es nicht allein einen Verlust im Krieg sogleich ersetzen, sondern sich auch mit anderen Völkern verstärken könnte. Als dies Pompeius, in Rücksicht auf das Beste des Staates und aus Freundschaft, zugestand und die Aushebung durch seine Leute sehr schnell zustande gebracht wurde, sodass drei Legionen noch vor Ende des Winters aufgestellt und herangezogen waren, wobei noch die Kohorten, die Caesar mit dem Quintus Diturius eingebüßt hatte, doppelt wieder ersetzt wurden, so zeigte er durch diese Geschwindigkeit und diese Truppenzahl, was Roms Verfassung und Kräfte vermochten.

[2] Nach des Indutiomarus Tod, über den wir berichtet haben, übertrugen die Treverer den Oberbefehl seinen Verwandten; sie verlockten ohne Unterlass die benachbarten germanischen Völker und versprachen ihnen Geld. Da diese aber keine Lust zeigten, so versuchten sie es bei den entlegenen Stämmen. Einige ließen sich bereit finden: Man verband sich also durch einen Eid, die Treverer stellten Geiseln als Sicherheit für das versprochene Geld und zogen auch den Ambiorix zur Teilnahme und zum Bündnis herbei. Caesar bekam davon Nachricht, und weil er sah, dass sich alles zum Krieg rüste, die Nervier, Atuatucer, Menapier, mit ganz Germanien diesseits des Rheines, unter den Waffen ständen, die Senonen nicht auf seinen Befehl erschienen und mit den Carnuten und ihren Nachbarn gemeinsame Sache machten und dass die Treverer die Germanen durch häufige Gesandtschaften aufwiegelten, so befand er es für gut, diesmal vor der sonst gewöhnlichen Zeit an Krieg zu denken.

[3] Vor Ende des Winters zog Caesar demnach vier Legionen aus den nächsten Winterlagern an sich und fiel unvermutet in das nervische

Gebiet ein, nahm, ehe sie das Heer zusammenziehen oder sich flüchten konnten, viel Menschen und Vieh weg, und überließ den Soldaten diese Beute, verheerte ihre Fluren und zwang sie, sich zu ergeben und Geiseln zu stellen. Das ganze Unternehmen war in kurzer Zeit ausgeführt, und Caesar ging mit den Legionen in die Winterlager zurück. Mit Frühlingsanfang sagte Caesar seiner Gewohnheit nach einen Landtag in Gallien an. Alle Staaten außer den Senonen, Carnuten und Treverern, erschienen. Caesar betrachtete das als den ersten Schritt von Feindseligkeit und Empörung und verlegte zum Beweis, dass er dem Krieg seine volle Aufmerksamkeit widme, die Versammlung nach Lutetia[55], ins Gebiet der Parisier. Die Parisier grenzen an die Senonen und hatten zu unserer Väter Zeiten einen Staat mit ihnen gebildet; doch waren sie nicht einer Teilnahme an deren letzten Entschluss verdächtig. Caesar erklärte das von der Rednerbühne herab, brach noch am nämlichen Tag mit den Legionen auf und kam in schnellen Märschen im Senonergebiet an.

[4] Acco, die Seele der ganzen Empörung, gab auf die Nachricht von Caesars Vorrücken dem Volk den Befehl, sich in den Städten zu sammeln. Ehe dies aber geschehen konnte, hörte man, die Römer wären eher da als man damit zustande käme. Man gab also notgedrungen das Vorhaben auf, schickte um Gnade zu erflehen, Caesar Gesandte entgegen, und bediente sich der Vermittlung der Haeduer, unter deren Schutz einst dieses Volk gestanden hatte. Auf Bitten der Haeduer verzieh ihnen Caesar gern und nahm ihre Entschuldigungen an, weil er auch den Sommer für geeigneter zum bevorstehenden Krieg als für Untersuchungen hielt. Er legte ihnen Stellung von hundert Geiseln auf, die er dann den Haeduern in Verwahrung gab. Während dieser Verhandlungen kamen auch Abgesandte und Geiseln von den Carnuten, für die ihre Schutzherren, die Remer, Fürsprache einlegten, und erhielten dieselbe Antwort. Caesar beendigte die Volksversammlung und verlangte von den Staaten Reiterei.

[5] Als die Unruhen hier in Gallien gedämpft waren, war Caesars ganzes Augenmerk auf den Krieg mit Ambiorix und den Treverern gerichtet. Cavarinus und die senonische Reiterei erhielt Befehl, mit ins Feld zu ziehen, damit nicht durch seine Rachsucht oder den Hass des Volkes, den er sich zugezogen hatte, Unruhen entständen. Nach dieser Anordnung überdachte er bei sich, was für Maßregeln dem Ambiorix übrig blieben,

---

[55] Hauptstadt der Parisier, heutiges Paris

denn er hielt es für ausgemacht, jener werde keine Schlacht wagen. Die Menapier, in der Nachbarschaft der Eburonen, deren Land durch zusammenhängende Waldungen und Sümpfe verschlossen ist, hatten in ganz Gallien allein des Friedens wegen noch keine Gesandten an Caesar geschickt; und mit diesen hatte Ambiorix Gastfreundschaft geschlossen.

Das wusste Caesar, so wie er auch erfahren hatte, durch Vermittlung der Treverer habe jener die Germanen zu Freunden bekommen. Diese Hilfsquellen mussten ihm nach Caesars Ansicht erst vor dem unmittelbaren Angriff verschlossen werden, damit er sich nicht in der Verzweiflung in das menapische Gebiet flüchten und sich notgedrungen mit den überrheinischen Germanen verbinden möchte. Nachdem er diesen Plan gefasst hatte, schickte Caesar das Gepäck des ganzen Heeres zu dem Labienus in das treverische Gebiet und ließ noch zwei Legionen zu ihm stoßen; mit fünf Legionen, ohne Gepäck, trat er selbst den Marsch gegen die Menapier an. Diese hatten, in der Zuversicht auf ihre Lage, keine Völker aufgeboten, flüchteten sich vielmehr in ihre Wälder und Sümpfe und brachten auch all ihr Hab und Gut dahin.

[6] Caesar teilte sein Heer mit dem Legaten Caius Fabius und dem Quaestor Marcus Crassus und drang über die Brücken, die man in Eile geschlagen hatte, in drei Heerhaufen vor. Dörfer und Wohnungen wurden eingeäschert, Menschen und Vieh in großer Menge weggenommen. Dies nötigte die Menapier durch Gesandte um Frieden zu bitten. Nach Stellung von Geiseln drohte Caesar, es als einen Friedensbruch ansehen zu wollen, wenn man dem Ambiorix oder seinen Unterhändlern Zutritt gestattete. Der Atrebate Commius blieb hierauf mit Reiterei zur Aufsicht zurück, und Caesar rückte gegen die Treverer vor.

[7] Während Caesar mit diesen Maßnahmen beschäftigt war, zogen die Treverer eine starke Macht zu Fuß und zu Pferd zusammen und machten Anstalten, den Labienus, der mit einer Legion bei ihnen im Winterquartier lag, anzugreifen. Nur noch zwei Märsche von ihm entfernt erfuhren sie, zwei Legionen seien, auf Caesars Befehl, zu ihm gestoßen. Sie schlugen demnach fünfzehn Meilen von ihm ein Lager auf und beschlossen, die Hilfstruppen aus Germanien zu erwarten. Labienus entdeckte des Feindes Absicht und hoffte bei dessen Tollkühnheit auf eine günstige Gelegenheit zur Schlacht. Er ließ demnach fünf Kohorten zur Bedeckung des Lagers zurück und setzte sich mit fünfundzwanzig Kohorten und viel Reiterei gegen den Feind in Marsch. Eine Meile von ihm schlug er ein Lager auf.

Zwischen Labienus und dem Feind war ein Fluss[56] mit steilen Ufern, der sich nicht gut überschreiten ließ. Er beabsichtigte nicht, hier hinüber zu gehen, so wie er auch nicht glaubte, dass dies seitens des Feindes geschehen würde. Die Hoffnung auf die Ankunft der Hilfsvölker wurde von Tag zu Tag stärker. Labienus erklärte öffentlich im Kriegsrat, da die Germanen dem Gerücht nach im Anzug seien, so wolle er sich und seine Truppen keiner Gefahr aussetzen und in der Frühe des folgenden Tages aufbrechen. Dies wurde sogleich dem Feind verraten, da ja natürlich von der zahlreichen gallischen Reiterei einige auf Seiten der Gallier sein mussten. Labienus ließ des Nachts die Tribunen und Anführer der Züge zusammenkommen und teilte ihnen seine Absicht mit. Man musste beim Abbrechen des Lagers mehr Geräusch und Unruhe machen als es bei den Römern Gewohnheit war, um bei den Feindenden Eindruck zu erwecken, die Römer hätten Furcht. Dadurch gab Labienus seinem Abzug den Anstrich einer Flucht. Auch dies wurde, bei der Nähe des Lagers, noch vor Tagesanbruch dem Feind von Kundschaftern hinterbracht.

[8] Kaum hatte die Nachhut die Verschanzungen im Rücken, so riefen die Gallier einander zu, die erhoffte Beute nicht entwischen zu lassen. Bei dem Schrecken der Römer dauere es zu lange, um die Hilfe der Germanen abzuwarten. Dann sei es auch unter ihrer Würde, mit so großer Macht keinen Angriff auf ein so kleines Häufchen, besonders bei seiner Flucht und Verwirrung, zu wagen. Man ging also ohne Bedenken über den Fluss und unternahm an einem ungünstigen Ort den Angriff.

Das hatte Labienus vermutet, und um die ganze Macht über den Fluss zu locken, setzte er seinen verstellten Rückzug auch jetzt ruhig fort. Endlich ließ er das Gepäck ein wenig voraus auf einer Anhöhe aufstellen und sprach: »Soldaten! die erwünschte Gelegenheit ist da. Ihr habt den Feind an einem unbequemen und nachteiligen Platz in eurer Gewalt. Zeigt euch nun auch unter meiner Führung so tapfer, wie ihr es unter dem Oberfeldherrn so oft getan habt. Denkt, dass er gegenwärtig und Augenzeuge sei.« Sogleich ließ er dann das Heer sich gegen den Feind richten und in Schlachtordnung aufstellen. Einige Abteilungen Reiterei schickte er dem Gepäck zur Bedeckung, die übrigen stellte er an den Flügeln auf. Schnell warfen jetzt die Unsrigen unter großem Geschrei ihre

---

[56] vermutlich der Fluss *Sauer* (früher: Süre), Nebenfluss der Mosel nördlich von Wasserbillig (Luxemburg)

Wurfspieße auf die Feinde. Als diese, ganz gegen ihre Erwartung, diejenigen gegen sich anrücken sahen, die sie auf der Flucht glaubten, vermochten sie nicht einen Angriff auszuhalten, sondern wurden gleich bei dem ersten Anprall in die Flucht geschlagen und eilten in das nächste Gehölz. Allein Labienus holte sie mit der Reiterei ein und machte außer einer ziemlichen Anzahl von Kriegsgefangenen viele nieder. Einige Tage darauf hatte er diesen Staat wieder in seiner Gewalt, denn die Hilfstruppen aus Germanien gingen auf die Nachricht von der Flucht der Treverer wieder nach Haus, in ihrer Begleitung zogen auch die Anstifter des Aufruhrs, die Verwandten des Indutiomarus, fort. Cingetorix, der von Anfang an, wie wir berichtet haben, pflichttreu geblieben war, erhielt die Herrschaft und die Regierung.

Zweiter Rheinübergang
nach Germanien

[9] NACH SEINEM VORRÜCKEN aus dem menapischen in das treverische Gebiet entschloss sich Caesar aus zwei Gründen, über den Rhein zu gehen: Erstens hatte man von da Hilfstruppen gegen ihn zu den Treverern geschickt und zweitens wollte er dem Ambiorix den Rückzug dahin abschneiden. Diesem Entschluss zufolge begann er etwas oberhalb der Gegend, wo er schon früher hinübergegangen war, eine Brücke zu schlagen. Die Art des Brückenbaus war uns jetzt bekannt und geläufig. In wenigen Tagen wurde man also bei ganz besonderem Fleiß unserer Truppen damit fertig.

Caesar ließ im Treverer-Land eine starke Bewachung bei der Brücke zurück, um einem unvermuteten Aufstand vorzubeugen und führte seine übrigen Kohorten und die Reiterei über den Strom. Die Ubier, die schon früher Geiseln gegeben und sich unterworfen hatten, schickten zu ihrer Rechtfertigung Gesandte zu Caesar, um ihn zu belehren, dass ihr Staat den Treverern keine Hilfstruppen geschickt noch die Treue gebrochen habe. Sie baten und flehten um Schonung, damit nicht beim allgemeinen Hass gegen die Germanen Unschuldige statt der Schuldigen büßen müssten und versprachen noch mehr Geiseln, wenn er es verlangte. Nach eingehender Untersuchung fand Caesar, dass die Hilfstruppen Sueben gewesen waren, nahm also die Entschuldigung der Ubier an und erkundigte sich nach den Wegen und Zugängen in das Land der Sueben.

[10] Unterdessen hinterbrachten ihm einige Tage hierauf die Ubier: Die Sueben zögen ihre ganze Macht zusammen und beorderten die ihnen unterworfenen Völker, Hilfstruppen zu Fuß und zu Pferd zu schicken. Auf diese Nachricht hin versorgte sich Caesar mit Lebensmitteln und suchte einen passenden Ort für das Lager aus. Den Ubiern gab er Weisung, ihr Vieh wegzutreiben und sich mit allen ihren Habseligkeiten vom Land in feste Plätze zu begeben, in der Hoffnung, die kurzsichtigen Barbaren aus Mangel an Lebensmitteln zu einem für sie nachteiligen Gefecht zu nötigen.

Dann trug er ihnen auf, oft Kundschafter zu den Sueben zu schicken und sich dort nach allen Vorgängen zu erkundigen. Die Ubier befolgten die Befehle und hinterbrachten ihm wenige Tage später, dass sich die ganze Nation der Sueben auf die zuverlässige Nachricht vom Anzug der Römer mit der von ihnen aufgebotenen Macht und ihren Bundesgenossen bis an die äußersten Grenzen ihrer Gaue zurückgezogen habe. Dort sei der ungeheure Wald, Bacenis[57], der tief nach Germanien hineinreiche und als Naturgrenze die Cherusker und Sueben gegen wechselseitige Beschädigungen und Einfälle sichere. Am Anfang dieses Waldes wollten die Sueben die Römer erwarten.

[11] Bei dieser Gelegenheit finden wir es nicht unpassend, von den Sitten der Gallier und Germanen und dem Unterschied zwischen diesen beiden Nationen zu sprechen. In Gallien sind nicht allein in allen Staaten, Gauen und Gemeinden, sondern auch fast in jeder Familie Parteien. An der Spitze derselben stehen Männer, die nach dem Urteil der Gallier das größte Ansehen haben und durch ihre Meinung und ihr Gutachten bei allen Verhandlungen und Entschlüssen den Ausschlag geben. Diese Verfassung ist, wie es scheint, eine alte Einrichtung, damit der gemeine Mann gegen die Übermacht geschützt sei; denn niemand lässt seine Schutzgenossen drücken oder beeinträchtigen, oder er hat alle Achtung seiner Partei verloren. Dasselbe Verhältnis besteht im gesamten Gallien, denn die einzelnen Völkerschaften zusammen bilden wieder unter sich zwei Parteien.

[12] Bei Caesars erstem Auftreten in Gallien [58 v. Chr.] waren die Häupter der einen Partei die Haeduer, die der anderen die Sequaner. Weil nun diese Letzteren an und für sich weniger mächtig waren, da schon von

---

[57] *Bacenis (lat.: von silva):* westlicher Teil des Thüringer Waldes, Harz, Hessisches Bergland und Erzgebirge

alters her die Haeduer das überwiegende Ansehen und die meisten schutzverwandten Staaten besessen hatten, so verbanden sie sich mit den Germanen und Ariovist und zogen ihn mit großen Opfern und Versprechungen in ihr Land. Nach verschiedenen glücklichen Treffen und Vertilgung des ganzen Adels der Haeduer hatten sie so sehr die Übermacht bekommen, dass ein großer Teil der haeduischen Schutzvölker zu ihnen überlief, dass sie die Kinder der Fürsten zu Geiseln bekamen und der Staat sich eidlich verpflichten musste, nichts gegen die Sequaner zu unternehmen, ihre Eroberungen an den Grenzen abzutreten, und sie als das Haupt Galliens anzuerkennen. Notgedrungen hatte sich deswegen Diviciacus nach Rom begeben, um bei dem Senat Hilfe zu suchen, kam aber unverrichteter Sache wieder zurück.

Mit Caesars Ankunft änderten sich diese Verhältnisse, die Haeduer erhielten ihre Geiseln zurück, stellten ihre alten Schutzverbindungen wieder her und vergrößerten sich noch durch Caesars Einfluss. Weil man unter ihrem Schutz die Behandlung erträglicher und die Herrschaft glimpflicher fand, wurde ihr Ansehen und Einfluss in allen Angelegenheiten erweitert, und so verloren die Sequaner den bisher behaupteten Vorrang in Gallien. An ihre Stelle traten die Remer, und weil man wahrnahm, dass sie in gleicher Gunst bei Caesar standen, begaben sich alle die Völker, welche, tief verwurzelter Feindschaft wegen, sich nicht mit den Haeduern vertragen konnten, unter den Schutz jener. Die Remer nahmen sich ihrer sorgfältig an und waren so seit Kurzem und unerwartet zu Ansehen gekommen. Somit hatten die erste Stelle ohne Frage die Haeduer, dann kamen die Remer.

[13] In ganz Gallien gibt es nur zwei Klassen Menschen von einigem Einfluss und Ansehen, denn der gemeine Mann ist fast Sklave, von allen zurückgewiesen und von jeder Staatsverhandlung ausgeschlossen. Der größte Teil begibt sich daher, gedrückt von den Schulden, den vielen Abgaben oder den Misshandlungen der Großen in den Dienst des Adels, der dadurch über sie alle Rechte erhält, welche sonst Herren über Sklaven haben. Diese beiden Klassen sind Druiden und Ritter. Jene haben die Aufsicht über das Religionswesen, besorgen die Staats- und Privatopfer und erklären die Vorbedeutungen. Eine Menge junger Leute versammelt sich bei ihrem Unterricht. Man hat große Achtung vor ihnen, denn fast alle Staats- und Privatzwistigkeiten entscheiden sie, sie urteilen über Verbrechen, Mordtaten, Erbschaften und Grenzberichtigungen, bestim-

men Strafen und Belohnungen. Unterwirft sich jemand, Privatmann oder Obrigkeit, ihrem Ausspruch nicht, so wird er von allen Opfern ausgeschlossen. Dies ist die schwerste Strafe bei ihnen, denn die so Ausgeschlossenen betrachtet man als Ruchlose und Bösewichter, entfernt sich von ihnen, flieht ihren Umgang und ihre Anrede, um nicht von ihnen angesteckt zu werden. Bei keinem Gesuch erhalten sie Recht, noch bekommen sie irgendeine Ehrenstelle.

Die Druiden stehen insgesamt unter einem Oberhaupt, dessen Ansehen bei ihnen überaus groß ist. Stirbt es, so folgt ihm nach, wer in ausgezeichnetster Achtung bei den Übrigen steht. Sind mehrere von gleichen Verdiensten da, so entscheidet die Wahl der Druiden. Zu Zeiten kämpft man auch mit den Waffen um diese Würde. Die Druiden halten jährlich an gewissen Tagen an einer heiligen Stätte im carnutischen Gebiet, dem Mittelpunkt ganz Galliens, wie man annimmt, eine Zusammenkunft ab. Dann erscheinen von allen Orten her die streitigen Parteien und unterwerfen sich ihren Aussprüchen und Entscheidungen. Der Orden soll seinen Ursprung in Britannien haben und von da nach Gallien verpflanzt worden sein. Daher reisen jetzt noch gewöhnlich diejenigen, welche sich genauer unterrichten wollen, meistens dorthin, um sich unterweisen zu lassen.

[14] Die Druiden ziehen selten mit zu Feld und zahlen keine Steuern gleich den Übrigen; wie von den Kriegsdiensten sind sie auch von allen anderen Staatslasten frei. Dieser lockenden Vorteile wegen widmen sich viele aus eigenem Antrieb diesem Stand oder werden von ihren Eltern und Anverwandten dazu veranlasst. Hier sollen sie dann eine große Menge Verse auswendig lernen, weshalb einige wohl zwanzig Jahre in dieser Schule bleiben. Sie halten es für unerlaubt, diese schriftlich abzufassen, obschon sie sich in Staats- und Privatgeschäften der griechischen Schrift bedienen. Hierbei haben sie, wie ich vermute, zwei Absichten, erstens, weil sie nicht wünschen, dass ihre Lehre unter das Volk komme, sodann auch, damit ihre Schüler im Vertrauen auf die Schrift nicht etwa ihr Gedächtnis weniger üben sollen; denn gewöhnlich vernachlässigt man, unterstützt durch schriftliche Aufzeichnung, seine Sorgfalt im Lernen und sein Gedächtnis. Ihr Hauptlehrsatz ist: Die Seele sei unsterblich und wandere nach dem Tod des Leibes weiter von Körper zu Körper. Das halten sie für den kräftigsten Antrieb zur Tapferkeit, wenn man den Tod nicht scheue. Außerdem lehren sie noch vieles von den Himmelskörpern, ihrem Lauf, der Größe der Welt und der Länder, dem Wesen der Dinge, der Macht und Gewalt der unsterblichen Götter und bringen das Alles der Jugend bei.

[15] Den zweiten Stand bilden die Ritter. Erfordern es die Umstände und entsteht ein Krieg, was vor Caesars Ankunft fast alle Jahre geschah, um entweder selbst gewalttätige Einfälle zu tun oder Abwehr zu üben, so ziehen sie insgesamt zu Feld. Je edler und reicher dann einer ist, desto mehr Vasallen und Schutzgenossen hat er um sich. Ein anderes Zeichen von Macht und Ansehen kennen sie nicht.

[16] Alle Gallier sind dem Aberglauben sehr ergeben, und daher opfert man in schweren Krankheiten, in Schlachten und Lebensgefahr Menschen oder gelobt solche Opfer, die man durch die Druiden verrichten lässt, in dem Aberglauben, dass sich nur durch den Tod eines anderen Menschen ein Leben von den unsterblichen Göttern erflehen ließe. Solche Opfer sind sogar durch Staatsverordnungen eingeführt. Manche haben ungeheure Götzen von geflochtenem Reisig, die man mit lebendigen Menschen anfüllt, in Brand setzt und samt den Menschen verbrennt. Hinrichtungen von Dieben, Straßenräubern und anderen Missetätern hält man freilich den Göttern für angenehmer, fehlt es jedoch daran, so nimmt man auch wohl Unschuldige.

[17] Unter den Göttern verehren sie vorzüglich den Merkur, von dem man überall Statuen sieht. Nach ihrer Ansicht ist er der Erfinder der Künste, der Geleitsmann auf Wegen und Straßen und hat einen großen Einfluss auf Gewinn und Handel. Nächst dem Merkur verehren sie den Apollo, Mars, Jupiter und die Minerva. In den Begriffen von diesen Gottheiten stimmen sie im Ganzen mit anderen Völkern überein: Apollo heilt die Krankheiten, von der Minerva stammen Handwerke und Künste, Jupiter führt die Herrschaft im Himmel, und Mars leitet den Krieg.

Vor den Schlachten gelobt man ihm gewöhnlich die Kriegsbeute und opfert ihm nach dem Sieg das erbeutete Vieh, das Übrige wirft man auf einen Haufen zusammen. So aufgetürmte Beutehügel kann man in vielen Staaten sehen, und nur selten geschieht es, dass jemand unter Nichtachtung seines Glaubens etwas von der Beute verheimlichen oder von dem Haufen zu stehlen wagt, auch ist die härteste Strafe und Marter dafür festgesetzt.

[18] Die Gallier geben den Dis[58] als ihren allgemeinen Stammvater aus; so lehren, nach ihren Aussagen, die Druiden. Deshalb berechnen sie die Zeit nicht nach Tagen, sondern nach Nächten. Geburtstage, Monate,

---

[58] *Gott Dis:* Pluto, der Gott der Toten und der Unterwelt

Jahre fangen sie immer so an, dass der Tag auf die Nacht folgt. In ihren sonstigen Sitten haben sie vielleicht noch das Charakteristische, dass kein Sohn vor seiner Reise zu den Kriegsdiensten öffentlich Zutritt zu seinem Vater hat und dass es bei ihnen eine Schande ist, wenn man ein Kind im Knabenalter außerhalb des Hauses an der Seite seines Vaters sieht.

[19] So viel Mitgift die Frau dem Mann einbringt, so viel legt dieser nach genauer Schätzung aus seinen eigenen Mitteln hinzu; diese Summe wird gemeinschaftlich verwaltet und der Gewinn aufgespart. Wer dann von beiden den anderen überlebt, dem fällt das Stammkapital und die seither angefallenen Zinsen zu. Der Mann ist, wie über seine Kinder, auch Herr über sein Weib: Er hat Gewalt über Leben und Tod. Bei dem Tod eines Hausvaters versammelt sich dessen Blutsfreundschaft und hält, wenn man wegen seines Todes Verdacht hat, eine Untersuchung der die Weiber wie der Sklaven. Kommt etwas heraus, dann werden sie mit Feuer und allen Martern hingerichtet. Die Leichenbegängnisse sind im Verhältnis zur sonstigen Lebensweise der Gallier prachtvoll und kostspielig. Alles, was dem Verstorbenen im Leben wert gewesen ist, wird in das Feuer geworfen, sogar Tiere. Noch vor Kurzem wurden auch die Sklaven und Schutzgenossen, die der Verstorbene lieb hatte, bei seinem Leichenbegängnis verbrannt.

[20] In den Staaten, die man für die bestgeordneten hält, muss nach den Staatsgesetzen jeder das, was er über Staatsangelegenheiten durch Gerüchte oder vom Hörensagen bei den benachbarten Völkern vernommen hat, sogleich der Obrigkeit anzeigen und keinem anderen mitteilen, weil unbesonnene und kurzsichtige Leute sich oft, wie man aus der Erfahrung weiß, durch falsche Gerüchte in Schrecken setzen, zu Ausschweifungen verleiten und zu Entschlüssen von den wichtigsten Folgen bewegen lassen. Die Obrigkeit verschweigt dann, was sie für gut hält oder macht dem Volk so viel davon bekannt wie sie für passend findet; von Staatssachen darf man sonst nur in den Volksversammlungen sprechen.

[21] Von diesen Sitten weichen die Germanen in vielen Stücken ab. Sie haben keine Druiden für den Gottesdienst und geben sich wenig mit Opfern ab. Man weiß von keinen anderen Gottheiten, als solche die man sieht und von denen man sichtbare Dienste empfängt: die Sonne, das Feuer und den Mond. Die übrigen Götter kennen sie nicht einmal dem Namen nach. Ihr ganzes Leben ist zwischen Jagd und Waffenübungen aufgeteilt. Von Jugend auf härten sie sich zu Arbeiten und Strapazen ab.

Je länger man unverheiratet bleibt, desto rühmlicher ist es. Dadurch wird man nach ihrer Meinung groß, stark und eisennervig. Umgang mit Weibern vor dem zwanzigsten Jahr ist die größte Schande. Und doch macht man aus der Geschlechtsverschiedenheit kein Geheimnis, denn beide Geschlechter baden sich gemeinschaftlich in Flüssen und tragen unter den Fellen oder kleinen Decken von Rentierhäuten den Leib größtenteils bloß.

[22] Den Feldbau betreiben sie nicht; ihre Nahrung besteht hauptsächlich in Milch, Käse und Fleisch. Niemand hat eine abgegrenzte Feldmark oder eigene Grundstücke, sondern die Obrigkeiten und Vorstände weisen jährlich den Stämmen und Verwandtschaften, die sich zusammen halten, Feld zu, so viel und wo sie es immer gut finden, und lassen sie im folgenden Jahr woanders hinziehen. Dafür geben sie viele Gründe an: Der Hang zum Krieg solle durch Vorliebe für bleibende Wohnstätten nicht in Lust zum Feldbau ausarten, man solle nicht nach ausgedehnten Gütern trachten, Mächtigere nicht Schwächere aus ihrem Eigentum vertreiben, man solle nicht bequeme Einrichtungen gegen Hitze und Kälte beim Bauen machen, es dürfe nicht Habsucht, die gewöhnliche Quelle von Parteien und Zwistigkeiten, entstehen – schließlich solle der gemeine Mann zufrieden erhalten werden, wenn er sähe, dass der Mächtigste nicht mehr habe als er.

[23] Der größte Ruhm eines Volkes ist, weit und breit um sich herum Einöden und Wüsteneien zu haben. Sie sehen es als einen ganz besonderen Beweis von Tapferkeit an, wenn ihre verjagten Nachbarn auswandern und niemand es wagt, sich an den Grenzen aufzuhalten. Das betrachten sie zugleich als ein Mittel zu ihrer Sicherheit, weil man so keine plötzlichen Überfälle zu befürchten hat. Bei Kriegen, man mag angreifen oder sich verteidigen, werden Anführer gewählt, in deren Händen die Leitung liegt und welche Gewalt über Leben und Tod haben. Während des Krieges gibt es keine allgemeine Obrigkeit, sondern Landvögte und Gaugrafen handhaben die Gerechtigkeit und schlichten die Streitigkeiten. Straßenraub entehrt nicht, nur muss er außerhalb der Grenzen geschehen. Nach ihrer Ansicht ist er ein Mittel, junge Leute zu beschäftigen und vom Müßiggang abzuhalten. Macht daher ein Edler in den Volksversammlungen bekannt, er wolle einen Streifzug ausführen, wer Lust hierzu hätte, möge sich erklären, so stehen alle auf, denen das Unternehmen und der Anführer gefällt, sagen ihren Beistand zu und erhalten noch vom Volk

vieles Lob. Folgt einer derselben nicht auf dem Zug, so betrachtet man ihn als einen Flüchtling und Verräter, er findet in keiner Beziehung mehr Glauben. Fremde darf man nicht misshandeln; ihre Person ist, aus welchen Absichten sie auch immer das Land betreten, heilig und unverletzlich; jedes Haus steht ihnen offen und freie Tafel zu Gebot.

[24] In früheren Zeiten waren die Gallier mutiger als die Germanen, fingen ohne Ursache Kriege mit ihnen an und schickten wegen ihrer Volksmenge und ihres Mangels an Land Kolonien über den Rhein. Ein Stamm der Tectosagen hat so die fruchtbaren Gaue beim Hercynerwald[59] in Germanien besetzt und sich da angesiedelt. Von diesem Wald finde ich übrigens schon Spuren bei Eratosthenes[60] und einigen anderen Griechen: Er heißt bei ihnen der Orcynerwald. Dieses Volk hält sich noch jetzt da auf und steht im besten Ruf der Gerechtigkeitsliebe und Tapferkeit, lebt nun eben so arm, dürftig und hart wie Germanen und unterscheidet sich von ihnen weder in Nahrung noch Kleidung. Durch die Nähe der römischen Provinz und ihre Kenntnis der Produkte, die über das Meer kommen, haben sich die Gallier Reichtum und eine verfeinerte Lebensweise erworben. Nach und nach gewöhnten sie sich daran geschlagen zu werden, und jetzt, nach vielen Niederlagen, wagen sie sich selbst nicht mehr mit den Germanen zu vergleichen.

[25] Wer ein guter Fußgänger ist, durchläuft den Hercynerwald, von dem eben die Rede war, der Breite nach in neun Tagen – denn anders lässt es sich nicht bestimmen, weil man hier nichts von Meilenbezeichnungen weiß. Der Wald beginnt an den Grenzen der Helvetier, Rauracer und Nemeter und geht in gerader Richtung mit der Donau bis an das dacische und anartische Gebiet fort. Dann geht er links vom Strom ab und berührt bei seiner Größe viele Staaten. Man findet hier keinen Germanen, der, wenn er auch sechzig Tage fortgelaufen ist, sagen kann, er sei an das Ende gekommen oder habe etwas davon gehört. Es gibt in diesem Wald, wie bekannt, viele Tiere, die man sonst nirgends antrifft. Die merkwürdigsten sind etwa folgende:

[26] Ein großes Tier, ein Hirsch von Gestalt, mit einem Horn zwischen den Ohren mitten auf der Stirn, das größer und gestreckter ist als die uns

---

[59] *Hercynerwald:* Alle Gebirgszüge vom Schwarzwald bis zu den Karpaten

[60] *Eratosthenes* (276–192 v. Chr.): Sprachforscher, Geograph und Astronom. Er war Herr über die Königliche Bibliothek in Alexandria

bekannten Geweihe. An der Krone teilen sich Enden wie Palmenzweige sehr breit auseinander. Beide Geschlechter haben ganz gleiche Beschaffenheit, Gestalt und Größe des Geweihes.

[27] Ferner das Elchtier, der Gestalt und den bunten Flecken nach einem Reh gleich, doch etwas größer und ohne Hörner. Die Beine haben weder Knöchel noch Gelenke, so dass es sich weder zur Ruhe niederlegt noch, wenn es durch einen Zufall hinstürzt, sich aufhelfen und emporrichten kann. Ein Baum dient ihm zum Lager; an diesen stützt es sich, und so, ein wenig angelehnt, ruht es. Merken nun die Jäger an der Spur, wo ein solches Tier seine gewöhnliche Ruhestätte hat, so untergraben sie entweder alle Bäume in dieser Gegend oder schneiden den Stamm so weit durch, dass der Gipfel aufrecht stehen bleibt. Wenn nun das Tier sich nach seiner Gewohnheit anlehnt, so wirft es durch die Last den schwach stehenden Stamm um und fällt mit ihm zu Boden.

[28] Die dritte Gattung sind die Auerochsen, wie man sie nennt, etwas kleiner als Elefanten, an Gestalt, Farbe und Körperbau wie Stiere. Ihre Stärke ist eben so groß wie ihre Geschwindigkeit. Sie schonen nichts, was sie erblicken, weder Menschen noch Tiere. Man fängt sie eifrig in Gruben und tötet sie. Mit dieser Arbeit härtet sich die Jugend ab und beschäftigt sich mit Jagden solcher Art. Wer die meisten Tiere erlegt hat und zum Beweis davon die Hörner vor dem Volk zeigt, erhält großes Lob. Das Tier lässt sich, selbst jung gefangen, doch nicht an Menschen gewöhnen und zähmen. Seine Hörner sind viel größer, auch anders geformt und gestaltet als bei unseren Ochsen. Man sucht sie sorgfältig, fasst den Rand mit Silber ein und gebraucht sie auf vornehmen Tafeln als Pokale.

Zweiter Kampf mit Ambiorix und den Eburonen

[29] Auf Nachricht von den Spähern der Ubier, dass die Sueben sich in ihre Waldungen zurückgezogen hätten, fasste Caesar aus Furcht vor Mangel an Lebensmitteln, weil sich in Germanien nach unserer obigen Erzählung keineswegs alle mit dem Feldbau abgeben, den Entschluss, nicht weiter vorzurücken. Doch um die Feinde nicht ganz von der Besorgnis vor seiner Rückkehr zu befreien und ihre Hilfstruppen nach Gallien aufzuhalten, ließ er bei dem Rückzug seines Heeres nur zweihundert Fuß lang die Brückenjoche auf dem ubischen Ufer abbre-

chen, errichtete dann an dem Brückenkopf einen Turm von vier Stockwerken, besetzte ihn mit einer Bedeckung von zwölf Kohorten und warf
starke Schanzen um ihn auf. Der junge Caius Volcatius Tullus bekam das
Kommando über den Ort und seine Besatzung. Um die Erntezeit rückte
Caesar gegen Ambiorix ins Feld. Lucius Minucius Basilius wurde mit der
Reiterei durch den Ardennerwald, den größten in ganz Gallien, der sich
vom Rhein und dem treverischen Gebiet bis an das Nerviergebiet in einer
Länge von fünfhundert Meilen erstreckt, vorausgeschickt, um vielleicht
durch Überraschung oder eine günstige Gelegenheit Vorteile zu erzielen.
Er hatte Befehl, kein Feuer im Lager zu dulden, damit man seinen
Anmarsch nicht in der Ferne wahrnehme. Caesar versprach, ihm auf dem
Fuß zu folgen.

[30] Basilius rückte dem Befehl gemäß schnell und gegen alle Erwartung
vor und überraschte unvermutet viele bei ihren Feldarbeiten. Auf deren
Angabe hin eilte er auf den Ort zu, wo Ambiorix sich mit einiger Reiterei
aufhalten sollte. Im Krieg, so wie überall, entscheidet sehr viel der Zufall.
Denn wie es ein besonderer Zufall war, dass Basilius den Ambiorix unversehens und unvorbereitet überraschte, noch ehe seine Ankunft bemerkt
oder durch Gerücht und Boten ihm überbracht werden konnte, so war es
ein großes Glück für diesen, bei dem Verlust der ganzen Waffen, die er
bei sich hatte, bei der Wegnahme seiner Wagen und Pferde, dennoch dem
Tod zu entgehen.

Gelegenheit hierzu gab, dass sein Haus (wie fast alle gallischen Wohnungen, die man, um sich gegen die Hitze zu schützen, gewöhnlich an
Flüssen oder in der Nähe der Wälder baut) im Wald lag und dass sein
Gefolge und Gesinde unsere Reiter in dem engen Zugang etwas aufhielt.
Während dieses Kampfes half ihm einer von seinen Leuten auf ein Pferd,
und Ambiorix entschlüpfte flüchtend in die Wälder. So hatte der Zufall
auf die kühne Unternehmung des einen wie auf die Rettung des anderen
gleich großen Einfluss.

[31] Man weiß nicht, ob Ambiorix seine Truppen absichtlich nicht zusammengezogen hatte in der Überzeugung, dass jetzt keine Schlacht mehr
zu liefern sei oder ob er daran durch Mangel an Zeit oder durch die plötzliche Ankunft unserer Reiterei verhindert war, im Glauben, das übrige
Fußvolk rücke ihr auf dem Fuß nach. Gewiss aber weiß man, dass er
heimlich Boten auf dem Land umherschickte mit dem Befehl, sich zu
retten, wie man könne.

Man flüchtete sich also teils in den Ardennerwald, teils in die fortlaufenden Sumpfgegenden. Die Küstenbewohner versteckten sich auf den Inseln, welche die Flut zu bilden pflegt. Ein großer Teil wanderte aus und vertraute sich und das Seinige ganz fremden Völkern an. Catuvolcus, König einer Hälfte des eburonischen Landes und Mitwisser der Anschläge des Ambiorix, konnte seines hohen Alters wegen die Beschwerden des Krieges und der Flucht nicht ertragen, stieß deswegen Verwünschungen gegen Ambiorix, den Urheber des Anschlages, aus und brachte sich mit dem Saft des Taxusbaumes[61], den man in Gallien und Germanien häufig findet, um.

[32] Die Segner und Condruser, zwei Völkerschaften germanischen Stammes, zwischen den Eburonen und Treverern, schickten Gesandte an Caesar mit der Bitte, sie nicht feindlich zu behandeln noch zu glauben, alle Germanen diesseits des Rheines seien in gleicher Schuld. Sie hätten an nichts Feindseliges gedacht noch dem Ambiorix Hilfstruppen gegeben. Man zog hierüber Kundschaft von den Kriegsgefangenen ein, und Caesar befahl, die Eburonen, die sich zu ihnen flüchten würden, ihm auszuliefern, dann wolle er ihre Grenzen nicht feindlich berühren.

Hierauf machte Caesar aus seinen Truppen drei Abteilungen und brachte das Gepäck aller Legionen nach Atuatuca. So hieß eine Burg fast in der Mitte des eburonischen Landes, wo Titurius und Aurunculeius im Winterlager gelegen hatten. Caesar wählte diesen Ort auch deshalb, weil die Befestigungswerke vom vorigen Jahr noch unbeschädigt waren, was den Soldaten ihre Arbeit erleichterte. Zur Bedeckung des Gepäcks ließ er die vierzehnte Legion, eine von den dreien, die er erst neu errichtet und aus Italien hatte zu sich kommen lassen, zurück. Dem Quintus Tullius Cicero wurde nebst zweihundert Reitern der Oberbefehl über das Lager und seine Bedeckung aufgetragen.

[33] Nach dieser Verteilung seiner Truppen ließ er den Titus Labienus mit drei Legionen gegen den Ozean zu, in das Gebiet an den Grenzen der Menapier, aufbrechen; den Caius Trebonius schickte er mit eben so viel Legionen ab, um die Gaue in der Nähe der Atuatucer zu verheeren. Für seine Person aber beschloss er, mit drei Legionen nach dem Fluss

---

[61] *Taxusbaum:* Die bitteren Beeren des Eibenbaumes (*taxus baccata*) bergen das Gift

Scaldis[62], der in die Maas fließt, und nach dem Ende des Ardennenwaldes zu marschieren, wohin sich Ambiorix mit einigen Reitern den Nachrichten zufolge begeben hatte. Bei dem Aufbruch versprach Caesar, nach sieben Tagen zurückzukommen, weil dann, wie er wusste, der Legion, die zur Bedeckung des Gepäckes zurückgelassen wurde, ihr Getreide gegeben werden musste. Labienus und Trebonius schärfte er ein, an demselben Tag, wenn es zum Besten des Ganzen geschehen könnte, bei ihm einzutreffen, um nach gemeinschaftlichem Plan und Prüfung der feindlichen Maßnahmen die Feindseligkeiten von Neuem auf eine andere Weise wieder beginnen zu können.

[34] Es war, wie wir früher gezeigt haben, kein ordentliches Heer, keine Stadt, keine Besatzung, die sich zur Gegenwehr setzte, sondern die gesamte Menge hatte sich zerstreut und in entlegenen Tälern, Gebüschen und unwegsamen Sümpfen versteckt, wo sich einige Hoffnung zur Sicherheit oder Rettung zeigte. Diese Schlupfwinkel waren in der Nachbarschaft bekannt, und man musste sehr auf der Hut sein, nicht wegen des Heeres überhaupt, denn dieses konnte bei dem Schrecken und der Versprengung der Feinde keine Gefahr laufen, sondern wegen der Erhaltung einzelner Soldaten, die doch auch zur Wohlfahrt des ganzen Heeres gehörte. Denn die Plünderungssucht reizte viele, sich weit zu entfernen, und auf den ungangbaren und geheimen Pfaden in den Wäldern konnte man nicht geschlossen eindringen.

Wollte man zu einem Ende kommen und die ruchlose Brut von Menschen ganz vertilgen, so musste man mehrere Abteilungen abschicken und die Truppen teilen. Hielten sich nach der Römer Art und Gewohnheit die Einheiten bei ihren Feldzeichen zusammen, so gewährte das Land selbst dem Feind Schutz; einzelne derselben hatten Verwegenheit genug, in einem Hinterhalt aufzulauern und zerstreute Soldaten abzuschneiden. Bei diesen Hindernissen brauchte man alle mögliche Vorsicht und ließ, der allgemein brennenden Rachgier ungeachtet, lieber manche Gelegenheit, dem Feind zu schaden, ungenutzt, als dass man es zum Nachteil einiger Soldaten hätte geschehen lassen. Caesar sandte zu den Grenzvölkern und lud durch Aussicht auf Beute alles ein, das eburonische Gebiet zu plündern, damit so eher das Leben von Galliern als das der Legionssoldaten in den Waldungen Gefahr liefe

---

[62] *Fluss Scaldis* [Anmerkung: Hier war wohl eher der Fluss Sabis gemeint]

und zugleich beim Einschluss durch die große Völkermasse von allen Seiten alle Spuren dieses Volkes und seines Namens für sein großes Verbrechen vertilgt würden. Es kam auch wirklich sofort von allen Orten her viel Volk herbei.

[35] Unter diesen Auftritten im ganzen Eburoner-Gebiet nahte der siebente Tag, an dem Caesar seinem Entschluss zufolge zu dem Gepäck und der Legion zurückkommen musste. Auch hier zeigte sich wieder, wie viel in den Kriegen das Glück entscheidet und was für Zufälle es herbei führt. Bei der Bestürzung und Versprengung der Feinde, die wir erwähnt haben, war keine Mannschaft da, von der sich das Geringste befürchten ließ. Als aber die Nachricht zu den Germanen jenseits des Rheines kam, das eburonische Gebiet sei preisgegeben, und alles werde noch überdies zum Plündern eingeladen, da boten die Sugambrer nächst dem Rhein, die nach unserer früheren Erwähnung die Tenctherer und Usipeter auf ihrer Flucht aufgenommen hatten, zweitausend Mann zu Pferd auf. Sie gingen auf Schiffen und Flößen dreißig Meilen unterhalb der Brücke, die Caesar zum Teil abgebrochen, mit einer starken Bewachung verlassen hatte, über den Rhein, rückten dann in das Grenzgebiet der Eburonen ein, machten viele Flüchtlinge zu Gefangenen und erbeuteten eine Menge Vieh, auf das die Barbaren sehr begierig sind.

Die Beute reizte sie nun, weiter vorzudringen. Kein Sumpf noch Wald hielt dies Volk auf, das unter Waffen und Streifzügen aufgewachsen war. Bei der Anfrage, wo Caesar stände, erfuhren sie von den Gefangenen, er sei weitergezogen, sein ganzes Heer aber entfernt. Da setzte einer der Gefangenen hinzu: »Was lauft ihr einer so elenden, armseligen Beute nach, da sich euch jetzt das größte Glück darbietet? In drei Stunden seid ihr in Atuatuca, wo das ganze römische Heer all sein Gepäck zusammengebracht hat. Die Bewachung dort ist so schwach, dass sie nicht einmal den Wall besetzen kann, und niemand es wagt, die Verschanzungen zu verlassen!«

[36] Durch diese Hoffnung verlockt, versteckten die Germanen ihre bisher aufgebrachte Beute und gingen unter Anführung des Eburonen, der ihnen diese Nachricht gegeben hatte, auf Atuatuca los. Cicero hatte diese Tage hindurch seine Truppen nach Caesars Befehl mit größter Sorgfalt im Lager zusammengehalten und nicht einmal einen Trossknecht vor die Verschanzungen gehen lassen. Allein am siebenten Tag zweifelte er, ob Caesar sich genau an die festgesetzte Zeit halten werde; denn den

Nachrichten zufolge war er weiter vorgerückt, und von seinem Rückzug hatte man noch nichts gehört. Dazu kam noch das Murren seiner Truppen: Sein geduldiges Sitzen hinter den Verschanzungen sei fast gleich einer Belagerung, wenn man aus dem Lager nicht heraus dürfe. Bei den neun vor ihm stehenden Legionen und der so zahlreichen Reiterei, bei der Versprengung und fast gänzlichen Vernichtung der ganzen feindlichen Macht besorgte er in einem Bezirk von drei Meilen keinen Unfall für seine Truppen und schickte daher fünf Kohorten aus, um von den Saatfeldern in der Nähe Getreide zu holen; zwischen diesem und dem Lager war nur ein Hügel. Im Lager waren Kranke von den übrigen Legionen zurückgeblieben, von denen ungefähr dreihundert Wiederhergestellte unter einer Fahne mitgeschickt wurden. Auch ein starker Tross Knechte mit den vielen Pferden, die im Lager waren, folgte mit besonderer Erlaubnis nach.

[37] In diesem Augenblick erschienen zufällig die germanischen Reiter und wollten, so wie sie angesprengt kamen, durch das Haupttor ins Lager einbrechen. Man hatte sie der vorliegenden Wälder wegen nicht eher als vor dem Lager wahrgenommen, sodass die Marketender in den Zelten vor dem Lagerwall nicht mehr flüchten konnten. Dieser neue Auftritt, so gegen alle Vermutungen, brachte unsere Leute ganz außer Fassung. Die Kohorte auf dem Posten vor dem Lagertor hielt mit knapper Not dem ersten Angriff stand. Die Feinde umschwärmten das ganze Lager, um einen Eingang zu finden. Nur mit Mühe behauptete man die Tore, denn auf den übrigen Seiten war der Ort für sich selbst mit seinen Werken Verteidigung genug. Alles im Lager bebte, einer wollte von dem anderen die Ursache des Lärmens wissen, niemand traf Vorkehrungen, wo man sich sammeln und welche Posten ein jeder besetzen sollte. Hier schrie man: Das Lager ist schon erobert; dort behauptete man: Heer und Feldherr seien vernichtet und die Barbaren jetzt als Sieger da. Der größte Teil hielt den Ort selbst für verhängnisvoll und hatte die Niederlage des Cotta und Titurius vor Augen, die fast in derselben Schanze hier gefallen waren. Durch diese allgemeine Bestürzung wurde der Feind in dem Glauben bestärkt, das Lager sei nach der Aussage der Gefangenen ohne Bewachung. Sie suchten also durchzubrechen und ermahnten einander selbst, ihr so großes Glück nicht aus den Händen zu lassen.

[38] Im römischen Lager war Publius Sextius Baculus erster Hauptmann bei Caesar, den wir schon in den vorhergehenden Kriegen erwähnt haben,

krank bei der Bewachung zurückgeblieben und hatte seit fünf Tagen keine Nahrung zu sich genommen. Ohne Hoffnung auf seine und aller Rettung kam er wehrlos aus dem Zelt und sah das Vordringen und die äußerste Gefahr. Er nahm sogleich von dem am nächsten stehenden Soldaten eine Waffe und trat unter das Tor. Die Hauptleute der Kohorte dort schlossen sich ihm an und hielten mit ihm den Feind eine kurze Zeit auf. Sextius wurde tödlich verwundet und sank ohnmächtig nieder. Mit Mühe schleppte man ihn auf die Seite und rettete seinen Körper. Indessen ermannten sich die übrigen Truppen doch so weit, dass sie sich trauten, die Schanzen zu besteigen und einen Schein von Gegenwehr zu zeigen.

[39] Inzwischen war man mit dem Einbringen des Futters zu Ende gekommen, und unsere Truppen hörten das Geschrei. Die Reiter sprengten herbei und sahen die große Gefahr. Hier fand sich aber keine Schanze vor, wohin man sich in der Bestürzung hätte flüchten können; es waren außerdem Rekruten ohne alle Kriegserfahrung. Sie richteten daher ihre Blicke auf die Tribunen und Centurionen und erwarteten von ihnen Befehle. Niemand aber hatte die Geistesgegenwart, durch diese ganz neue Lage nicht aus der Fassung zu kommen. Beim Anblick unserer Feldzeichen in der Ferne ließen die Barbaren vom Sturm ab und glaubten anfänglich, die Legionen, die nach der Aussage der Gefangenen weiter vorgerückt sein sollten, wären im Anzug; stürzten aber dann mit Verachtung des kleinen Häufchens von allen Seiten über sie her.

[40] Die Trossknechte liefen auf die nahen Hügel voraus, wurden aber sogleich wieder herabgejagt, unter die Fahnen und Manipeln geworfen und vermehrten so noch die Bestürzung unserer erschrockenen Truppen. Einige wollten, man solle, weil das Lager so nahe wäre, eine keilförmige Ordnung bilden und sich ohne Verzug durchschlagen; wenn auch in dem Gedränge ein Teil bleiben würde, so hofften sie doch sicher, der Rest könne sich retten. Andere wollten, man solle sich auf den Höhen aufstellen und hier das Schicksal miteinander teilen.

Damit waren aber die alten Soldaten nicht zufrieden, die nach unserem Bericht unter ihrer eigenen Fahne mitgezogen waren. Nach gegenseitiger Aufmunterung brachen sie daher unter der Anführung des römischen Ritters Caius Trebonius mitten durch die Feinde hindurch und erreichten das Lager ohne Verlust auch nur eines Mannes. Ihnen drängten sich die Trossknechte und Reiter mit gleicher Heftigkeit nach und wurden durch die Tapferkeit dieser Erfahrenen gerettet. Allein der Teil, der sich auf die Höhen gerettet hatte, bis jetzt noch ohne alle Kriegserfahrung, konnte sich weder bei dem Entschluss, sich von der Anhöhe zu verteidigen, behaupten, noch auch die kraftvolle und schnelle Bewegung, welche, wie sie selbst sahen, für die anderen von so gutem Erfolg war, nachahmen; sie zogen sich, in dem Bestreben, das Lager zu erreichen, in eine nachteilige Tiefe herab. Die Centurionen, deren einige wegen ihrer Tapferkeit von den unteren Stellen in anderen Legionen zu höherem Rang bei dieser versetzt waren, starben, um ihren alten Kriegsruhm nicht zu verlieren, nach einer heldenmäßigen Gegenwehr mit dem Schwert in der Faust. Durch deren Tapferkeit wurden die Feinde zurückgedrängt, und ein Teil unserer Truppen erreichte wider Vermuten unversehrt das Lager; die übrigen wurden von den Barbaren abgeschnitten und niedergehauen.

[41] Als die Germanen unsere Schanzen besetzt sahen, gaben sie die Hoffnung, sie zu erstürmen, auf und gingen mit der Beute, die sie in den Waldungen versteckt hatten, über den Rhein zurück. Auch nach ihrem Abzug noch war man so bestürzt, dass Caius Volusenus, der in der Nacht darauf mit der Vorhut von Reiterei im Lager ankam, keinen Glauben fand mit der Kunde, Caesar sei mit dem Heer wohlbehalten im Anzug. Die Furcht hatte alle so ganz befangen, dass man fast ohne alle Besinnung behauptete, nur die Reiterei habe sich aus der allgemeinen Niederlage des Heeres durch die Flucht gerettet, weil sonst ohne Vertilgung unseres Heeres die Germanen gewiss das Lager nicht angegriffen haben würden. Diese Furcht verlor sich endlich erst mit Caesars Ankunft.

[42] Vertraut mit den Wechselfällen des Krieges tadelte Caesar bei seiner Rückkehr nur, dass man die Kohorten habe aus ihrem Standort und den Verschanzungen ziehen lassen. Man hätte auch nicht dem geringsten Unfall Raum geben sollen. Er war überzeugt, dass man dem Glück bei der unvermuteten Ankunft des Feindes sehr viel zu danken habe, besonders weil man die Barbaren bereits aus den Lagertoren noch zurückgetrieben hatte. Das Sonderbarste bei dem ganzen Vorgang war, dass die Germanen, die in der Absicht über den Rhein gegangen waren, des Ambiorix Staaten auszuplündern, ihm bei ihrem Zug nach dem Lager der Römer den erwünschtesten Dienst geleistet hatten.

[43] Caesar brach nun nochmals auf, um die Feinde zu beunruhigen, und sandte zu diesem Zweck die ganze aus den benachbarten Staaten zusammengebrachte Menge nach allen Seiten hin aus. Alle Dörfer und

Wohnungen, die man erblickte, wurden eingeäschert, überall wurde geplündert; das Getreide war nicht allein von den vielen Menschen und Pferden aufgezehrt, sondern auch vom schlimmen Wetter und Platzregen zu Boden gedrückt worden, sodass, wenn sich einige auch gegenwärtig versteckt hatten, sie doch nach dem Abzug unserer Armee aus Mangel an Lebensbedürfnissen wahrscheinlich zugrunde gehen mussten.

Bei der Ausbreitung unserer zahlreichen Reiterei nach allen Gegenden kam man oft dahin, dass die Gefangenen behaupteten, sie hätten nicht nur soeben den Ambiorix auf der Flucht gesehen, sondern er könne noch nicht ganz aus ihren Augen fort sein, so dass die, welche dachten, sich bei Caesar in die höchste Gunst zu setzen, bei so sich zeigender Hoffnung, ihn zu erreichen, sich mit unbeschreiblicher Rastlosigkeit fast über ihre Kräfte anstrengten, und immer nur kurz, wie es schien, von diesem so sehnlichst gewünschten Glück entfernt blieben. Ambiorix aber verkroch sich in Schlupfwinkel, Gebüsche und Wälder und begab sich mit einer Bewachung von nicht mehr als vier Reitern, denen er sich allein anvertraute, unter dem Schutz der Nacht in entferntere Gegenden.

[44] Nach solcher Verheerung des ganzen Landes zog Caesar mit Verlust von zwei Kohorten nach Durocortorum [heute: Reims] im Remerland zurück. Hier stellte er auf dem Landtag, den er in Gallien einberufen hatte, eine Untersuchung über die Verschwörung der Senonen und Carnuten an. Acco, das Haupt derselben, wurde zum Tod verurteilt und nach der hergebrachten Art hingerichtet[63]. Einige flüchteten sich aus Furcht vor der Untersuchung und wurden für vogelfrei erklärt. Caesar verlegte hierauf zwei Legionen in das Trevererland, eben so viele in das lingonische Gebiet und die übrigen sechs nach Agedincum im Staate der Senonen, sorgte hierauf für den Getreidebedarf des Heeres und ging dann nach seiner Gewohnheit nach Oberitalien, um dort die Gerichtssitzungen zu halten.

---

[63] *... nach der hergebrachten Art hingerichtet:* Nach dieser grausamen Methode wurden die Verurteilten an einen Pfahl gebunden, der Kopf in ein gabelförmiges Brett gesteckt und zu Tode gepeitscht; dann erst erfolgte die Trennung des Kopfes vom Rumpf durch das Beil.

SIEBTES BUCH

Krieg mit Vercingetorix – a) Aufstand b) Avaricum, c) Gergovia, d) Alesia

[1] NACH NIEDERSCHLAGUNG DER UNRUHEN in Gallien begab sich Caesar seinem Plan gemäß nach Italien, um die Rechtspflege zu leiten. Hier bekam er die Nachricht von der Ermordung des Clodius wie auch von dem Senatsbeschluss, die ganze waffenfähige Mannschaft in Italien zu den Waffen zu rufen: Auch er hob demnach Truppen in der ganzen Statthalterschaft aus.

Die Nachrichten hiervon verbreiteten sich sogleich nach Gallien jenseits der Alpen. Die Gallier setzten nun selbst noch hinzu, was die Sache mit sich zu bringen schien, dass Caesar durch Unruhen in Rom aufgehalten werde. Bei solchem Zwiespalt könne er nicht zur Armee gehen. Da sie nun schon vorher mit Unwillen Roms Herrschaft ertrugen, so ließen sie sich durch diese Veranlassung reizen, wiederum freier und kühner an Krieg zu denken. Die Fürsten in Gallien hielten in Wäldern und entlegenen Winkeln unter sich Zusammenkünfte, beklagten Accos Tod, zeigten, wie dies Los auch sie treffen könne, bedauerten das gemeinschaftliche Schicksal der Staaten Galliens und forderten mit allen Versprechungen und um jeden Preis einen Staat auf, die Feindseligkeiten zu eröffnen und Galliens Freiheit mit eigener Gefahr wieder zu erringen.

Man müsse, sagten sie, vor allen Dingen darauf bedacht sein, Caesar vom Heer abzuschneiden, ehe ihre geheimen Pläne verraten würden. Das koste nicht viel Mühe, denn bei der Abwesenheit des Feldherrn hätten die Legionen nicht den Mut, ihr Winterlager zu verlassen, und ohne starke Bedeckung könne der Feldherr nicht zu den Legionen kommen; schließlich sei es ja auch besser, mit dem Schwert in der Faust zu sterben als den alten Kriegsruhm und die von ihren Vätern eroberte Freiheit niemals wieder zu erlangen.

[2] Am Schluss dieser Verhandlungen erboten sich die Carnuten, sich jeder Gefahr für das Wohl aller aufzuopfern, mit dem Versprechen, vor allem den Anfang mit Feindseligkeiten zu machen. Und weil man sich einander in dem Augenblick nicht durch Gewährsmänner gegen Verrat sichern könnte, so begehrten sie, man solle sich durch Vereinigung der

Feldzeichen – einer Sitte von größter Bedeutsamkeit bei ihnen – und durch Eid und Versprechen verbürgen, sie nach dem Ausbruch des Krieges nicht im Stich zu lassen. Die Carnuten erhielten dann allgemeine Lobsprüche, die ganze Versammlung schwor, setzte den Zeitpunkt zur Ausführung fest und ging darauf auseinander.

[3] An dem bestimmten Tag überfielen die Carnuten unter der Anführung des Cotuatus und Conconnetodumnus, zweier verzweifelter Menschen, auf das gegebene Zeichen Cenabum [heute: Orléans] und ermordeten alle römischen Bürger, die sich ihrer Handelsgeschäfte wegen da aufhielten. Darunter war auch ein achtbarer römischer Ritter, Caius Fufius Cita, dem Caesar die Aufsicht über das Getreidewesen übertragen hatte; ihre Güter wurden geplündert. Die Nachricht davon verbreitete sich schnell in allen gallischen Staaten, denn jeden wichtigen und besonderen Vorfall rufen die Gallier auf dem Feld und Land einander zu; der einzelne hört ihn dann und schreit ihn wieder den Nachbarn zu. So geschah es auch damals. Vom Überfall auf Cenabum bei Sonnenaufgang wusste man schon vor dem Ende der ersten Nachtwache in dem arvernischen Gebiet, hundertundsechzig Meilen ungefähr davon entfernt.

[4] Eben so rief Vercingetorix, Sohn des Celtillus, ein sehr mächtiger, junger Arverner, dessen Vater einst der erste Fürst in ganz Gallien gewesen, aber wegen seines Strebens nach unumschränkter Gewalt vom Staat hingerichtet wurde, seine Getreuen zusammen und verleitete sie ohne Mühe zum Aufstand. Bei Entdeckung seiner Absichten ergriff man die Waffen, und sein Oheim Gobannitio jagte ihn mit den übrigen Häuptlingen der Nation, welche das Glück auf diese Weise nicht auf die Probe stellen wollten, aus der Stadt Gergovia hinaus.

Trotzdem ließ er von seinem Vorhaben nicht ab, sondern sammelte sich aus dem Land eine Schar von armen verdorbenen Leuten, verführte auch noch andere Bürger aus seinem Staat zu seinem Plan, sprach ihnen zu, der allgemeinen Freiheit zuliebe die Waffen zu ergreifen und vertrieb zuletzt mit der starken Macht, die er aufgebracht hatte, seine Gegner, von denen er selbst kurz zuvor verjagt worden war, aus der Stadt. Seine Partei verlieh ihm den Titel ›König‹. Gesandte nach allen Orten hin mussten die Völker beschwören, treu zu bleiben, und so verflocht er in kurzer Zeit die Senonen, Parisier, Pictonen, Cadurcen, Turonen, Aulercer, Lemovicen, Anden und die Staaten an der See insgesamt in seine Pläne. Der Oberbefehl wurde ihm einstimmig übertragen. Sobald er sich in dem Besitz dieser

Macht sah, forderte er von allen Staaten Geiseln und befahl, ihm sogleich eine bestimmte Truppenzahl zu stellen. Dann setzte er jedem Volk fest, wie viele Waffen und bis zu welcher Zeit man sie in seinem Gebiet bereit halten sollte; vor allem warb er Reiterei. Mit der pünktlichsten Genauigkeit im Dienst verband er die äußerste Strenge. Unschlüssige zwang er durch die Schärfe der Strafen, große Verbrecher wurden mit Feuer und allen Arten von Martern hingerichtet, Geringere schickte er mit abgeschnittenen Ohren oder ausgestochenen Augen nach Hause, um den übrigen zur Warnung zu dienen und andere durch solche harte Bestrafungen zu schrecken.

[5] Mit solchen Mitteln brachte er bald ein Heer zusammen und schickte dann den Cadurcen Lucterius, einen außerordentlichen Wagehals, mit einer Abteilung in das Rutenergebiet. Er selbst brach gegen die Bituriger auf. Bei seinem Anmarsch baten diese durch eine Gesandtschaft die Haeduer, ihre Schutzherren, um Beistand, um so desto leichter gegen die feindliche Macht auszuhalten. Die Haeduer schickten, nach dem Rat der Legaten, die Caesar bei dem Heer gelassen hatte, Hilfstruppen zu Pferd und zu Fuß nach dem biturigischen Land. Allein diese machten bei ihrer Ankunft am Ligerstrom, der Grenze zwischen den Biturigern und Haeduern, einige Tage Halt und kehrten dann, ohne den Übergang über den Fluss zu wagen, nach Hause zurück. Vor unseren Legaten gaben sie vor, sie seien aus Misstrauen gegen die Aufrichtigkeit der Bituriger zurückgegangen, da deren Absicht, ihren Nachrichten zufolge, gewesen sei, sie nach dem Übergang auf der einen Seite mit ihren eigenen Truppen, auf der anderen mit denen der Arverner einzuschließen. Ob in der Tat das, was man bei den Legaten vorgeschützt oder Treulosigkeit die wahre Ursache gewesen, will ich aus Mangel an zuverlässigen Quellen nicht entscheiden. Nach ihrem Abzug vereinigten sich in der Tat sogleich die Bituriger mit den Arvernern.

[6] Als Caesar in Italien hiervon Nachricht erhalten hatte und zugleich sah, dass durch den energischen Mut des Cneius Pompeius die Verhältnisse zu Rom bereits in geordnetere Bahnen liefen, begab er sich nach Gallien jenseits der Alpen. Bei seiner Ankunft fand er große Schwierigkeiten, zu seinen Truppen zu gelangen: Denn berief er die Legionen zu sich in die Provinz, so mussten sie, wie er wohl sah, sich ohne ihn an der Spitze auf dem Weg schlagen; machte er sich aber auf den Weg zu denselben, so durfte er wohl auch nicht einmal jenen Völkern trauen, bei denen man bis jetzt noch keine Empörung voraussah.

[7] Der Cadurce Lucterius brachte indessen auf seiner Sendung in das Rutenergebiet diesen Staat auf die Seite der Arverner. Von dort rückte er in das nitiobrogische und gabalische Land vor, empfing von beiden Völkern Geiseln und richtete nun mit der ganzen Menge von Truppen, die er zusammengebracht hatte, seinen Zug in unsere Provinz. Sein Vorhaben wurde Caesar gemeldet, und dieser glaubte daher, er müsse vor allen Dingen ihm in Narbo zuvorzukommen suchen. Sobald er hier angelangt war, beruhigte er die Besorgten, besetzte den Anteil der Provinz in dem rutenischen, das Gebiet der arecomischen Völkern, die tolosatischen Grenzen und die Gegend um Narbo, die dem Feind zunächst lag, und befahl einem Teil der Soldaten aus der Provinz, nebst der Ergänzungsmannschaft, die er mit sich aus Italien gebracht hatte, im Land der Helvier, an der Arverner Grenzen, zusammenzukommen.

[8] Durch diese Anstalten schon war Lucterius aufgehalten und zurückgedrängt, denn er fand es bedenklich, sich zwischen unsere Posten zu wagen. Caesar ging also in das helvische Gebiet. Das Cevennengebirge, das die Arverner und Helvier trennt, verhinderte zwar bei der strengen Jahreszeit damals mit tiefstem Schnee ein Vorrücken, allein Caesar öffnete sich dennoch durch Räumung des sechs Fuß hohen Schnees einen Weg und erreichte unter der größten Anstrengung seiner Truppen die Grenze der Arverner. Nach deren unvermuteter Überraschung, weil man sich hinter den Cevennen wie hinter einer Mauer sicher glaubte und in dieser Jahreszeit noch niemals ein einzelner Mensch hinüber gekommen war, ließ Caesar seine Reiterei sich so viel wie nur möglich ausbreiten und alles in den größten Schrecken setzen. Vercingetorix bekam hiervon durch Gerüchte und Boten Nachricht; alle Arverner drängten sich bestürzt um ihn und baten, ihnen zu helfen und sie vom Feind nicht ausplündern zu lassen, besonders da sich, wie er sähe, der ganze Krieg in ihr Land gezogen habe. Auf diese Bitten brach Vercingetorix aus dem biturigischen Gebiet gegen Arvernien hin auf.

[9] Allein Caesar hielt sich hier nur zwei Tage auf, weil er den Entschluss des Vercingetorix schon im Voraus vermutet hatte und verließ unter dem Vorwand, Ergänzungstruppen und Reiter aufzubringen, das Heer. Die Führung übertrug er dem jungen Brutus mit dem Befehl, die Reiterei überall, so weit wie möglich, herumstreifen zu lassen. Er würde sicher in drei Tagen wieder beim Heer sein. Nach diesen Befehlen ging Caesar, entgegen der Vermutung seiner Leute in möglichster Eile nach Vienna.

Hier nahm er eine neue Bewachung von Reitern, die er mehrere Tage früher schon dahin voraus geschickt hatte und eilte Tag und Nacht ununterbrochen fort durch das Haeduerland zu den zwei Legionen im Winterlager bei den Lingonen, um den Haeduern durch diese Geschwindigkeit zuvorzukommen, wenn sie vielleicht einen Anschlag auf seine Person beabsichtigten. Bei seiner Ankunft schickte er sogleich den übrigen Legionen Befehle zu und zog sie eher zusammen als die Arverner von seiner Annäherung Nachricht erhalten konnten. Bei dieser Kunde zog Vercingetorix mit seinem Heer wieder zu den Biturigern, um von da aus Gorgobina zu überfallen, die Stadt jener Boier, welche Caesar nach ihrer Niederlage im helvetischen Krieg dorthin verpflanzt und unter die Haeduer gestellt hatte.

[10] Diese Wendung der Dinge setzte Caesar bei seiner Planung in große Verlegenheit, da, falls man mit den Legionen den Rest des Winters an einem Ort stehen blieb, zu befürchten war, ganz Gallien werde, wenn die Schutzverwandten der Haeduer die Beute des Feindes würden, von ihm abfallen, weil sich seine Freunde niemals sichere Hilfe von ihm versprechen könnten. Rückte er dagegen vor der Zeit aus dem Winterlager, so sah er in der schwierigen Zufuhr eine Gefahr für das Proviantwesen. Endlich aber hielt er es doch für vorteilhafter, lieber allen Schwierigkeiten entgegenzutreten als einen solchen Schimpf auf sich zu laden und der Zuneigung seiner Freunde verlustig zu gehen. Er forderte also die Haeduer auf, für Proviant zu sorgen, und ließ den Boiern durch Boten seine nahe Ankunft melden, mit der Aufforderung, treu zu bleiben und den Angriff der Feinde festen Mutes auszuhalten. Dann ließ er zwei Legionen und das Gepäck des ganzen Heeres in Agedincum und eilte zu den Boiern.

[11] Am zweiten Tag bei der befestigten Senonenstadt Vellaunodunum [Stadt in der Nähe von Orléans] angekommen, begann er, diesen Ort zu belagern und schloss ihn innerhalb von zwei Tagen ein, um, wenn er keinen Feind im Rücken ließ, leichte Zufuhr der Lebensmittel zu haben. Als am dritten Tag eine Gesandtschaft der Belagerten ihre Unterwerfung erklärte, forderte Caesar Waffen und Pferde nebst sechshundert Geiseln und ließ den Legaten Caius Trebonius zurück, um dies alles in Ordnung zu bringen. Er selbst brach, um seinen Marsch zu beschleunigen, gegen Cenabum im carnutischen Land auf. Die Carnuter waren eben erst bei der Nachricht von der Belagerung Vellaunodunums, in der Hoffnung, der Ort

würde sich länger halten, beschäftigt, Truppen zu sammeln, um sie zur Besatzung nach Cenabum zu schicken. In zwei Märschen aber kam Caesar hier an, schlug vor der Stadt ein Lager auf und verschob aus Mangel an Zeit den Angriff auf den folgenden Tag. Die Soldaten mussten jedoch unterdessen die nötigen Vorbereitungen machen. Aus Besorgnis, die Einwohner möchten sich des nachts über die Brücke, die hier über den Fluss Liger geht, flüchten, ließ Caesar zwei Legionen unter Waffen stehen.

Kurz vor Mitternacht verließen die Cenaber in der Stille ihre Stadt und gingen über den Fluss. Caesar bekam sogleich durch seine Kundschafter Nachricht davon und ließ daher die Tore in Brand stecken, und die Legionen, die er hatte unter Waffen bleiben lassen, in die Stadt rücken. Sie wurde erobert, und alle ihre Bewohner, nur sehr wenige ausgenommen, fielen ihm lebendig in die Hände, weil Brücken und Straßen für die Menge der Flüchtigen zu eng waren. Der Ort wurde geplündert und eingeäschert, die Beute ganz den Soldaten überlassen. Hierauf ging Caesar über den Liger und rückte in das biturigische Gebiet vor.

[12] Bei der Nachricht von seinem Vorrücken hob Vercingetorix die Belagerung von Gorgobina auf und ging ihm entgegen. Caesar hatte indessen die Stadt Noviodunum im Biturigischen, die ihm im Weg lag, zu bestürmen angefangen. Es kamen Abgesandte aus dem Ort, um Verzeihung und Gnade für ihr Leben zu erbitten. Caesar, der, wie er seither die meisten Absichten durch seine Geschwindigkeit erreicht hatte, auch seinen gegenwärtigen Plan dadurch ausführen wollte, forderte Waffen, Pferde und Geiseln. Schon waren die Geiseln zum Teil gestellt und man noch mit den übrigen Anstalten beschäftigt, während einige Centurionen, die man mit etlichen Soldaten in die Stadt gesandt hatte, die Waffen und Pferde aufsuchten, als sich auf einmal feindliche Reiterei, die Vorhut des Vercingetorix, in der Ferne zeigte.

Bei ihrem Anblick und der Hoffnung auf Unterstützung ergriffen die Einwohner sogleich mit Geschrei die Waffen, schlossen die Tore und besetzten den Wall. Die Centurionen in der Stadt bemerkten aus dem Benehmen der Gallier, dass sie ihre Gesinnungen geändert hätten, bemächtigten sich daher mit dem Schwert in der Faust der Tore und zogen mit ihrer ganzen Mannschaft unbeschädigt zurück.

[13] Caesar ließ die Reiterei aus dem Lager rücken und das Gefecht anfangen, als aber die Unsrigen zurückgedrängt wurden, schickte er zu ihrer Unterstützung die vierhundert germanischen Reiter, die er von

Anfang an bei sich hatte. Dem Angriff dieser konnten die Gallier nicht widerstehen, sie wurden besiegt und zogen sich mit großem Verlust auf das Hauptheer zurück. Als diese Truppen über den Haufen geworfen wurden, gerieten die Einwohner abermals in Furcht, ergriffen die Unruhestifter unter dem Volk, schickten sie zu Caesar und unterwarfen sich. Caesar brach hierauf gegen Avaricum auf, die größte Stadt und Hauptfestung in dem fruchtbarsten Gau des Biturigergebiets, in der festen Hoffnung, mit dieser Stadt das ganze Land zu erobern.

[14] Nach so vielen Verlusten zu Vellaunodunum, Cenabum und Noviodunum, hielt Vercingetorix einen Kriegsrat und erklärte, man müsse den Krieg jetzt ganz anders als bisher führen. Das Hauptbestreben müsse sein, den Römern Futter und Nachschub abzuschneiden. Bei ihrem Überfluss an Reiterei und der Gunst der Jahreszeit ließe sich das leicht machen. Futter könne man noch nicht schneiden, die Feinde müssten es notgedrungen in Abteilungen aus den Gehöften holen, und die könne man dann Tag für Tag mit der Reiterei niederhauen. Ferner müsse man jetzt um der gemeinsamen Rettung willen alle privaten Interessen hinten anstellen, nach allen Richtungen von Boia an, Dörfer und Häuser, wohin sich die Römer wegen des Futters wenden könnten, niederbrennen; sie selbst hätten keinen Mangel zu befürchten, weil sie der Staat, indem der Krieg geführt würde, mit seinem Vorrat unterstützte.

Die Römer würden es entweder bei der Not an Lebensmitteln nicht aushalten oder sich mit großer Gefahr weit von ihrem Lager entfernen müssen. Es sei im Grunde dasselbe, sie zu erschlagen oder sie ihres Gerätes zu berauben, nach dessen Verlust sie ja den Krieg nicht fortsetzen könnten. Außerdem müsse man alle Städte, die nicht durch ihre Befestigung oder Lage vor Gefahr sicher wären, in Brand stecken, damit sie nicht ihren eigenen Leuten als Schlupfwinkel dienten, sich dem Krieg zu entziehen, oder für die Römer daständen, um im Überfluss Lebensmittel und Beute zu holen. Käme ihnen auch dies hart und bitter vor, so sei es doch erträglicher, als wenn Kinder und Weiber in die Sklaverei geschleppt und sie selbst ermordet würden, was ja nach dem Sieg der Römer unvermeidlich wäre.

[15] Dieser Vorschlag fand allgemeinen Beifall, und in einigen Tagen wurden über zwanzig Städte im Biturigischen in Brand gesteckt. Dasselbe geschah in den übrigen Staaten: Überall sah man rauchende Brandstätten. Freilich war das für jedermann sehr schmerzhaft, doch machte man sich

die tröstliche Hoffnung, nach dem Sieg, den man ja schon fast in Händen habe, ließe sich gewiss in kurzer Zeit der Schaden wieder ersetzen. Über Avaricum beratschlagte man in einer allgemeinen Volksversammlung, ob man den Ort auch anzünden oder behaupten solle. Die Bituriger warfen sich den versammelten Galliern zu Füßen, sie doch nicht zu zwingen, die schönste Stadt beinahe ganz Galliens, den Schutz und Stolz ihres Staates, mit eigenen Händen anzuzünden, mit der Versicherung, sie wollten sie bei ihrer natürlichen Lage leicht verteidigen, da sie ja außer einem einzigen und zwar sehr schmalen Zugang fast auf allen Seiten vom Fluss und den Sümpfen umgeben wäre. Man gewährte ihnen die Bitte. Vercingetorix war anfangs dagegen, doch willigte er ebenfalls zuletzt wegen ihres Flehens und aus Mitleid gegen das Volk ein. Eine hinreichende Besatzung für den Ort wurde auserlesen.

[16] Vercingetorix rückte in kleinen Märschen Caesar nach und nahm eine Stellung sechzehntausend Schritt von Avaricum zwischen Sümpfen und Waldungen. Hier empfing er stündlich durch treue Kundschafter Nachrichten von allen Vorgängen in der Stadt und gab seine Befehle. Er lauerte überall unseren Abteilungen auf, die Futter und Getreide beschafften, überfiel sie, wenn sie sich, was man ja nicht vermeiden konnte, zu weit zerstreut hatten und fügte uns so großen Schaden zu, obschon wir unsererseits alle möglichen Vorkehrungen trafen und zu unbestimmten Stunden sowie auf verschiedenen Wegen auszogen.

[17] Caesar hatte sein Lager auf der Seite der Stadt aufgeschlagen, wo zwischen dem Fluss und den Sümpfen ein enger Weg nach unserer obigen Erwähnung in die Stadt führte. Eine vollkommene Einschließung machte ihm die Lage des Orts unmöglich, daher traf er Anstalten zur Errichtung eines Dammes, von Laufgräben und zweier Türme. Die Boier und Haeduer erhielten Mahnungen über Mahnungen, Getreide herbeizuschaffen, allein die Unterstützung von den einen war, weil sie die Sache nicht betraf, gering, die der anderen beim Unvermögen ihres kleinen armen Staates mit ihrem Vorrat bald aufgezehrt. Bei der Armut der Boier, der Saumseligkeit der Haeduer und der Einäscherung der Wohnplätze trat also bei dem Heer eine außerordentliche Not an Lebensmitteln ein, sodass unsere Truppen mehrere Tage kein Brot hatten und sich nur mit dem Vieh aus den entlegenen Dörfern des äußersten Hungers erwehrten. Trotzdem entfuhr ihnen kein Wort, das die Würde des römischen Volks oder ihren alten Siegesruhm geschändet hätte. Ja, als Caesar eine Legion

nach der anderen bei den Arbeiten namentlich aufrief, und sich erbot, die Belagerung aufzuheben, wenn sie die Not zu hart fühlten, baten sie ihn einmütig, es doch nicht zu tun. Sie hätten nun unter seiner Führung mehrere Feldzüge so mitgemacht, dass sie überall Ehre gehabt und nichts unvollendet gelassen hätten. Die Aufhebung der angefangenen Belagerung aber würden sie als einen Schimpf ansehen, und lieber wollten sie alles Ungemach tragen, als den treulosen Meuchelmord der römischen Bürger zu Cenabum ungerächt lassen. Diese Vorstellungen mussten auf ihren Antrag die Centurionen und Tribunen bei Caesar wiederholen.

[18] Man näherte sich schon mit den Türmen der Stadtmauer, als Caesar von den Kriegsgefangenen hörte, Vercingetorix sei aus Mangel an Nachschub gegen Avaricum vorgerückt und habe sich selbst mit der Reiterei und den leichten Truppen, die zwischen den Reitern mitzukämpfen pflegten, in einen Hinterhalt gelegt, wohin wir seiner Meinung nach am folgenden Tag kommen würden, um Futter zu holen. Bei dieser Nachricht brach Caesar in der Stille um Mitternacht auf und kam frühmorgens vor das feindliche Lager. Caesars Vorrücken wurde sogleich dem Feind von seinen Spähern verraten. Man führte daher die Wagen und das Gepäck in dichtere Waldungen und stellte sich auf einer freien Anhöhe in Schlachtordnung. Caesar ließ auf diese Meldung hin die Truppen eilends ihr Gepäck zusammenwerfen und sich zur Schlacht rüsten.

[19] Die Anhöhe erhob sich von ihrem Fuß an sanft aufwärts und lag fast in der Mitte eines Sumpfes, der nicht über fünfzig Fuß breit, aber schwer und mühsam zu durchwaten war; die Brücken waren sämtlich abgebrochen. Mit Zuversicht auf ihre Stellung standen die Gallier in Abteilungen nach Nationen auf der Anhöhe und hatten alle Furten und Schleichpfade mit zuverlässiger Mannschaft besetzt, in der Absicht, wenn die Römer den Übergang erzwingen wollten, auf sie in den Sumpf von der Anhöhe herabzustürzen, sodass man bei der Betrachtung der Nähe ihres Standorts vermuten konnte, dass sie sich zu einer förmlichen Schlacht angeschickt hätten; wer aber die Schwierigkeiten erwog, fand, dass ihr ganzes Verhalten nur eitle Verstellung war.

Caesar erklärte seinen Soldaten, die mit Unwillen sahen, dass der Feind in so geringe Abstand ihren Anblick ertrage und das Zeichen zum Angriff verlangten, mit welchem Verlust und mit wie vieler Tapferer Tode man den Sieg erkaufen müsste; bei ihrer Bereitwilligkeit, alles für seinen Ruhm zu wagen, wäre es seinerseits äußerst ungerecht, wenn er ihr Leben seinem Vorteil opfern wollte. Als er so die Soldaten beruhigt hatte, ging er noch am selben Tag in das Lager zurück und setzte seine Anstalten zur Belagerung der Stadt fort.

[20] Nach der Rückkehr zum Hauptheer wurde Vercingetorix des Verrats beschuldigt, weil er näher gegen die Römer vorgerückt sei, mit der ganzen Reiterei sich entfernt, das so zahlreiche Heer ohne Führung gelassen habe und die Römer nach seinem Aufbruch so geschwind und zu einer so vorteilhaften Zeit angerückt seien. Alles das könne nicht zufällig und ohne Plan geschehen sein; er wolle gewiss lieber seine königliche Macht durch Caesars Gunst als von ihrer Gnade haben. Auf diese Beschuldigungen antwortete Vercingetorix: Aus Mangel an Futter sei er vorgerückt; sie selbst hätten ja dazu geraten. Die Stellung in der Nähe der Römer habe er wegen der vorteilhaften Lage des Ortes genommen, der sich durch seine eigene Festigkeit verteidige. Von der Reiterei habe man in den Sümpfen keinen Dienst erwarten dürfen, aber sehr brauchbar sei sie da gewesen, wohin er sie geführt habe. Den Oberbefehl habe er bei seinem Abzug absichtlich niemandem übertragen, damit sich dieser nicht durch die Kampflust der Truppen zu einer Schlacht verleiten ließe, nach der man sich allgemein aus mangelnder Ausdauer sehne, um nicht das Kriegsungemach länger zu ertragen. Wären die Römer zufällig gekommen, so müsse man dem Glück danken, dem Verräter aber, wenn sie durch Verrat herbeigerufen wären. Denn dadurch habe man ihre Schwäche von der Anhöhe sehen können und ihre Tapferkeit verachten gelernt, indem sie aus Furcht vor einer Schlacht sich so schimpflich in ihr Lager zurück-gezogen hätten. Von Caesar verlange er keine Gewalt durch Verrat, die er sich durch Siege verschaffen könne, den er nach seinem und aller Gallier Bewusstsein in den Händen habe. Ja, er gebe ihnen seine Macht zurück, wenn sie sich einbildeten, sie erwiesen ihm dadurch mehr Ehre als sie von ihm Vorteile empfingen. »Um euch zu überzeugen«, sagte er schließlich, »dass ich ohne Arglist spreche, so vernehmet die römischen Soldaten selbst.«

Man führte auf seinen Befehl Sklaven vor, die er einige Tage zuvor beim Futtersammeln aufgehoben und mit Hunger und Fesseln gemartert hatte. Die Antwort war ihnen schon in den Mund gelegt, die sie auf seine Fragen geben sollten. Sie sagten also aus, sie wären Legionssoldaten, hätten sich aus Hunger und Not aus dem Lager geschlichen, ob sie vielleicht Getreide oder Vieh auf dem Land finden möchten. Dieselbe

Not drücke das ganze römische Heer: Alles sei entkräftet und könne nicht länger die Anstrengungen im Dienst ertragen. Ihr Feldherr hätte daher die Aufhebung der Belagerung beschlossen, wenn er innerhalb drei Tagen nichts ausrichten würde. »Das habt ihr mir zu verdanken«, versetzte hierauf Vercingetorix, »den ihr für einen Verräter haltet, durch dessen Unternehmung ihr ein so starkes siegreiches Heer ohne euer Blut vom Hunger fast aufgerieben seht, der schon Vorkehrungen getroffen hat, dass ihm auf seiner schimpflichen Flucht kein Volk den Rückzug in sein Land gestattet.«

[21] Das ganze Heer jauchzte und erhob nach gallischer Gewohnheit ein Waffenklirren, was zu geschehen pflegt, wenn ein Vortrag Beifall findet. Vercingetorix, hieß es, sei der größte Feldherr, an seiner Redlichkeit dürfe man nicht zweifeln, besser könne der Krieg nicht geführt werden. Man beschloss hierauf, zehntausend Mann Verstärkung vom Kern des ganzen Heeres in die Stadt zu schicken und den Biturigern die allgemeine Wohlfahrt nicht allein zu überlassen, weil man wohl wusste, dass man ihnen, falls sie die Stadt behaupteten, den Sieg zu verdanken haben würde.

[22] Der außerordentlichen Anstrengung unserer Truppen arbeiteten die Gallier auf jede Art entgegen, wie denn die Nation äußerst sinnreich und geschickt ist, was sie nur sehen, nachzuahmen und selbst zu tun, was ihnen gezeigt wird. Denn unsere Mauerhaken fingen sie mit Schlingen auf, und hatten sie dieselben erst festgefasst, so zog man sie mit Zugwinden in die Stadt hinein. Den Erdwall stürzten sie durch Minen ein, und zwar um so geschickter, als sie viel in Eisengruben arbeiteten und alle Minenarten bei ihnen bekannt und gebräuchlich sind. Die ganze Mauer bebauten sie von allen Seiten mit Brettertürmen und überzogen diese mit Häuten. Dann steckten sie durch häufige Ausfälle bei Nacht wie bei Tag unseren Wall in Brand oder überfielen unsere Soldaten bei der Arbeit. In dem Maß, wie sich unsere Türme durch täglichen Erdauswurf erhoben, vergrößerten sie auch die Höhe ihrer Türme durch angefügte Stämme und erschwerten das Fortrücken der offenen Laufgräben und ihre Annäherung an die Mauern mit angebrannten zugespitzten Balken, heißem Pech und ungeheuren Steinen.

[23] Alle gallischen Mauern sind ungefähr folgendermaßen gebaut: Zuerst werden gerade Balken in ununterbrochener Ordnung der Länge nach und in gleichen Entfernungen, nämlich immer zwei Fuß von einander, in den Boden gelegt, untereinander verklammert und mit viel

Schutt zugedämmt, die Zwischenräume aber, die wir angeführt haben, mit großen Steinen an der Außenseite ausgefüllt. Sind nun die Balken so gelegt und ausgefüllt, so wird auf ihnen eine zweite Lage mit denselben Zwischenräumen angefangen, doch so, dass die Balken nicht auf Balken liegen, sondern in gleichen Räumen abwechseln und immer durch dazwischen eingesetzte Steine geschlossen sind. So wird das Werk fortgeführt, bis die Mauer ihre gehörige Höhe erreicht hat. Eine solche Mauer ist dem Aussehen und ihrer Mannigfaltigkeit nach bei den gerade fortlaufenden Lagen von abwechselnden Balken und Steinen für das Auge nicht hässlich, sodann verschafft sie auch den Städten ungemeinen Vorteil und Schutz, denn durch die Steine ist sie gegen Feuer und durch das Holz gegen Mauerbrecher geschützt, das sich bei der Verbindung durch Querbalken von vierzig Fuß gewöhnlich aus einem Stück weder durchbrechen noch wegreißen lässt.

[24] Alle die Schwierigkeiten dieser Belagerung bei der fortdauernden Behinderung der Truppen durch Frost und ununterbrochene Regengüsse besiegten dennoch unsere Soldaten durch anhaltende Anstrengung und brachten innerhalb fünfundzwanzig Tagen einen Erdaufwurf von dreihundert Fuß in der Breite und achtzig in der Höhe zustande. Derselbe hatte fast die Höhe der Mauer erreicht, und Caesar brachte seiner Gewohnheit nach die Nacht bei den Arbeitern zu, um die Soldaten zur Arbeit ohne Unterlass aufzumuntern, als man ein wenig vor Mitternacht den Aufwurf rauchen sah, den der Feind durch eine Mine in Brand gesteckt hatte. Gleichzeitig erhob sich ein Geschrei auf den Stadtmauern und ein Ausfall geschah durch zwei Tore zunächst an den beiden Seiten der Türme. So schleuderte man auch vom Wall in der Ferne Pechkränze und dürres Holzwerk auf den Belagerungsdamm oder schüttete Pech und andere Brennstoffe darauf, sodass man nicht wusste, wo man zuerst hinlaufen oder helfen sollte.

Weil jedoch nach Caesars Anordnung immer zwei Legionen vor dem Lager auf Wache standen, mehrere andere zur bestimmten Ablösung an der Arbeit waren, so kam es sehr schnell, dass einige sich den Ausfällen entgegenwarfen, andere die Türme zurückzogen und den Wall durchschnitten, das ganze Lager aber zum Löschen herbeieilte.

[25] Der Tag war angebrochen, ohne dass die Schlacht an einem Punkt nachgelassen hatte. Die Hoffnung auf Sieg erneuerte sich beim Feind mit jedem Augenblick und zwar um so mehr, als, da die Holzwände an

unseren Türmen abgebrannt waren, man nicht sobald jemand von den Römern außerhalb der Laufgräben zur Hilfe herbeikommen sah, dagegen auf ihrer Seite immer frisches Volk die Ermüdeten ablöste und man überhaupt glaubte, Galliens allgemeine Wohlfahrt hänge von dem gegenwärtigen Augenblick ab. Hier ereignete sich vor unseren Augen ein Auftritt, den wir seiner Merkwürdigkeit halber nicht übergehen wollen. Vor dem Stadttor warf ein Gallier Pech und Talgkugeln, die immer von Hand zu Hand weiter gereicht wurden, einem unserer Türme gegenüber in das Feuer; dieser wurde mit einem Skorpion[64] durch die rechte Seite geschossen und stürzte tot zu Boden. Sein Nachbar sprang an die Stelle der Leiche und übernahm dessen Aufgabe. Derselbe wurde eben so von einem Skorpion getötet, an seine Stelle trat der dritte, der vierte und so wurde der Ort immer von den Belagerten besetzt, bis unser Wall gelöscht, der Feind allgemein zurückgedrängt und das Gefecht beendet war.

[26] Als den Galliern bei allen ihren Versuchen nichts geglückt war, fassten sie am folgenden Tag auf das Anraten und Befehl des Vercingetorix den Entschluss, die Stadt zu verlassen. Dieses Vorhaben wollten sie in stiller Nacht ausführen in der Hoffnung, es ohne großen Verlust zustandezubringen, teils weil Vercingetorix sein Lager in der Nähe hatte, teils weil ein dazwischen liegender ausgedehnter Sumpf die Römer beim Nachsetzen aufhielt. Schon traf man in der Nacht Anstalten hierzu, als auf einmal die Weiber auf die Straßen liefen und kniefällig mit Tränen in den Augen auf das Inständigste baten, sie und ihre gemeinschaftlichen Kinder, da sie doch wegen ihrer Schwäche nicht mit entfliehen könnten, nicht den Feinden zum Martern zu überlassen. Als sie die Männer auf ihrem Entschluss beharren sahen, weil Furcht in der äußersten Gefahr kein Mitleid fühlt, so heulten sie zusammen und verrieten dadurch den Römern die Fluchtpläne. Die Gallier gaben daher ihr Vorhaben auf aus Furcht, die römische Reiterei möchte ihnen den Weg abschneiden.

[27] Tags darauf, als Caesar einen Turm vorgeschoben und allen Belagerungswerken, die er begonnen, ihre Richtung gegen die Stadt gegeben hatte, fiel ein starker Platzregen, und er glaubte, das Wetter sei nicht ungeeignet, etwas zu wagen. Die Posten auf dem Wall waren, wie er sah, etwas nachlässig besetzt, er ließ daher auch seine Leute die Arbeit schläfrig betreiben und teilte ihnen Befehle mit. Hierauf hielt er an die

---

[64] *Skorpion:* Schleuder, die übergroße Pfeile verschoss

Legionen, die innerhalb der bedeckten Wege unbemerkt unter den Waffen standen, eine Anrede des Inhalts, endlich den Siegeslohn für ihre ausgestandenen Strapazen zu ernten und setzte Preise für die aus, welche zuerst den Wall ersteigen würden; dann gab er das Zeichen zum Angriff. Seine Truppen stürmten plötzlich von allen Seiten hervor und besetzten in kurzer Zeit die Mauer.

[28] Bei diesem unvermuteten Überfall gerieten die Feinde in Schrecken, wurden von den Türmen und dem Stadtwall hinuntergejagt und stellten sich auf dem Markt und den offenen Plätzen in keilförmiger Ordnung auf, in der Absicht, jeden Angriff, von welcher Seite man auch anrücken würde, in gerüsteter Schlachtordnung abzuschlagen. Als sie aber wahrnahmen, man rücke nicht auf die Stadtebene herunter, sondern umstelle sie auf der Mauer von allen Seiten, so warfen sie aus Furcht, ganz abgeschnitten zu werden, die Waffen weg und liefen ohne Aufenthalt in die entferntesten Teile der Stadt. Hier wurden sie teils durch unser Fußvolk bei dem Gedränge durch die engen Tore, teils vor den Toren von der Reiterei erschlagen. Niemand dachte an Beute. In der Erbitterung über die Ermordung der römischen Bürger zu Cenabum und wegen der Anstrengungen bei dieser Belagerung verschonten unsere Soldaten weder Greise noch Weiber und Kinder.

Von der ganzen Mannschaft, die noch an die vierzigtausend Köpfe stark war, kamen kaum achthundert, die bei dem ersten Lärm aus der Stadt entronnen waren, unbeschädigt zu Vercingetorix. Aus Furcht, durch ihre Ankunft und das Mitleid mit ihnen möchte ein Aufstand unter den Soldaten entstehen, ließ Vercingetorix diese Flüchtlinge durch seine in der Entfernung ausgestellten Vertrauten und die Fürsten auf dem Weg spät in der Nacht heimlich auffangen, verteilen und jeden nach dem Ort des Lagers führen, der seiner Nation gleich anfangs zugeteilt worden war.

[29] Am Tag darauf versammelte Vercingetorix seine Truppen und sprach ihnen Trost und Mut zu, sie möchten nicht über ihren Verlust zu kleinmütig oder bestürzt werden. Die Römer hätten nicht durch Tapferkeit oder im Feld gesiegt, sondern durch eine Kriegslist und ihre Geschicklichkeit in der Belagerungskunde, worin sie selbst noch zurück wären; man irre, wenn man im Krieg nur lauter Glück erwarte. Avaricums Verteidigung habe nie in seinem Plan gelegen, dessen seien sie selbst Zeugen. Diesen Verlust habe man nur durch den Unverstand der Bituriger und die zu große Nachgiebigkeit der übrigen erlitten. Doch er wolle

ihn in Kürze durch größere Vorteile wieder gutmachen, denn durch seine Tätigkeit würde er die anderen Staaten Galliens, die sich noch nicht zu ihnen geschlagen hätten, in den Bund ziehen und ganz Gallien zu gemeinschaftlichem Vorgehen vereinigen, ein Bündnis, dem bei seiner Einstimmigkeit die ganze Welt nicht widerstehen könnte. Dies sei schon jetzt beinahe so gut wie geschehen. Indessen sei es ihrerseits billig, sich aus Liebe für die allgemeine Wohlfahrt nicht verdrießen zu lassen, das Lager in der Folge zu verschanzen, um desto leichter die unvermuteten Angriffe des Feindes aushalten zu können.

[30] Mit Vergnügen hörten die Gallier diese Rede, besonders weil Vercingetorix nach einem so großen Verlust den Mut nicht verloren und sich nicht versteckt oder den Augen des Volks entzogen hatte. Man glaubte, er sähe mit durchdringenderem Blicke in die Zukunft, weil er noch vor dem Unfall Avaricum zuerst eingeäschert, in der Folge aber geräumt habe. Während also das Ansehen anderer Feldherrn im Unglück sich mindert, so nahm es im Gegenteil bei diesem durch erlittene Unfälle von Tag zu Tag zu. Man machte sich sogleich nach seiner Aussage Hoffnung auf den Beitritt der übrigen Staaten. Von dieser Zeit erst fingen die Gallier an, ihre Lager zu verschanzen, und dieses sonst an keine Anstrengung gewöhnte Volk war so bestürzt, dass es sich gegen keinen Befehl zu sträuben oder aufzulehnen wagte.

[31] Vercingetorix war unterdessen seinem Versprechen gemäß bemüht, die übrigen Staaten mit sich zu vereinigen und lockte deren Häuptlinge durch Geschenke und Verheißungen auf seine Seite. Hierzu bediente er sich geschickter Unterhändler, durch deren verschmitzte Reden und einnehmendes Wesen man sehr leicht irre geführt werden konnte. Was bei der Einnahme von Avaricum entkommen war, ließ er bewaffnen und kleiden; um die geschwächte Armee zu ergänzen, setzte er zugleich für die Staaten eine bestimmte Anzahl Truppen sowie den Tag ihrer Stellung im Lager fest. Alle Bogenschützen, deren es überaus viele in Gallien gab, mussten ausgehoben und zu ihm geschickt werden. So wurde in kurzer Zeit der Verlust zu Avaricum ersetzt. Indessen stieß auch der König der Nitiobroger Teutomatus, Sohn des Ollovico, dessen Vater von unserem Senat den Ehrennamen ›Freund‹ erhalten hatte, mit einer starken Abteilung teils eigener Reiter, teils angeworbener Reiter aus Aquitanien zu ihm.

[32] Caesar dagegen blieb eine Zeit lang in Avaricum stehen und ließ seine Truppen sich bei dem ungeheuren Vorrat an Lebensmitteln und

anderen Versorgungsgütern, den er hier gefunden hatte, von allem Mühsal und Mangel erholen. Der Winter war indessen fast vorüber, und die Jahreszeit lud ein, den Feldzug zu eröffnen. Er beschloss daher, gegen den Feind aufzubrechen, ihn entweder aus den Sümpfen und Wäldern herauszulocken oder darin einzuschließen.

Da aber kamen edle Haeduer als Gesandte zu ihm mit der Bitte, im gegenwärtigen dringenden Augenblick ihrem Staat zur Hilfe zu kommen. Sie wären in der bedenklichsten Lage, weil sie nun zwei Häuptlinge hätten, und jeder behauptete, er sei gesetzmäßig gewählt worden, während doch von alters her gewöhnlich nur ein Häuptling erwählt würde und die königliche Gewalt ein Jahr lang besäße. Der eine derselben sei Convictolitavis, ein blühender junger Adliger, der andere heiße Cotus und stamme aus einer sehr alten Familie, ein Mann von großem Einfluss und ausgedehnter Verwandtschaft, dessen Bruder Valetiacus im verflossenen Jahr dieselbe Würde bekleidet habe. Der ganze Staat stände unter den Waffen, Senat und Volk sei im Anhang der beiden geteilt. Würde diese Zwietracht länger unterhalten, so würde notwendig ein Teil des Staates mit dem anderen in Streit geraten, ein Unheil, dem Caesar durch seine Tätigkeit und sein Ansehen vorbeugen könne.

[33] Caesar hielt zwar selbst seine Entfernung vom Kriegsschauplatz und vom Feind für nachteilig, doch kannte er auch die schädlichen Folgen, welche gewöhnlich mit solchen Uneinigkeiten verknüpft sind, und hielt es daher für gut, schleunige Vorkehrungen zu treffen, dass nicht ein so mächtiger, so eng mit Rom verbündeter Staat, dessen Wohlstand er immer befördert, und den er in jeder Hinsicht blühend gemacht habe, zu Gewalttätigkeiten mit den Waffen schreiten und etwa dann die schwächere Partei den Vercingetorix zum Beistand rufen möchte. Der erste Staatsbeamte durfte aber nach den Gesetzen der Haeduer nicht aus dem Land gehen, somit entschloss sich Caesar selbst zu einer Reise in das Haeduergebiet, um auch den Schein eines Eingriffs in ihre Rechte und Gesetze zu vermeiden und beschied den ganzen Senat mit den streitigen Parteien zu sich nach Decetia [Décize, an der Loire]. Bei der Zusammenkunft beinahe des ganzen Haeduervolkes wurde Caesar überzeugt, Cotus sei von einigen wenigen und heimlich Berufenen nicht an dem rechtmäßigen Ort und nicht zur gesetzmäßigen Zeit gewählt worden, sodass also eigentlich der eine Bruder den anderen ausgerufen habe, während doch nach den Gesetzen zwei Lebende aus einer Familie nicht zu gleicher Zeit Senatoren

sein, viel weniger zur höchsten Gewalt gewählt werden dürften. Er nötigte daher den Cotus, seine Herrschaft niederzulegen; Convictolitavis aber, der von den Priestern während der beamtenlosen Zeit erwählt worden war, erhielt durch seinen Ausspruch die Regierungsgewalt.

[34] Nach dieser Entscheidung ermahnte Caesar die Haeduer, alle Streitigkeiten und allen Zwist zu vergessen, sich mit Vermeidung aller Auftritte dieser Art nur mit dem gegenwärtigen Krieg zu beschäftigen und die verdienten Belohnungen nach Galliens Unterwerfung von ihm zu erwarten. Dann befahl ihnen Caesar, ihm ihre ganze Reiterei und zehntausend Mann zu Fuß ohne Verzug zu schicken, um sie zur Deckung seiner Zufuhren zu gebrauchen. Hierauf teilte er seine Truppen in zwei Teile: Vier Legionen schickte er mit Labienus in das Gebiet der Senoner und Parisier und zog mit sechs Legionen längs des Flusses Elaver in das arvernische Gebiet gegen die Stadt Gergovia hin. Einen Teil der Reiterei behielt er bei sich, den anderen gab er dem Labienus. Auf diese Nachricht hin ließ Vercingetorix alle Brücken über diesen Fluss abbrechen und marschierte ihm auf der anderen Seite des Flusses entgegen.

[35] Beide Heere standen einander im Angesicht und lagerten fast gegenüber. Vercingetorix hatte Wachen aufgestellt, damit die Römer nicht irgendwo auf einer schnell geschlagenen Brücke hinübergehen möchten. Caesar geriet dadurch in die große Verlegenheit, den größten Teil des Sommers hindurch vom Fluss aufgehalten zu werden, weil man selten vor dem Herbst den Elaver durchwaten kann. Diesem vorzubeugen schlug Caesar gegenüber einer Brücke, die Vercingetorix hatte abbrechen lassen, in einem Gebüsch ein Lager und hielt sich den folgenden Tag hindurch mit zwei Legionen verborgen, die übrigen Truppen aber ließ er mit dem vollständigen Gepäck, ganz wie gewöhnlich, ausrücken, nachdem er immer die vierte Kohorte zurückbehalten hatte, damit dennoch die Zahl der Legionen vollständig erschiene. Die Legionen mussten nach seinem Befehl, so weit sie konnten, aufwärts ziehen.

Als Caesar aus der Tageszeit mutmaßte, sie hätten ihr Nachtlager erreicht, ließ er die Brücke auf den Pfeilern, deren untere Teile unbeschädigt geblieben waren, wieder herstellen. Der Bau wurde beschleunigt, die Legionen hinübergeführt und ein passender Ort zum Lager gewählt, worauf Caesar die übrigen Legionen zurückrief. Vercingetorix gewann bei der Nachricht hiervon durch starke Märsche, um sich nicht gegen seinen Willen schlagen zu müssen, einen Vorsprung.

[36] Caesar kam in fünf Märschen von diesem Ort vor Gergovia an und hatte an demselben Tag noch ein kleines Reitergefecht. Beim Anblick der Stadt, der bei ihrer Lage auf einem sehr hohen Berg nirgends leicht beizukommen war, gab Caesar die Hoffnung auf, sie erstürmen zu können, und beschloss zugleich, die Belagerung derselben nicht eher anzufangen, bis er für den Unterhalt seiner Truppen gesorgt hätte. Vercingetorix schlug indessen vor der Stadt ein Lager auf dem Berg auf und stellte die Völker jedes Staates in mäßigen Entfernungen gesondert auf; und da alle Anhöhen des Bergrückens von der Seite, die wir sehen konnten, besetzt waren, so gewährte dies einen furchtbaren Anblick.

Die Häuptlinge der Staaten, die er zu seinen Kriegsräten erwählt hatte, mussten sich Tag für Tag bei ihm einfinden, für den Fall, dass ihnen etwas mitzuteilen oder aufzutragen wäre. Fast täglich machte er in Reitergefechten mit Bogenschützen Versuche am Mut und der Tapferkeit jedes Volkes. Gegenüber der Stadt lag hart am Fuß des Gebirges ein vortrefflich befestigter und auf allen Seiten schroffer Hügel; waren wir Herren dieses Platzes, so schien der Feind größtenteils von der Versorgung mit Wasser und Futter abgeschnitten. Da dieser Hügel nur schwach besetzt war, brach Caesar in der Stille der Nacht aus dem Lager auf, warf die Bewachung, ehe man ihr aus der Stadt zu Hilfe kommen konnte, den Berg hinunter und nahm so den Ort ein; er besetzte ihn dann mit zwei Legionen und zog einen Doppelgraben, jeden von zwölf Fuß, aus dem großen Lager in das kleine, damit selbst einzelne Soldaten beim Hin- und Hergehen vor unvermuteten Überfällen sicher wären.

[37] Während dieser Vorgänge bei Gergovia bestachen die Arverner den Haeduer Convictolitavis, dem Caesar nach der früheren Erzählung die höchste Staatsstelle zugesprochen hatte. Er verband sich mit einigen jungen Männern, unter denen Litaviccus und seine Brüder, junge Adlige aus einem erlauchten, einflussreichen Haus. Mit diesen teilte er die Geschenke und redete ihnen zu: nicht zu vergessen, dass sie freie Männer und zur Herrschaft geboren seien. Durch die Haeduer allein nur würde der entschiedene Sieg Galliens noch aufgehalten; ihr Einfluss sei ein Zaum für die übrigen, träten diese aber den Galliern bei, so müssten die Römer das Land räumen. Er habe wohl einige Verbindlichkeiten gegen Caesar, doch habe er weiter nichts erhalten als das, wozu er das größte Recht gehabt. Doch noch mehr Wert lege er auf die allgemeine Freiheit, denn warum sollten eher die Haeduer bei Caesar

um Entscheidung über ihre Rechte und Staatsgesetze einkommen als die Römer bei den Haeduern?

Durch diese Rede des ersten Staatsbeamten sowie durch Bestechung wurden sogleich die jungen Leute auf seine Seite gebracht und erboten sich sogar, die Hauptrolle bei dem Unternehmen zu spielen. Allein man bezweifelte, den Staat so leicht zu Feindseligkeiten verleiten zu können und beratschlagte über die Ausführung dieses Planes. Endlich wurde man einig, Litaviccus solle den Oberbefehl über die zehntausend Mann, die man zu Caesar schicken wollte, erhalten und sie ihm selbst zuführen, seine Brüder aber sollten vorausgehen. Auch wurde des Weiteren verabredet, wie alles ausgeführt werden sollte.

[38] Litaviccus übernahm den Oberbefehl. Dreißig Millien ungefähr von Gergovia rief er plötzlich die Soldaten zusammen und sprach unter Tränen: »Soldaten! Wohin marschieren wir? Unsere ganze Reiterei, unser gesamter Adel ist ermordet. Die ersten Männer unseres Staates, Eporedorix und Viridomarus, wurden von den Römern unter Beschuldigung eines Verrats, ohne jede weitere Untersuchung, hingerichtet. Hört den Vorgang aus dem Mund jener, die mitten aus dem Blutbad entflohen sind; denn bei dem Verlust meiner Brüder und meiner ganzen Verwandtschaft kann ich selbst ihn vor Schmerz nicht erzählen.« Hierauf ließ er Leute auftreten, die von ihm schon zuvor über ihre Aussagen unterrichtet waren, und diese erzählten vor dem Heer ausführlich, was Litaviccus bereits gesagt hatte, dass die Reiterei der Haeduer insgesamt erschlagen worden sei, weil man sich in eine Verbindung mit den Arvernern eingelassen haben solle. Sie hätten sich unter den Haufen der Soldaten versteckt und wären nur so aus dem Gewürge entflohen.

Die Haeduer schrien nun und baten: Litaviccus solle ihnen doch raten. Er aber sprach: »Als ob wir noch bei solchen Umständen eines Rates bedürften und nicht sofort nach Gergovia aufbrechen müssten, um uns mit den Arvernern zu vereinigen! Meinen wir etwa noch, dass die Römer nach diesem Verbrechen nicht herbeieilen werden, um auch uns niederzumetzeln? Lasst uns also, wenn unser Mut nicht ganz erschlafft ist, den Tod unserer so schändlich umgebrachten Landsleute rächen und diese Mörder niedermachen.« Hierbei zeigte er auf die römischen Bürger, die im Vertrauen auf diese Bewachung mitgezogen waren. Sogleich ließ er ihnen eine Menge Getreide und Lebensmittel wegnehmen und sie selbst unter grausamen Martern ermorden, schickte dann Boten überall im haeduischen Gebiet umher, verbreitete alles durch die Lüge von der Ermordung der Reiter und Adligen und ermahnte, die erlittenen Misshandlungen nach seinem Beispiel zu rächen.

[39] Unter der Reiterei befand sich der Haeduer Eporedorix, ein junger Mann von hohem Adel und sehr großem Ansehen in seinem Staat sowie Viridomarus, der ihm an Jahren und Ansehen gleich, aber von geringerer Herkunft war. Caesar hatte ihn von Diviciacus in seine Dienste genommen und aus niederem Stand zum höchsten Rang erhoben. Diese Männer waren von ihm ausdrücklich zum Feldzug aufgefordert worden. Beide wetteiferten miteinander um den Vorrang, und in der angeführten Streitigkeit über die höchste Gewalt verwendete sich der eine aus allen Kräften für Convictolitavis, der andere für Cotus. Einer derselben, nämlich Eporedorix, erhielt Nachricht vom Plan des Litaviccus und hinterbrachte es etwa um Mitternacht Caesar mit der Bitte, zu verhüten, dass ihr Staat durch die verdorbenen Anschläge junger Leute von der Freundschaft mit Rom abfalle, was, wie er voraussehe, geschehen würde, wenn so viele Tausende zum Feind übergingen, deren Schicksal weder ihre Verwandten gleichgültig ansehen noch auch der Staat selbst geringschätzen könne.

[40] Diese Nachricht setzte Caesar in große Betrübnis, weil er von jeher den Staat der Haeduer mit besonderer Milde behandelt hatte. Er brach also ohne Zaudern mit vier Legionen ohne Gepäck und mit der ganzen Reiterei auf. Das Lager konnte man unter solchen Umständen, aus Mangel an Zeit, nicht enger zusammenziehen, weil alles von der schnellen Ausführung seines Planes abhing. Zur Verteidigung des Lagers ließ er seinen Legaten Quintus Fabius mit zwei Legionen zurück. Als er sich zuvor noch der Brüder des Litaviccus bemächtigen wollte, hörte er, dass sie vor wenigen Augenblicken zum Feind entflohen seien. Caesar ermahnte seine Soldaten, sich zu diesem kritischen Zeitpunkt von einem lästigen Marsch nicht verdrießen zu lassen. Alles war voll Eifer.

Nach einem Marsch von fünfundzwanzig Millien stieß er auf den Heerhaufen der Haeduer. Die Reiterei musste auf seinen Befehl anrücken, hielt den Feind auf und zwang ihn, Halt zu machen; doch durfte niemand dabei getötet werden. Den Eporedorix und Viridomarus, die nach dem Glauben der Haeduer tot sein sollten, ließ Caesar mit der Reiterei vorrücken und ihren Landsleuten zurufen. Als die Haeduer diese sahen und die Betrügereien des Litaviccus erkannten, streckten sie ihre Hände aus und gaben so zu verstehen, dass sie sich unterwürfen, warfen ihre Waffen weg und baten um ihr Leben. Litaviccus selbst flüchtete sich mit seinen Schutzgenossen, die nach gallischer Sitte auch in der äußersten Not ihren Schutzherrn nicht verlassen dürfen, nach Gergovia.

[41] Caesar schickte sogleich durch Boten die Nachricht an den Staat der Haeduer: Nach dem Kriegsrecht habe er zwar ihre Truppen dürfen niederhauen lassen, aber er begnadige sie in seiner Güte. Nach einer Rast von drei Stunden zur Nachtruhe brach er nach Gergovia auf; auf halbem Weg ungefähr kamen reitende Boten von Fabius mit der Anzeige, wie gefährlich dessen Lage gewesen sei; es sei ein Gesamtangriff auf das Lager geschehen, der Feind habe seine ermüdeten Truppen öfter mit frischen Soldaten abgelöst, und unsere Leute, die wegen der Größe des Lagers sich nicht von dem Wall hätten entfernen dürfen, durch die ununterbrochene Anstrengung ermattet. Bei dem Hagel von Pfeilen und Wurfwaffen jeder Art seien viele verwundet worden. Das schwere Geschütz [Katapulte, Wurfmaschinen] habe viel dazu beigetragen, dass sie sich gehalten. Bei der Boten Abgang seien auf des Fabius Befehl alle Tore, bis auf zwei, verrammelt, Brustwehren am Wall angebracht und Vorbereitungen zu denselben Auftritten für den nächsten Tag gemacht worden. Durch die außerordentlichen Anstrengungen der Truppen auf diese Nachricht hin erreichte Caesar noch vor Sonnenaufgang das Lager.

[42] Während dieser Ereignisse bei Gergovia ließen sich die Haeduer auf die erste Botschaft von Litaviccus, ohne sich nur Zeit zur Untersuchung zu nehmen, einige von Geiz, andere von Rachsucht und einem dieser Nation eigentümlichen Leichtsinn verleiten, eine ungeprüfte Nachricht für ausgemachte Wahrheit zu halten. Man plünderte die römischen Bürger, mordete und schleppte sie in die Sklaverei. Convictolitavis besonders gab der Sache den Ausschlag und brachte den Pöbel so in Wut, dass er eine Tat verübte, die eine Rückkehr zur Vernunft unmöglich machte. Man ließ nämlich den Marcus Aristius, einen Kriegstribun, der sich zu seiner Legion begeben wollte, mit der Zusage eines sicheren Geleits aus Cavillonum ziehen und dasselbe mussten die römischen Bürger tun, die sich ihrer Geschäfte wegen dort aufhielten. Auf dem Weg überfiel man sie dann plötzlich und nahm ihnen ihr Gepäck ab, sie selbst wurden, als sie sich zur Wehr setzten, Tag und Nacht umzingelt gehalten, und nach einem starken Verlust auf beiden Seiten wurde noch mehr Volk unter die Waffen gebracht.

[43] Indessen lief die Nachricht ein, dass alle ihre Soldaten sich in Caesars Gewalt befänden. Nun eilte man zu Aristius und erklärte ihm: Der Staat habe an diesem ganzen Unfug keinen Anteil gehabt. Man stellte jetzt Untersuchungen über die Plünderungen an, zog des Litaviccus und seiner Brüder Vermögen ein und schickte eine Gesandtschaft an Caesar, um sich von jedem Vorwurf zu reinigen. Dies geschah jedoch nur, um ihre Leute aus Caesars Händen zu bringen; denn in das Verbrechen einmal mit verwickelt und gelockt durch den Vorteil von den geraubten Gütern (eine Sache, bei der ja so viele mitgemacht hatten), und endlich auch geschreckt durch die Furcht vor Strafe, machte man in der Tat im Stillen Pläne zum Krieg und wiegelte auch die übrigen Staaten durch Gesandtschaften auf. Dies alles wusste Caesar, trotzdem sprach er auf das Huldreichste so mit den Gesandten: »Unverstand und Leichtsinn des Pöbels stimme seine gute Gesinnung über ihren Staat nicht um und vermindere nicht seine Gewogenheit gegenüber den Haeduern.«

Aus Besorgnis, der Aufstand in Gallien würde noch weiter um sich greifen, überlegte Caesar nun, wie er, um nicht von allen gallischen Staaten eingeschlossen zu werden, von Gergovia wegziehen und wieder seine ganze Macht vereinigen könnte, ohne dass sein Abzug wirke, als habe er Furcht vor einem allgemeinen Aufstand und so den Anschein einer Flucht gewänne.

[44] Mitten in dieser Überlegung glaubte Caesar, eine günstige Gelegenheit zu einem glücklichen Schlag erhalten zu haben. Bei seiner Anwesenheit in dem kleineren Lager, um hier die Arbeiten zu besichtigen, fand er den Hügel, der vom Feind besetzt war, ohne Truppen, obschon er an den vorhergehenden Tagen dicht mit Truppen besetzt war. Das kam ihm sonderbar vor, und er erkundigte sich deshalb bei den Überläufern, die täglich zahlreich ankamen, nach der Ursache. Ihre Aussagen stimmten darin überein, der Rücken des Hügels sei, was Caesar auch schon durch seine Späher wusste, ganz flach, aber buschig und schmal auf dem Weg nach der gegenüberliegenden Stadtseite zu. Wegen dieses Orts sei man sehr besorgt und glaube, nach der Übernahme des einen Hügels durch die Römer würde man, wenn man auch diesen verlöre, fast ganz eingeschlossen und gänzlich von der Flucht und der Versorgung mit Futter abgeschnitten sein. Vercingetorix habe deswegen das ganze Lager zur Verschanzung dieses Postens abberufen.

[45] Infolge dieser Nachricht schickte Caesar mehrere Reiterhaufen um Mitternacht an diesen Ort mit dem Befehl, lärmend überall umherzustreifen. Mit Tagesanbruch ließ er Tross und Maultiere in großer Anzahl vor das Lager führen, diesen ihre Tragsättel abnehmen, und die Maultiertreiber mit Helmen wie Reiter die Hügel umreiten. Einige Reiter wurde ihnen zugesellt, die sich, um ihnen das Aussehen einer Reiterei zu geben, weit ausbreiten musste. Alle hatten den Befehl, sich auf einem großen Umweg an denselben Punkt zu wenden. Das sah man in der Ferne aus der Stadt, da man von Gergovia eine Aussicht auf das Lager hatte, doch der großen Entfernung wegen konnte man nichts genau unterscheiden. Eine Legion musste nach demselben Hügel aufbrechen, die Caesar nach einem kurzen Vorrücken an dessen Fuß aufstellte und in dem Gehölz verbarg. Das bestärkte die Gallier in ihrer Ansicht, und ihre ganze Macht zog sich jetzt zu den Schanzarbeiten dahin.

Als Caesar so das Lager entblößt sah, ließ er seine Völker einzeln mit bedeckter Waffenzierrat und verborgenen Feldzeichen (um nicht aus der Stadt gesehen zu werden) aus dem Hauptlager in das kleinere gehen und teilte den Legaten, welchen er die einzelnen Legionen anvertraut hatte, ihre Befehle mit. Vor allen Dingen schärfte er ihnen ein, die Truppen beisammen zu halten, damit sie sich nicht aus Kampflust oder aus Hoffnung auf Beute zu weit hinreißen ließen. Er stellte ihnen die Schwierigkeiten bei dem unbequemen Boden vor, die man nur durch Schnelligkeit beseitigen könne; nur der günstige Zeitpunkt, nicht ein Aufeinandertreffen könne hier entscheiden. Nach diesen Erklärungen gab er das Zeichen zum Vorrücken und ließ zu gleicher Zeit auf der rechten Seite durch einen anderen Weg die Haeduer bergan ziehen.

[46] Von der Ebene und dem Fuß des Hügels hatte man in gerader Linie ohne Umweg bis an die Stadtmauer zwölfhundert Schritte; so viel man nun umging, um das steile Aufsteigen zu mildern, so viel verlängerte sich natürlich auch der Weg. In der Mitte des Hügels ungefähr hatten die Gallier eine sechs Fuß hohe Mauer von großen Steinen längs des Berges, soweit es der gebirgige Boden erlaubte, vorgebaut, um unseren Angriff zu erschweren. Unter dieser Schanze war ein Hügel unbesetzt, über der Schanze standen bis an die Stadtmauer Lager an Lager. Auf das gegebene Zeichen kamen die Truppen ohne Verzug an diese Schanze, erstiegen sie und eroberten drei Lager. Die Wegnahme derselben geschah in solcher Geschwindigkeit, dass Teutomatus, der Nitiobrogerfürst, unvermutet bei

seiner Mittagsruhe in dem Zelt überrascht wurde und kaum noch mit entblößtem Oberleib auf einem verwundeten Pferd den Händen der plündernden Soldaten entfliehen konnte.

[47] Caesar hatte also seine Absicht erreicht und ließ zum Rückzug blasen. Die zehnte Legion, zu der er selbst gesprochen hatte, machte sogleich Halt; allein die übrigen Legionen hörten wegen des ziemlich großen Tales, das dazwischen lag, den Schall der Tuba nicht, doch wurden sie von den Tribunen und Legaten zurückgehalten. Allein hingerissen von der Hoffnung auf schnellen Sieg durch die Flucht der Feinde und das Waffenglück in der vorhergegangenen Zeit, glaubten sie, nichts sei für ihre Tapferkeit zu schwer. Sie setzten daher dem Feinde bis an die Mauer und die Stadttore nach.

Da erhob sich hierauf ein Geschrei in allen Teilen der Stadt. Das Volk in den entfernten Stadtteilen stürzten vor Schrecken wegen des plötzlichen Lärms zum Ort hinaus in dem Glauben, die Feinde seien schon eingedrungen. Die Frauen warfen, mit bloßer Brust über die Stadtmauer liegend, den Soldaten Kleider und Silber zu und baten die Römer mit ausgebreiteten Armen um Gnade: Man solle sich doch nicht, wie zu Avaricum, an Weibern und Kindern vergreifen. Einige ließen sich an den Händen die Mauer hinunter und warfen sich den Soldaten in die Arme. Lucius Fabius, ein Centurio von der achten Legion, der, angefeuert durch Caesars Belohnungen bei Avaricum, nach zuverlässigen Nachrichten an diesem Tag seinen Soldaten erklärt hatte: vor ihm dürfe keiner auf die Stadtmauer kommen, ließ sich von drei Soldaten seiner Manipel in die Höhe heben und erstieg die Mauer; dann reichte er einem nach dem anderen die Hand und zog sie so ebenfalls hinauf.

[48] Indessen eilten die Truppen, die sich nach unserer Erzählung zu der Schanzarbeit an der anderen Stadtseite versammelt hatten, auf das erste Geschrei, dann auch durch die wiederholte Nachricht, die Stadt sei in den Händen der Römer, angespornt herbei, die Reiter ihnen voraus. Sobald sie ankamen, stellten sie sich an der Mauer auf und verstärkten so die Gegenwehr. Als sich nun viel Truppen versammelt hatten, beschworen die gallischen Weiber, die kurz zuvor den Römern von der Mauer ihre Arme entgegengestreckt hatten, ihre Landsleute, zeigten nach gallischer Sitte ihr fliegendes Haar und führten ihre Kinder vor. Die Römer hatten wegen des Bodens sowie auch der Übermacht des Feindes wegen einen bösen Stand, und überdies durch Laufen und anhaltendes Gefecht abgemattet, hielten sie es nicht leicht gegen frische unermüdete Truppen aus.

[49] Beim Anblick unseres nachteiligen Standorts und der anwachsenden Macht der Feinde geriet Caesar seiner Leute wegen in große Sorgen und schickte dem Legaten Titus Sextius, den er zur Deckung des kleinen Lagers zurückgelassen hatte, den Befehl, mit seinen Kohorten eilends aus dem Lager aufzubrechen und sich an den Fuß des Hügels gegen die rechte Seite des Feindes hin aufzustellen, um, falls er unsere Truppen zurückgedrängt sähe, ihm die Verfolgung zu erschweren. Caesar selbst rückte mit seiner Legion etwas weiter vor und erwartete hier den Ausgang der Schlacht.

[50] Während des hitzigsten Handgemenges, als die Feinde sich auf Standort und Übermacht, unsere Truppen aber auf ihre Tapferkeit verließen, kamen die Haeduer, die Caesar auf einem anderen Weg rechts bergauf geschickt hatte, um die Feinde auseinanderzudrängen, plötzlich auf der rechten Seite der Unsrigen zum Vorschein. Diese setzten unsere Leute durch ähnliche Bewaffnung in großen Schrecken; man sah zwar an ihnen das Zeichen der unterworfenen Völker, die bloße rechte Schulter, allein eben dadurch glaubten unsere Truppen, man wolle sie täuschen. Zur gleichen Zeit wurde der Centurio Lucius Fabius und die mit ihm die Mauer erstiegen hatten, übermannt, niedergemacht und über die Mauer hinuntergeworfen.

Marcus Petreius, ein Centurio von derselben Legion, wollte die Tore aufsprengen, als der Völkerschwarm auf ihn losstürzte und, weil er bei seinen vielen Wunden an seiner Rettung verzweifelte, so rief er den Leuten seines Manipels, die ihm gefolgt waren, zu: »Mit euch kann ich mich zugleich nicht retten. Ich will also wenigstens für eure Erhaltung sorgen, da ich euch aus Ruhmsucht in Gefahr gebracht habe. Rettet euch, wohin ihr könnt!« Sogleich brach er mitten durch die Feinde, streckte zwei zu Boden und drängte die übrigen etwas von dem Tor zurück. Seinen Leuten, die ihn unterstützen wollten, rief er zu: »Eure Mühe um mich ist vergebens, schon schwinden mir Blut und Kräfte. Macht euch also fort, jetzt, da ihr noch könnt, und begebt euch zu der Legion.« So fiel er mit dem Schwert in der Faust und rettete die Seinen.

[51] Jetzt wurden die Unseren an allen Punkten zurückgedrängt und mit Verlust von sechsundvierzig Hauptleuten von unserem Standort verdrängt, die Gallier setzten übermütig nach, wurden aber von der zehnten Legion, die zur Unterstützung einen etwas vorteilhafteren Punkt besetzt hatte, aufgehalten. An ihre Stelle traten sodann die Kohorten der

dreizehnten Legion, die mit dem Legaten Titus Sextius aus dem kleinen Lager auf eine Anhöhe vorgerückt waren. So wie unsere Truppen die Ebene erreichten, stellten sie sich sogleich wieder gegen den Feind auf. Vercingetorix zog sich vom Fuß des Berges in seine Verschanzungen zurück. Dieser Tag kostete uns beinahe siebenhundert Mann.

[52] Tags darauf ließ Caesar seine Truppen zusammenkommen und tadelte ihre Verwegenheit und Hitze, dass sie eigenmächtig gehandelt hätten und trotz des Zeichens zum Rückzug vorwärts gerückt wären, ohne sich von den Tribunen und Legaten zurückhalten zu lassen. Er zeigte ihnen, wie viel die ungünstige Lage eines Ortes entscheide, und wie er dies selbst empfunden hätte, als er bei Avaricum die Feinde ohne Anführer und ohne Reiterei überrascht und dennoch einen zweifellosen Sieg sich habe aus den Händen gehen lassen, um sie wegen des nachteiligen Schlachtfeldes auch einem geringen Verlust im Gefecht nicht auszusetzen. So sehr er ihre Geistesgegenwart bewundere, dass sie sich nicht durch das verschanzte Lager, nicht durch den hohen Berg, nicht durch die Stadtmauer hätten aufhalten lassen, eben so tadle er ihre Unbescheidenheit und Anmaßung, sich besser als der Feldherr auf Siege und den Ausgang der Schlachten verstehen zu wollen. Er verlange von einem Soldaten Tapferkeit und hohen Mut, aber eben so auch Bescheidenheit und Gehorsam.

[53] Diese Rede an die versammelten Truppen schloss Caesar mit einer Aufmunterung an die Soldaten, deswegen nicht kleinmütig zu werden noch das, was man durch den nachteiligen Ort gelitten habe, der Tapferkeit des Feindes zuzuschreiben, und weil er seinen früher gefassten Entschluss, von Gergovia abzuziehen, noch nicht aufgegeben hatte. So rückte er mit den Legionen aus und stellte sich an einem geeigneten Platz in Schlachtordnung auf. Vercingetorix aber blieb auf seiner Anhöhe. Caesar ging deshalb nach einem kleinen Reitergefecht, das für ihn glücklich ausgefallen war, in das Lager zurück. Dasselbe geschah auch am folgenden Tag. Nun glaubte er, er habe genug getan, den Hochmut der Gallier zu demütigen und den Mut der Seinen zu stärken und brach gegen das haeduische Gebiet auf. Als jener ihm auch jetzt nicht einmal nachrückte, stellte Caesar die Brücke über den Elaver her und ging mit dem Heer hinüber.

[54] Hier verlangten die Haeduer Viridomarus und Eporedorix mit Caesar zu sprechen und meldeten ihm, Litaviccus sei mit der ganzen Reiterei auf dem Marsch, um die Haeduer aufzuwiegeln; sie müssten

deshalb vorausgehen, um den Staat in seiner Treue zu bestärken. Caesar hatte schon viele überzeugende Beweise von der Treulosigkeit der Haeduer und glaubte, deren Empörung würde durch die Entfernung dieser Männer beschleunigt werden. Doch wollte er sie nicht aufhalten, um nicht den Eindruck zu erwecken, er tue ihnen Unrecht an oder habe Furcht. Beim Abschied stellte er ihnen kurz seine Verdienste um die Haeduer vor: in welcher Lage und wie herabgewürdigt er sie angetroffen habe, zurückgedrängt in die Städte, beraubt ihrer Feldmarken, verlustig ihres Heeres, zinsbar durch abgepresste Geiseln und ganz entehrt – zu welchem Wohlstand hingegen, zu welcher Größe er sie dann erst gebracht, sodass sie nicht allein wieder in ihre alten Verhältnisse gekommen wären, sondern auch, wie man sehe, mehr Ansehen und Achtung als je erlangt hätten. Mit diesen Aufträgen entließ er sie.

[55] Caesar hatte nach Noviodunum, einer Stadt der Haeduer, in einer vorteilhaften Lage am Liger, alle Geiseln aus Gallien, den Getreidevorrat, die Kriegskasse und größtenteils sein und des Heeres Feldgepäck bringen lassen, dazu auch eine große Anzahl Pferde, die für diesen Krieg in Italien und Hispanien angekauft waren. Nach des Eporedorix und Viridomarus Ankunft erfuhren sie Nachrichten vom Zustand in ihrem Staat: dass nämlich Litaviccus von den Haeduern in Bibracte, einer der angesehensten Städte ihres Landes, aufgenommen sei, dass das Staatsoberhaupt Convictolitavis mit einem großen Teil des Senats zu ihm gekommen sei, und dass man im Namen des Staats Gesandte zu Vercingetorix geschickt habe, um Frieden und Freundschaft mit ihm abzuschließen, wollten diese einen so günstigen Augenblick nicht ungenutzt lassen.

Sie ließen daher die Bewachung zu Noviodunum mit allen römischen Kaufleuten und Reisenden, die da waren, niederhauen und teilten Geld und Pferde miteinander. Die Geiseln wurden nach Bibracte zum Staatsoberhaupt geschickt, der Ort, weil man nicht glaubte, ihn behaupten zu können, in Brand gesteckt, damit die Römer keinen Vorteil von ihm hätten; das Getreide wurde, so weit das in der Eile möglich, auf Schiffen fortgeführt, der Rest aber in den Fluss geschüttet oder verbrannt. Sie selbst zogen aus den benachbarten Gegenden Truppen an sich, besetzten mit Posten und Wachen die Ufer des Liger und ließen, um Schrecken einzujagen, Reiterei nach allen Seiten streifen, um vielleicht den Römern die Lebensmittel oder diese durch Versorgungsschwierigkeiten selbst aus der Provinz zu vertreiben. Hierbei kam ihnen nicht wenig zustatten, dass der

Liger durch das Schneewasser so angeschwollen war, dass ein Übergang völlig unmöglich schien.

[56] Als Caesar davon unterrichtet war, beschloss er, seinen Marsch zu beschleunigen, um, wenn er etwa beim Legen der Brücken ein Aufeinandertreffen wagen müsste, eher zu schlagen, bevor der Feind sich verstärkt habe, denn um jetzt sich nach der Provinz zu wenden, was nunmehr jeder für unumgänglich notwendig ansah, davon hielten ihn teils das Schimpfliche und Unwürdige der Sache selbst, teils das dazwischen liegende Gebirge der Cevennen und die Schwierigkeiten des Weges ab; besonders aber der Umstand, dass er für Labienus und die Legionen, die er mit ihm nach Agedincum hatte ziehen lassen, in der größten Besorgnis war. Er erreichte also in langen Märschen bei Tag und Nacht gegen jedermanns Vermuten den Liger, ließ durch seine Reiter eine Furt suchen, die wenigstens für diese dringenden Umstände geeignet genug war, da Schultern und Arme der Soldaten außer Wasser blieben, stellte dann seine Reiterei, um die Gewalt des Stroms zu brechen, in den Fluss und ging glücklich mit dem Heer hinüber, nachdem gleich beim ersten Anblick der Feind in Unordnung geraten war. Das Heer wurde reichlich mit Getreide von den Feldern und dem vielen Vieh, das er hier vorfand, versehen und Caesar trat den Marsch in das Senonergebiet an.

[57] Während dieser Austritte mit Caesar ließ Labienus die Ergänzungsmannschaft, die er vor Kurzem aus Italien erhalten hatte, zur Bewachung des Gepäcks in Agedincum zurück und ging mit vier Legionen auf Lutetia los. Dieser Ort gehört den Parisiern und liegt auf einer Insel der Seine. Auf die Nachricht vom Anmarsch des Labienus zog sich eine bedeutende Streitmacht aus den nächsten Staaten zusammen. Der Oberbefehl wurde dem Aulercer Camulogenus aufgetragen, den man, seiner außerordentlichen Kriegskenntnisse wegen, bei seinem hohen Alter zu dieser Würde berufen hatte. Als er wahrnahm, dass der Sumpf, der seinen Ausfluss in die Seine hat, ununterbrochen weitergehe und den Durchzug durch die ganze Gegend sehr beschwerlich mache, setzte er sich hier fest und machte uns den Übergang streitig.

[58] Labienus versuchte anfangs, Sturmdächer herüberzurücken, den Sumpf mit Reisigbündeln und Schutt aufzufüllen und sich einen Weg zu bahnen. Als er aber die zu großen Schwierigkeiten dabei erkannte, verließ er mit der dritten Nachtwache in der Stille das Lager und ging auf dem

Weg, auf dem er gekommen war, nach Metlosedum[65]. Der Ort ist senonisch und liegt, wie wir auch soeben bei Lutetia bemerkt haben, auf einer Insel der Seine. Hier fielen dem Labienus ungefähr fünfzig Schiffe in die Hände, die er sogleich zusammenjochte, mit Soldaten besetzte und sich dann, zum Schrecken der Feinde über einen so unerwarteten Überfall, ohne Schwertstreich zum Herrn der Stadt machte, deren Bewohner größtenteils zum Krieg aufgeboten waren. Nachdem hierauf die Brücke, die der Feind in den früheren Tagen abgebrochen hatte, hergestellt war, ging er mit dem Heer darüber und zog längs des Flusses nach Lutetia. Auf die Nachricht hiervon durch die Flüchtlinge aus Metlosedum ließen die Feinde Lutetia in Brand stecken und die Brücken dieser Stadt zerstören. Sie zogen sich dann vom Sumpf weg und lagerten sich an dem Ufer der Seine, auf der anderen Seite von Lutetia, dem Lager des Labienus gegenüber.

[59] Es hieß bereits, Caesar habe Gergovia verlassen. Schon verbreiteten sich Gerüchte vom Abfall der Haeduer und dem gelungenen Aufstand der Gallier. Die Gallier behaupteten sogar in ihren Gesprächen, man habe dem Caesar den Übergang über den Liger abgeschnitten, und er habe sich aus Mangel an Lebensmitteln nach der Provinz gewendet. Auf die Nachricht von der Empörung im Haeduischen boten die Bellovacer, die an und für sich es schon früher nicht aufrichtig meinten, Truppen auf und machten öffentliche Zurüstungen zum Krieg. Bei diesen so veränderten Verhältnissen in Gallien sah Labienus wohl ein, er müsse nun einen ganz anderen Plan befolgen, als er sich bis dahin gemacht hatte.

An Eroberungen und Schlachten mit den Feinden dachte er jetzt nicht mehr, sondern nur daran, wie er sein Heer ohne Anstoß nach Agedincum zurückbrächte; denn einerseits drangen die Bellovacer, die im größten Ruf der Tapferkeit bei den Galliern stehen, vor, andererseits drohte Camulogenus mit einem gerüsteten, wohlgeordneten Heer. Überdies trennte ein breiter Strom seine Legion von der Besatzung und dem Gepäck. In dieser misslichen Lage, in die er unvermutet versetzt war, sah Labienus kein anderes Rettungsmittel als Tapferkeit.

[60] In einem Kriegsrat, den er gegen Abend hatte berufen lassen, schärfte er demnach ein, pünktlich und sorgfältig seine Befehle zu vollstrecken und verteilte unter einzelne römische Ritter die Schiffe, die er von Metlosedum weggeführt hatte, mit dem Befehl, am Ende der ersten

---

[65] *Metlosedum:* Stadt Melun, 50 Kilometer südöstlich von Paris

Nachtwache in der Stille viertausend Schritt flussabwärts zu fahren und ihn da zu erwarten. Fünf Kohorten, die er für zu schwach in der Schlacht hielt, mussten zur Bewachung des Lagers zurückbleiben, die fünf übrigen von derselben Legion aber nebst dem ganzen Tross der Armee um Mitternacht mit großem Geräusch flussaufwärts marschieren. Auch ließ er Kähne aussuchen und sie mit großem Lärm ihnen nachfahren. Eine kurze Zeit darauf brach er selbst mit drei Legionen in der Stille nach dem Ort auf, wo dem gegebenen Befehl gemäß die Schiffe landen mussten.

[61] Nach seiner Ankunft wurden die feindlichen Wachen, die am ganzen Ufer aufgestellt waren, bei einem plötzlich entstandenen Ungewitter von uns überrascht. Das Fußvolk und die Reiterei setzten unter Leitung der römischen Ritter über, denen dies Geschäft übertragen war. Gegen Tagesanbruch hörten die Feinde fast zur gleichen Zeit, man vernehme im römischen Lager einen ungewöhnlichen Lärm, ein großer Heerhaufen fahre Flussaufwärts, und man höre da das Plätschern von Rudern, auch würden etwas weiter unten Truppen übergesetzt. Durch diese Nachrichten gerieten die Feinde in den Glauben, die Legionen gingen an drei Orten über den Fluss, und machten in der Bestürzung wegen des Abfalls der Haeduer Anstalten zu einem allgemeinen Abzug. Sie teilten daher auch ihre Truppen in drei Haufen. Einer blieb zur Deckung dem römischen Lager gegenüber stehen, eine schwache Abteilung wurde gegen Metlosedum geschickt mit dem Befehl, eben so weit wie die Schiffe vorwärts zu rücken. Der Rest marschierte auf Labienus los.

[62] Mit Tagesanbruch stand unser ganzes Heer jenseits des Flusses und sah den Feind vor sich in Schlachtordnung. Labienus sprach seinen Truppen zu, ihrer alten Tapferkeit und der vielen so glücklichen Schlachten eingedenk zu sein, sich Caesar, unter dessen Befehlen sie so oft gesiegt hätten, als gegenwärtig vorzustellen, und gab darauf das Zeichen zur Schlacht. Schon beim ersten Angriff warf man die Feinde auf dem rechten Flügel zurück, wo die siebte Legion stand, und trieb sie in die Flucht. Auf dem linken Flügel, dem Standort der zwölften Legion, wurden zwar die Vorderglieder der Feinde durch die Wurfspieße zu Boden gestreckt, dessen ungeachtet leisteten aber die Übrigen den heftigsten Widerstand, und niemand machte Miene zur Flucht. Ihr Oberfeldherr Camulogenus war hier in Person gegenwärtig und munterte seine Leute auf. Die Schlacht war noch unentschieden, als die Tribunen von der siebten Legion, auf die Nachricht vom Zustand auf dem linken Flügel,

sich mit ihren Truppen im Rücken der Feinde zeigten und angreifen ließen. Aber auch da wich noch keiner vom Platz, sondern alle wurden eingeschlossen und erschlagen; Camulogenus hatte dasselbe Schicksal. Die Abteilung, die dem Lager des Labienus gegenüber zur Gegenwehr stehen geblieben war, kam auf die Nachricht von der Schlacht zur Unterstützung herbei und besetzte einen Hügel. Allein sie konnte dem Ansturm unserer siegenden Völker nicht widerstehen; die Flüchtigen wurden auf sie geworfen, und wer nicht in den Wäldern oder auf dem Gebirge Rettung gefunden hatte, von der Reiterei erschlagen. Nach dieser Arbeit ging Labienus wieder nach Agedincum, wo man das ganze Feldgerät zurückgelassen hatte, und stieß von da mit seinem ganzen Heer zu Caesar.

[63] Mit Verbreitung der Nachricht vom Abfall der Haeduer griff der Krieg noch weiter um sich. Diese schickten überall Gesandte umher und verwendeten sich mit ihrem ganzen Ansehen, mit all ihren Einfluss und Geld, um die Staaten aufzuwiegeln. Die Geiseln, die Caesar bei ihnen gelassen hatte, waren in ihren Händen, und mit deren Hinrichtung schreckten sie die Unschlüssigen. Den Vercingetorix ersuchten sie, zu ihnen zu kommen und ihnen seinen Plan für diesen Krieg mitzuteilen. Als das geschehen war, verlangten sie den Oberbefehl im Krieg. Da es darüber zu Streit kam, wurde ein allgemeiner Landtag Galliens zu Bibracte einberufen. Die Versammlung war sehr zahlreich. Man ließ die Mehrheit der Stimmen entscheiden, und alle wählten einstimmig Vercingetorix zum Feldherrn.

Auf diesem Landtag erschienen jedoch keine Remer, Lingonen und Treverer, jene wegen ihrer fortdauernden Freundschaft mit Rom, die Treverer aber wegen der Entfernung und ihrer Bedrängung durch die Germanen. Aus diesen Gründen nahmen sie auch keinen Anteil am ganzen Krieg und schickten keiner Partei Hilfstruppen. Mit großem Schmerz ertrugen die Haeduer den Entzug der Oberleitung. Sie beklagten den Wechsel des Schicksals und fühlten die fehlende milde Behandlung Caesars. Doch da der Schritt zu Feindseligkeiten einmal getan war, so getrauten sie sich nicht, sich von den anderen zu trennen; mit Unwillen nur folgten auch die hoffnungsvollen jungen Männer Eporedorix und Viridomarus dem Oberbefehl des Vercingetorix.

[64] Dieser setzte für die übrigen Staaten Geiseln fest und bestimmte den Tag zu deren Stellung. Die ganze Reiterei, fünfzehntausend Mann an der Zahl, ließ er ohne Verzug zu sich aufbieten. Was er bis jetzt an Fuß-

volk habe, sei, so sagte er, für ihn genug, denn er würde nichts Entscheidendes wagen und keine Hauptschlacht liefern. Bei seiner Übermacht an Reiterei könne er den Römern leicht Lebensmittel und Futter abschneiden; man solle selbst nur getrost die Früchte verderben und die Wohnungen einäschern; durch diesen Privatverlust würde man, wie sie sähen, die Herrschaft und Freiheit für immer erlangen.

Nach diesen Veranstaltungen mussten die Haeduer und Segustaner, welche die nächsten Nachbarn der römischen Provinz sind, zehntausend Mann zu Fuß stellen, dazu ließ er achthundert Reiter stoßen und gab einem Bruder des Eporedorix den Oberbefehl über sie mit dem Auftrag, die Allobroger zu bekriegen. Auf der anderen Seite schickte er die Gabaler und aus den angrenzenden Gauen die Arverner in das helvische Land sowie die Rutener mit den Cadurcen aus, um das Gebiet der arecomischen Völker zu verheeren. Außerdem hetzte er insgeheim noch die Allobroger durch Boten und Gesandte auf, in der Hoffnung, dass ihre Gemüter sich vom früheren Krieg noch nicht ganz beruhigt haben möchten; ihren Fürsten versprach er Geld, dem ganzen Staat aber die Herrschaft über das römische Gallien.

[65] Gegen alle diese Fälle war die Provinz durch zweiundzwanzig Kohorten gedeckt, die aus der Provinz selbst aufgeboten und unter dem Legaten Lucius Caesar nach allen Seiten dem Feind entgegengestellt waren. Die Helvier griffen ohne Befehl ihre Nachbarn an, wurden aber zurückgeworfen und unter dem Verlust ihres Oberhauptes Caius Valerius Domnotaurus, eines Sohnes des Caburus, und mehrerer anderer in die Städte und Festungen getrieben. Die Allobroger stellten zahlreiche Posten am Ufer der Rhône auf und bewachten ihr Land mit viel Sorge und Wachsamkeit. Caesar sah die Überlegenheit des Feindes an Reiterei und dass er bei Sperrung aller Straßen keine Unterstützung aus der Provinz und Italien erwarten dürfte. Er schickte deshalb über den Rhein nach Germanien zu jenen Staaten, die er in den früheren Jahren unterjocht hatte, und ließ von da Reiter mit leichten Truppen zu Fuß, die zwischen der Reiterei zu kämpfen pflegen, kommen. Sie waren bei ihrer Ankunft schlecht beritten, weshalb Caesar die Pferde der Kriegstribunen und anderer, ja auch von römischen Rittern und ausgedienten Freiwilligen nahm und unter den Germanen verteilte.

[66] Während dieser Maßnahmen zog sich das feindliche Fußvolk aus dem arvernischen Gebiet und die Reiterei, die in ganz Gallien aufgeboten

war, zusammen. Eine große Anzahl dieser Völker war schon vereinigt, als Caesar durch das Grenzgebiet der Lingoner eine Bewegung zum Sequanergebiet hin machte, um desto ungehinderter die Provinz decken zu können. Vercingetorix nahm eine Stellung in drei Abteilungen ein, ungefähr zehn Meilen vom römischen Heer, und erklärte vor den Befehlshabern der Reiterei, die er hatte zusammenrufen lassen, der Zeitpunkt ihres Sieges sei jetzt da, die Römer seien auf der Flucht zur Provinz und räumten Gallien. Augenblicklich wäre es ihm zwar genug, ihre Unabhängigkeit zu behaupten, aber für Ruhe und Frieden in Zukunft habe man noch wenig getan, denn die Römer würden mit verstärkter Macht zurückkommen und die Feindseligkeiten aufs Neue anfangen; man müsse sie daher in ihrer Unbeholfenheit auf dem Marsch angreifen.

Wollte das Fußvolk den Seinen helfen und dies Vorhaben auch nicht aufgeben, so könnte es seinen Rückzug nicht fortsetzen; würde es aber, was nach seiner Überzeugung eher zu erwarten sei, sich selbst unter Aufgabe des Feldgepäcks zu retten suchen, dann käme es nicht nur um alles zum Leben Notwendige, sondern auch noch um seinen Ruhm. Denn von der feindlichen Reiterei, davon müssten sie selbst überzeugt sein, werde sich kein Mann vor die Linie des Fußvolks wagen. Zur Stärkung ihres Mutes bei dem Unternehmen werde er mit dem ganzen Heer ausrücken und den Feind in Schrecken setzen. Die Reiter schrien insgesamt, man müsse sich durch den heiligsten Eid verbinden, dass, ›wer nicht zweimal die feindliche Linie durchbrochen hätte, von Kindern, Eltern und seinem Weib verstoßen werden solle.‹

[67] Dies wurde genehmigt, alle mussten so schwören. Am Tag darauf wurden aus der Reiterei drei Abteilungen gebildet; zwei davon zeigten sich auf beiden Seiten, die dritte stellte sich unserer Vorhut entgegen. Auf diese Nachricht hin teilte auch Caesar seine Reiterei in drei Haufen und ließ sie dem Feind entgegen gehen. Das Gefecht begann so zur gleichen Zeit auf allen Seiten. Das Heer machte Halt, und die Legionen nahmen das Gepäck in die Mitte. Sah man an einem Punkt die Römer wanken und zu hart bedrängt werden, so ließ Caesar dahin vorrücken und die Schlachtordnung sich wenden. Das hielt die Feinde im Verfolgen auf und stärkte durch die Hoffnung auf Unterstützung den Mut unserer Truppen. Endlich gewannen die Germanen auf dem rechten Flügel eine Anhöhe und warfen den Feind aus seiner Stellung. Die Flüchtigen wurden bis an den Fluss, wo Vercingetorix mit dem Fußvolk stand, verfolgt und nicht

wenige davon niedergemacht. Bei diesem Anblick ergriff das übrige Heer die Flucht, aus Furcht, eingeschlossen zu werden. Das Morden wurde nun allgemein. Drei Haeduer von hohem Adel: Cotus, der Anführer der Reiterei, der aus dem letzten Landtag die Fehde mit Convictolitavis gehabt hatte, Cavarillus, der Befehlshaber des Fußvolks nach des Litaviccus Empörung, und Eporedorix, der Feldherr der Haeduer im Krieg mit den Sequanern vor Caesars Ankunft, wurden als Kriegsgefangene vor Caesar gebracht.

[68] Nach der Flucht der gesamten Reiterei zog sich Vercingetorix mit dem Fußvolk gerade so, wie er seine Stellung vor dem Lager hatte, in dasselbe zurück und brach sogleich nach Alesia im Land der Mandubier. Zugleich ließ er das Gepäck des Heeres eilends aus dem Lager führen und nachkommen. Caesar schickte sein Gerät mit zwei Legionen, die er zu ihrer Bewachung zurückließ, auf einen Hügel in der Nähe und setzte, so weit er noch an diesem Tag konnte, dem Feind nach. Ungefähr dreitausend Mann der Nachhut wurden niedergemacht und am folgenden Tag ein Lager vor Alesia[66] aufgeschlagen. Caesar untersuchte die Lage der Stadt. Die Feinde aber waren voller Bestürzung, weil ihre Reiterei, auf die sie ihr größtes Zutrauen setzten, geschlagen war. Nach einer Ermahnung an die Soldaten zur Anstrengung bei dieser Aufgabe begann Caesar die Einschließung Alesias.

[69] Die Stadt lag ziemlich hoch auf dem Gipfel eines Hügels, so dass man wohl sah, ohne förmliche Belagerung ließe sie sich nicht einnehmen. Am Fuß des Hügels liefen zwei Flüsse auf den beiden Seiten vorbei. Vor der Stadt war eine Ebene von ungefähr drei Meilen in der Länge; die übrigen Seiten umgaben Hügel von gleicher Höhe in mäßigen Entfernungen. Vor der Mauer war die ganze östliche Seite des Hügels voll gallischer Truppen, und vor sich hatten sie einen Graben mit einer Wandmauer von sechs Fuß Höhe gezogen. Die Einschlusslinie, welche die Römer bildeten, hatte im Umfang elftausend Schritt. Der Standort des Lagers war gut; es hatte dreiundzwanzig Vorwerke, wo, um Überfällen vorzubeugen, auch bei Tag Posten standen; Nachts waren sie durch Wachen und starke Bedeckungen gesichert.

[70] Als das Werk angefangen war, geriet auf der Ebene, die sich nach unserer Erwähnung zwischen den Hügeln drei Meilen in die Länge aus-

---

[66] *Alesia:* Stadt der Mandubier, nordwestlich von Dijon gelegen

dehnt, die Reiterei aneinander. Beide Teile fochten mit äußerster Anstrengung. Unsere Leute kamen ins Gedränge; Caesar schickte ihnen die Germanen zur Unterstützung und stellte sich mit den Legionen vor das Lager, damit nicht plötzlich das feindliche Fußvolk hineinbrechen könnte. Bei der Unterstützung durch die Legionen wuchs unseren Truppen der Mut, die Feinde wurden zurückgetrieben und verwirrten sich selbst durch ihre Menge. Bei den engen Toren ihrer Verschanzung wurde alles auf einen Haufen zusammengedrängt. Desto hitziger setzten ihnen die Germanen bis an die Schanzen nach. Ihr Verlust war groß, einige ließen ihre Pferde im Stich und versuchten, über den Graben zu kommen und die Wandmauer zu erklimmen. Caesar rückte indessen mit den Legionen, die vor dem Lagerwall standen, etwas vor; dadurch gerieten die Gallier innerhalb der Verschanzungen in nicht geringen Schrecken. Aus Besorgnis, man greife sie ohne Verzug an, riefen sie zu den Waffen. Einige stürmten voller Schrecken in die Stadt hinein, allein Vercingetorix ließ die Tore sperren, um sein Lager nicht völlig zu entblößen. Die Germanen zogen sich nach vielem Morden unter den Feinden mit einer ansehnlichen Zahl erbeuteter Pferde ins Lager zurück.

[71] Vercingetorix fasste hierauf den Entschluss, seine gesamte Reiterei noch vor Beendigung der römischen Einschlusslinie des Nachts fortzuschicken. Bei ihrem Abzug trug er ihnen auf, nach Hause zu gehen und alle waffenfähige Mannschaft aufzubieten. Er stellte ihnen seine Verdienste um sie dar und beschwor sie, auf seine Rettung bedacht zu sein, und ihn nicht nach seinen hohen Verdiensten um die allgemeine Freiheit den Martern der Feinde preis zu geben; wären sie saumselig, erklärte er ihnen, so gingen mit ihm achtzigtausend Mann ausgesuchtester Truppen zu Grund. Nach seinen Berechnungen habe man jetzt kümmerlich für dreißig Tage Lebensmittel, doch könne man durch Sparsamkeit noch etwas länger aushalten.

Nach diesen Aufträgen ließ er die Reiterei um die zweite Nachtwache in der Stille durch die noch bestehenden Lücken in der Befestigungslinie fortziehen und gab Befehl, alles Getreide einzuliefern. Die Todesstrafe war festgesetzt für den, welcher das nicht befolgen würde, von dem Vieh, das in großer Menge von den Mandubiern zusammengetrieben war, gab er Mann für Mann seinen Teil, alles Getreide ließ er sparsam und allmählich vermessen. Sämtliche Truppen, die noch vor der Stadt standen, zog er in dieselbe hinein. Unter solchen Anstalten schickte er sich an, die

Hilfstruppen von Gallien zu erwarten und den Krieg ferner planmäßig fortzusetzen.

[72] Caesar erhielt hiervon durch Überläufer und Kriegsgefangene Nachricht und verschanzte sich daher auf folgende Art: Er zog einen Graben zwanzig Fuß tief, mit senkrechten Wänden, sodass Rand und Boden eine Breite hatten. Vierhundert Schritt von diesem Graben entfernt legte er die übrigen Schanzen an, um nämlich nicht bei dem weiten Umfang seiner Linien, der unvermeidlich war, und den Schwierigkeiten alle Werke zu besetzen, in den Schanzen unvermutet bei Nacht überfallen zu werden, oder bei Tag unsere Arbeiter an den Werken den Wurfgeschossen bloß zu stellen. Nach diesem Zwischenraum machte er zwei Graben von fünfzehn Fuß in der Breite und gleicher Tiefe, deren inneren er in den flachen und niedrigen Gegenden mit Wasser aus dem Fluss anfüllen ließ. Hierauf führte er einen Damm und Wall von zwölf Fuß mit einer Brustwehr und Zinnen auf. An der Fuge der Brustwehren und des Walles wurden Schanzpfähle angebracht, um dem Feind das Hinaufklettern zu erschweren. Die ganze Linie war mit Türmen, die achtzig Fuß von einander entfernt waren, eingefasst.

[73] Man musste also zu einer und derselben Zeit Holz herbeischaffen, Lebensmittel sammeln und an so weitläufigen Werken arbeiten, wobei die Zahl unserer Truppen, die sich sehr weit von dem Lager entfernten, nur gering war. Die Gallier machten daher bisweilen Versuche gegen unsere Werke und unternahmen die heftigsten Ausfälle aus mehreren Toren. Caesar fand es deshalb dienlich, seine Linie abermals mit neuen Werken zu verstärken, um sie mit weniger Truppen behaupten zu können. Diesem Entschluss zufolge ließ er Stämme oder sehr dicke Baumäste fällen, ihre Kronen behauen und zuspitzen. Dann zog er fortlaufende Gräben, fünf Fuß tief. In diese wurden jene Pfähle eingeschlagen und um sie gegen das Herausreißen zu schützen, im Boden verkoppelt. Mit dem Ende des Schaftes ragten sie also hervor.

Auf diese Weise waren fünf Reihen miteinander verbunden und verflochten, sodass man, ohne sich an den spitzen Zacken zu spießen, nicht durchbrechen konnte. Man nannte sie deshalb Spitzsäulen. Vor diesen Gräben wurden dann Gruben von drei Fuß Tiefe in schiefen Reihen, über Kreuz wechselnd, hintereinander gegraben. Sie liefen allmählich gegen den Grund hin eng zusammen und waren mit runden Pfählen, die man oben zugespitzt und angebrannt hatte, von der Dicke eines Schenkels besetzt, so dass der Pfahl nur vier Zoll über die Erde emporragte. Dann ließ man ihn auch zu seiner Befestigung und Dauerhaftigkeit unten einen Fuß tief in den Grund einstampfen, der übrige Teil der Grube war zur Verbergung der Gefahr mit Reisig und Gesträuch zugelegt. Man hatte acht solcher Reihen, eine immer drei Fuß von der anderen entfernt, gemacht und gab ihnen wegen der ähnlichkeit mit Lilien den Namen ›Lilienbeete‹. Vor denselben wurden fußlange Stäbe mit eisernen Haken ganz in die Erde eingegraben und überall in mäßigen Entfernungen hineingepflanzt: eine Art Fußangeln.

[74] Nach Vollendung dieser Anstalten legte Caesar im ebenen Terrain, so weit es der Boden erlaubte, in gleicher Richtung mit den vorigen Werke derselben Art auf der entgegengesetzten Seite gegen den äußeren Feind an, von einer Ausdehnung von vierzehntausend Schritt, sodass selbst beim Anrücken einer noch so großen Anzahl die Besatzungen seiner Schanzen doch nicht übermannt werden könnten; um endlich auch nicht gezwungen zu sein, unter gefährlichen Umständen aus dem Lager zu rücken, ließ er von seinen Leuten für dreißig Tage Getreide und Viehfutter zusammenbringen.

[75] Während dieser Vorgänge bei Alesia beschlossen die Gallier in einer Versammlung ihrer Fürsten, nicht die ganze waffenfähige Mannschaft, wie Vercingetorix haben wollte, aufzubieten, sondern jeder Völkerschaft eine gewisse Anzahl festzusetzen, damit man nicht in dem Gewirr einer so großen Völkermasse außerstande sei, sie zu leiten, die eigenen Truppen zu unterscheiden und Rücksicht auf den Unterhalt zu nehmen.

Den Haeduern und ihren Schutzbefohlenen, den Segusiavern, Ambivaretern, Brannovicern, einem Aulercerstamm, Blannoviern wurden demnach fünfunddreißigtausend Mann festgesetzt; ebenso viel auch den Arvernern mit den Eleutetern, Cadurcern, Gabalern und Vellaviern, die gewöhnlich den Oberbefehl der Arverner anerkannten; den Senonen, Sequanern, Biturigern, Santonen, Rutenern und Carnuten, jedem Staat zwölftausend Mann; den Bellovacern zehntausend; eben so viel den Lemovicern, den Pictonen, Turonern, Parisiern, Helviern, Suessionen, Ambianern, Mediomatricern, Petrocoriern, Nerviern, Morinern, Nitiobrogen, jedem fünftausend; eben so viel den Cenomanern vom Aulercerstamm; den Atrebaten viertausend; den Veliocassern, Lexoviern und Eburonen vom Aulercerstamm, jedem dreitausend; den Boiern und Rauracern dreißigtausend, den Seestaaten insgesamt oder den Amoricern, wie sie in ihrer Sprache heißen, zu welchen gehören: die Coriosoliten, Redonen, Ambibariern, Caleten, Osismern, Lemovicen, Veneter, Unellern, sechstausend. Von diesen stellten die Bellovacer ihren Anteil nicht, mit der Erklärung, sie würden den Krieg mit den Römern auf eigene Faust und nach eigenem Plan führen, ohne sich jemandes Befehlen zu unterwerfen, doch auf die Bitte des Commius schickten sie wegen der Gastfreundschaft mit ihm zweitausend Mann.

[76] Wir haben schon oben erzählt, wie dieser Commius dem Caesar früher treue und gute Dienste in Britannien geleistet hatte. Dafür hatte Caesar dessen Staat [Atrebaten] frei von Abgaben erklärt, ihm seine alte Verfassung wieder hergestellt und noch dazu die Moriner unterworfen; allein die Übereinstimmung in ganz Gallien, seine Unabhängigkeit herzustellen und den alten Waffenruhm wieder zu erhalten, war so groß, dass selbst die Empfindungen der Dankbarkeit und Freundschaft jetzt nichts mehr über sie vermochten, sondern alle Leben und Vermögen wagten, um achttausend Mann zu Pferde und zweihunderttausend Mann Fußvolk zusammenzubringen. Ihre Musterung und Zählung geschah im haeduischen Gebiete sowie auch die Ernennung der Anführer. Den Oberbefehl erhielten der Atrebate Commius, die Haeduer Viridomarus und Eporedorix und der Arverner Vercassivellaunus, ein Vetter des Vercingetorix. Ein Ausschuss der Staaten wurde ihnen beigegeben, unter dessen Leitung der Krieg geführt werden sollte. Das ganze Heer brach munter und voll Zuversicht gegen Alesia auf, niemand ließ sich einfallen, dass man auch nur den Anblick einer solchen Macht aushalten könne, besonders bei einem doppelten Angriff zugleich, wenn aus der Stadt ein Ausfall getan würde und von außen sich so viel Truppen zu Pferde und zu Fuß zeigen würden.

[77] Indessen war der Vorrat in Alesia aufgezehrt, und von den Vorgängen im haeduischen Gebiet wusste man nichts. Nach Ablauf der Zeit, als der Termin verstrichen war, hielten also die Belagerten einen Kriegsrat und besprachen sich über das Ende ihres Schicksals. Die Meinungen waren hier verschieden. Einige stimmten für die Übergabe, andere meinten, dass man noch Kräfte genug habe, um sich durchzuschlagen. Bei dieser Gelegenheit dürfen wir die Rede des Critognatus wegen der ihr eigenen unerhörten Unmenschlichkeit nicht übergehen. Er stammte vom hohen Adel der Arverner und galt als Mann von großem Einfluss. »Ich schweige«, so sprach dieser, »von dem Vorschlag jener, bei

denen die schändlichste Sklaverei den Namen Kapitulation führt; das sind in meinen Augen keine Staatsbürger noch verdienen sie hier Sitz und Stimme. An die, welche sich durchschlagen wollen, sei mein Antrag gerichtet: Nur bei ihnen scheint sich noch, wie ihr insgesamt eingestehen müsst, ein Funken unserer alten Tapferkeit zu finden. Allein dem Mangel nicht eine Zeitlang trotzen zu können, das ist Geistesschwäche und kein Heldenmut. Man sieht leichter solche, die sich freiwillig dem Tod darbieten als die, welche bei Leiden geduldig ausharren.

Ich meinerseits würde diesen Vorschlag genehmigen, denn das kann ich wegen meines Ansehens, wenn es nur um unser Leben zu tun wäre. Allein bei den jetzigen Entschlüssen müssen wir auf ganz Gallien Rücksicht nehmen, das wir zu unserer Rettung aufgerufen haben. Welchen Mut erwartet ihr von unseren Verwandten und Blutsfreunden, wenn sie beinahe auf den Leichen selbst von achtzigtausend an einem Ort Ermordeter sich schlagen müssten? Entzieht doch denen nicht euren Arm, die sich selbst für eure Rettung in Gefahren stürzen. Macht doch nicht ganz Gallien durch eure Torheit, Unbesonnenheit und Willensschwäche mutlos und stürzt es in ewige Sklaverei. Zweifelt ihr vielleicht an ihrer Treue und Standhaftigkeit, weil sie an dem bestimmten Tag noch nicht da sind? Wie, glaubt ihr, dass die Römer sich Tag für Tag mit jenen äußeren Befestigungswerken nur zum Zeitvertreib beschäftigen? Könnt ihr euch auch beim gänzlichen Einschluss jetzt durch keine Nachrichten von ihnen trösten, so erkennt doch an den Römern selbst den Beweis ihrer Annäherung, die aus Furcht vor jenen Tag und Nacht an ihren Verschanzungen arbeiten!

Allein was ist denn mein Rat? Das zu tun, was unsere Väter beim ungleichen Kampf mit den Cimbern und Teutonen getan haben. In die Städte geworfen, bedrängt von gleicher Not haben sich diese mit dem Fleisch jener, die man alters halber zum Krieg unbrauchbar fand, erhalten und sich nicht ergeben. Hätten wir nicht auch dieses Beispiel schon, so setzte ich doch darin den größten Ruhm, dies für die Freiheit zu tun und so der Nachwelt ein Denkmal zu hinterlassen. Denn wie verschieden ist unsere Lage in beiden Kriegen? Die Cimbern verheerten Gallien, brachten uns viel Leid, allein sie verließen doch endlich wieder unser Gebiet und zogen in andere Länder; unsere Rechte, Gesetze, Fluren, Freiheit blieben uns. Aber was suchen, was wollen die Römer anders, als sich aus Neid in dem Gebiet und den Staaten einer Nation, deren Ruhm und

Stärke sie in den Kriegen kennengelernt haben, festzusetzen und ihr ewige Fesseln anzulegen? Das ist immer derselbe Zweck ihrer Kriege. Sind euch die Vorgänge bei entlegenen Völkern unbekannt, so betrachtet nur den Teil von Gallien in unserer Nachbarschaft. Er ist zu einer Provinz gemacht, Rechte und Gesetze sind umgeschmolzen worden, er steht unter den römischen Beilen und fühlt den Druck einer ewigen Sklaverei!«

[78] Nach der Abstimmung wurde endlich beschlossen, dass alle, die ihrer Schwäche oder Alters halber zum Krieg untauglich wären, die Stadt räumen sollten. Man wolle lieber alles zuvor versuchen, ehe man seine Zuflucht zum Vorschlag des Critognatus nehme, doch im Fall der Not und bei Verzögerung der Hilfstruppen lieber denselben ergreifen als sich ergeben oder Frieden machen. So wurden die Mandubier selbst, die das Heer in ihre Stadt aufgenommen hatten, mit Weibern und Kindern fortgejagt. Bei ihrer Ankunft vor den römischen Schanzen weinten und baten sie, sie doch als Sklaven anzunehmen und ihnen Nahrung zu geben. Allein Caesar stellte Wachen an den Wall und verbot, sie einzulassen.

[79] Unterdessen hatten Commius und die übrigen Anführer, denen der Oberbefehl übergeben war, mit ihrer ganzen Macht vor Alesia angelangt, einen Hügel vor den Verschanzungen besetzt und lagerten sich nur fünfhundert Schritt vor unseren Werken. Am Tag darauf ließen sie die Reiterei ausrücken und füllten die ganze Ebene damit an, die sich, wie erwähnt worden, dreitausend Schritt in die Länge erstreckt. Das Fußvolk stellten sie auf den Anhöhen ein wenig davon auf. Da die Ebene von Alesia aus übersehen werden konnte, drängte sich bei dem Anblick der Hilfstruppen in der Stadt alles herbei, wünschte einander Glück, und eine allgemeine Freude verbreitete sich. Die Besatzung musste ausrücken und sich vor der Stadt aufstellen. Der erste Graben wurde mit Flechtwerk belegt und mit Schutt ausgefüllt; kurz, alle Zurüstungen zum Ausfall und zu jeder anderen Entscheidung wurden gemacht.

[80] Caesar verteilte sein Heer an beiden Linien, damit, sobald es die Umstände erforderten, jedermann seinen Posten habe und kenne; die Reiterei ließ er ausrücken und den Feind angreifen. Man hatte von allen Punkten des Lagers, welches den Gipfel der ganzen Anhöhe einnahm, die Aussicht auf die Ebene, und alle Soldaten sahen mit gespannter Neugierde dem Schlachtausgang entgegen. Die Gallier hatten einige Bogenschützen und leichte Truppen zwischen ihre Reiterei geworfen, um sie beim Rückzug zu unterstützen und uns beim Verfolgen aufzuhalten.

Von diesen wurden mehrere von uns unversehens verwundet und verließen dann das Schlachtfeld. In der Zuversicht, der Sieg werde sich auf ihre Seite neigen und beim Anschein, dass unsere Truppen von ihrer Übermacht bedrängt würden, ermutigten die Gallier sowohl die Eingeschlossenen in der Stadt wie auch die zur Hilfe Gekommenen, durch Zuschreien und brüllendes Jauchzen auf allen Seiten die Ihrigen.

Das ganze Heer war Augenzeuge der Schlacht; keine rühmliche oder schimpfliche Tat konnte unbemerkt bleiben. Beide Teile spornte deswegen Ehrgeiz und Furcht vor Schande zur Tapferkeit an. Das Treffen blieb von Mittag bis gegen Sonnenuntergang unentschieden, da aber machten die Germanen in dichtgeschlossenen Haufen auf dem rechten Flügel einen Angriff und warfen die Feinde zurück; nach der Flucht der Reiter wurden die Bogenschützen eingeschlossen und erschlagen. Auch auf den anderen Punkten setzten unsere Truppen dem weichenden Feind bis an das Lager nach und ließen ihm keine Zeit, sich wieder zu sammeln. Die Truppen, die aus Alesia vorgerückt waren, zogen sich betrübt und fast mit Aufgabe aller Hoffnung auf Sieg in die Stadt zurück.

[81] Einen Tag ruhten hierauf die Gallier und verfertigten indessen Reisiggeflecht, Leitern und Haken in großer Menge. Sodann rückten sie um Mitternacht in der Stille aus dem Lager und kamen vor unsere Verschanzungen in der Ebene. Hier erhoben sie plötzlich ein Geschrei, um ihr Vorrücken den Belagerten in der Stadt bekannt zu machen, warfen die Reisigbündel in den Graben hin, trieben die Unsrigen durch Schleudern, Pfeile und Steine vom Wall weg und machten alle übrigen Anstalten zum Sturm. Zu gleicher Zeit ließ Vercingetorix nach dem Vernehmen des Geschreis Alarm blasen und rückte aus der Stadt. Unsere Leute besetzten, so wie ihnen vorher schon ihr Standpunkt angewiesen war, die Schanzen und jagten den Galliern mit Schleudern, pfundschweren Steinen, Spitzpfählen, die man schon vorher überall auf den Werken aufgepflanzt hatte, und Kugeln aus Blei, Schrecken ein. Die Verluste auf beiden Seiten waren beträchtlich, weil man in der Finsternis nichts sehen konnte; auch warf man mehrere Geschosse aus den größeren Wurfmaschinen. Die Legaten Marcus Antonius und Caius Trebonius aber unterstützten unsere Truppen, wo nur immer sie dieselben im Gedränge sahen, aus den entfernteren Schanzen, deren Verteidigung ihre Aufgabe war.

[82] In der Entfernung von den Verschanzungen taten die Wurfwaffen und das Geschoss der Gallier bei ihrer Menge die beste Wirkung; allein

bei ihrer Annäherung traten sie teils in die Fußangeln, stürzten in die Gruben und spießten sich auf, teils wurden sie auch mit Belagerungswurfspeeren vom Wall und den Türmen getroffen und getötet. Ihr Verlust war auf allen Seiten groß und dennoch keine Schanze durchbrochen. Aus Furcht also, durch einen Ausfall aus dem Lager auf der Anhöhe rechts überflügelt zu werden, zogen sie sich mit Tagesanbruch zu den Ihrigen zurück. Die Besatzung der Stadt kam mit den Gerätschaften heraus, die Vercingetorix zum Ausfall vorbereitet hatte, und schüttete die ersten Gräben zu; allein diese hielten sich bei dieser Arbeit zu lange auf und erfuhren, vom Rückzug der Ihren, ehe sie noch die römischen Befestigungswerke selbst erreicht hatten. Sie gingen deshalb unverrichteter Sache in die Stadt zurück.

[83] Als so die Gallier zum zweiten Mal mit großem Verlust zurückgeschlagen waren, hielten sie über ihre weiteren Unternehmungen einen Kriegsrat ab und beriefen Männer dazu, die der Gegend genau kundig waren. Von diesen zogen sie Nachrichten über die Befestigung unseres Lagers auf den Anhöhen und über die Schanzen ein. Gegen Norden hatten die Unseren einen Hügel seines weiten Umfanges wegen nicht in die Befestigungswerke mit einschließen können und lagerten daher aus Not auf dessen sanftem Abhang, an einem ziemlich unvorteilhaften Punkt. Die Legaten Caius Antistius Reginus und Caius Caninius Rebilus hatten ihn mit zwei Legionen besetzt.

Nachdem die Gegend durch Späher in Augenschein genommen war, hoben die feindlichen Feldherren sechzigtausend Mann aus dem ganzen Heer von den Staaten aus, die ihrer Tapferkeit wegen in vorzüglichem Ruf standen und nahmen geheime Abrede über den Plan und dessen Ausführung: Die Mittagsstunde ungefähr wurde zum Angriff festgesetzt. Der Vetter des Vercingetorix, der Arverner Vercassivellaunus, einer der vier Oberfeldherren, bekam den Befehl über diese Völker. Dieser brach in der ersten Nachtwache auf und erreichte fast mit Tagesanbruch den Ort seiner Bestimmung. Hier verbarg er sich hinter dem Hügel und ließ seine Truppen von den nächtlichen Anstrengungen ausruhen; gegen Mittag rückte er gegen den angeführten Punkt unseres Lagers an, und gleichzeitig rückte auch die Reiterei gegen die Verschanzungen auf der Ebene vor, und das übrige Fußvolk fing an, sich vor dem Lager zu zeigen.

[84] Als Vercingetorix aus der Burg [Zitadelle] von Alesia die Scharen seiner Leute sah, verließ er dieselbe, indem er aus dem Lager die langen

Pfähle, Schirmdächer, Mauersicheln und alle übrigen Werkzeuge, die er für einen Ausfall hatte zubereiten lassen, mitnahm. Die Schlacht fing auf allen Seiten zur gleichen Zeit hitzig an; nichts blieb unversucht. Auf den Punkten, die man für am schwächsten hielt, drängten sich die Feinde zusammen. Die Römer mussten ihre Streitmacht wegen des Umfangs ihrer Verschanzungen ausdehnen und leisteten an mehreren Punkten nicht ohne Anstrengung Widerstand. Am meisten wirkte zur Vermehrung des Schreckens der Unseren das Geschrei im Rücken der Kämpfenden, weil jeder seine Gefahr vom Mut der anderen abhängig fühlte und Gefahren in der Entfernung gewöhnlich weit erschütternder auf den Menschen wirken.

[85] Caesar selbst, der einen passenden Ort gefunden hatte, um alles zu überblicken, schickte von hier aus den Bedrängten Unterstützung. Beiden Teilen lag klar vor Augen, dass dies der Zeitpunkt sei, wo man alles aufbieten müsse: Die Gallier setzten ihre letzte Hoffnung darein, die Schanzen zu durchbrechen, die Römer erwarteten von deren Behauptung das Ende aller Anstrengungen. Am schlechtesten stand es bei den oberen Verschanzungen, die nach unserer Erzählung Vercassivellaunus angegriffen hatte. Eine kleine Erhöhung des Abhanges war hier von großer Wichtigkeit; hier warfen die Feinde teils mit den Wurfwaffen, teils rückten sie unter einem geschlossenen Schilderdach davor. Frische Truppen lösten immer die ermüdeten ab. Alles warf Schutt an die Schanzen, bahnte so einen Weg in dieselben und bedeckte dadurch zugleich alles, was die Römer in die Erde gegraben hatten; schon reichten weder Waffen noch Kräfte der Unseren mehr aus.

[86] Als Caesar dies wahrgenommen hatte, schickte er den Labienus mit sechs Kohorten zu dem bedrängten Punkt, mit dem Befehl, wenn er sich nicht länger behaupten könne, mit den Kohorten aus der Schanze auszufallen, doch dies nur im Notfall. Zu den anderen Truppen begab sich Caesar selbst und ermahnte sie, nur jetzt nicht den Anstrengungen zu unterliegen, denn von dem gegenwärtigen Tag und Augenblick hingen die Früchte aller bisherigen Schlachten ab. Die Gallier aus der Stadt zweifelten inzwischen an einem glücklichen Erfolg bei den Schanzen auf der Ebene wegen der Höhe der Werke und machten Versuche bei den abschüssigen Punkten. Dahin brachten sie alle die Gerätschaften, die man vorbereitet hatte, die Truppen in den Türmen wurden durch einen Hagel von Wurfwaffen vertrieben, die Gräben mit Schutt und Reisiggeflecht

ausgefüllt und so ein Übergang gebahnt und auch Wall und Brustwehren mit Haken niedergerissen.

[87] Caesar schickte anfänglich den jungen Brutus mit sechs Kohorten, sodann auch den Legaten Caius Fabius mit sieben anderen dahin, zuletzt, als das Gefecht zu hitzig wurde, führte er selbst frische Mannschaft zur Unterstützung herbei. Nachdem das Treffen hergestellt und die Feinde zurückgeschlagen waren, begab er sich dahin, wohin er den Labienus geschickt hatte. Aus der nächsten Schanze zog er vier Kohorten an sich und gab der Reiterei Befehl, ihm teils zu folgen, teils die zum Feld gerichteten Befestigungswerke zu umreiten, um dem Feind in den Rücken zu fallen. Als weder Wälle noch Gräben die Feinde mehr aufhalten konnten, brachte Labienus neununddreißig Kohorten aus den nächsten Posten, wie sie ihm gerade in die Hand kamen, zusammen und meldete dem Caesar durch Boten, was für Maßregeln er geeignet fände. Caesar eilte herbei, um selbst ein Augenzeuge des Angriffs zu sein.

[88] Als man an der Farbe seines Kleides[67] – seiner gewöhnlichen Unterscheidungstracht in den Schlachten – Caesars Ankunft wahrnahm und die Reitergeschwader und Kohorten, die er sich hatte folgen lassen, erblickte, da man ja von den Höhen alles im Tal oder am Abhang deutlich sehen konnte, begannen die Feinde das Gefecht. Auf beiden Seiten erhob sich ein Geschrei, welches wieder vom Wall und allen Werken her beantwortet wurde. Ohne die Wurfspieße zu gebrauchen, drangen unsere Leute mit dem Schwert vor.

Plötzlich kam von hinten her die Reiterei zum Vorschein, und andere Kohorten rückten an. Der Feind ergriff die Flucht. Die Reiterei warf sich den Flüchtigen in den Weg und richtete ein großes Blutbad unter ihnen an. Der Feldherr und Fürst der Lemovicer, Sedullus, blieb auf dem Platz; Vercassivellaunus, der Arverner, fiel uns auf der Flucht lebendig in die Hände; vierundsiebzig Feldzeichen wurden zu Caesar gebracht; vom zahlreichen Heer kamen wenige unbeschädigt in das Lager. Als sie in der Stadt die Niederlage und Flucht ihrer Völker sahen, zogen sie hoffnungslos ihre Truppen von unseren Schanzen zurück. Auf die Nachricht von der Niederlage entstand im ganzen gallischen Lager wilde Flucht. Wären unsere Truppen durch die wiederholten Aussendungen zur Unterstützung und die Anstrengungen des Tages nicht allzu ermattet

---

[67] *Farbe des Kleides:* purpurner Kriegsmantel

gewesen, so hätte man die ganze Macht des Feindes zugrunde richten können. Doch holte um Mitternacht die Reiterei die Nachhut ein und nahm viele teils gefangen, teils hieb sie dieselben nieder. Der Rest der Flüchtigen verlief sich in ihre Staaten.

[89] Tags darauf berief Vercingetorix einen Kriegsrat ein und erklärte: Nicht seines Vorteils, sondern der allgemeinen Freiheit wegen habe er diesen Krieg angefangen, und weil man sich nun dem Schicksal unterwerfen müsste, so überlasse er beides ihrer Wahl: entweder durch seinen Tod die Römer zu befriedigen oder ihn lebendig auszuliefern. Man schickte in dieser Absicht Gesandte an Caesar. Dieser verlangte ihre Waffen und die Häuptlinge. Caesar besetzte sodann eine Schanze des Lagers, und dort wurden die Anführer ihm vorgeführt, die Waffen niedergelegt und ihm Vercingetorix ausgeliefert[68]. Die Haeduer und Arverner behielt Caesar zurück, um durch diese vielleicht wieder ihre Staaten zu gewinnen; von den übrigen Kriegsgefangenen gab er jedem Soldaten der ganzen Armee einen Mann als Beute.

[90] Hierauf brach Caesar in das haeduische Gebiet auf und nahm diesen Staat wieder in Besitz. Eine Gesandtschaft der Arverner kam dahin und versprach Gehorsam. Er setzte ihnen eine starke Anzahl Geiseln fest und ließ die Legionen ihre Winterlager beziehen. Zwanzigtausend Kriegsgefangene etwa gab er den Haeduern und Arvernern zurück. Titus Labienus erhielt Befehl, mit zwei Legionen und der Reiterei ins Land der Sequaner aufzubrechen, und Marcus Sempronius Rutilus wurde ihm beigegeben. Caius Fabius und Lucius Minucius Basilus bekamen mit zwei Legionen ihren Standort im Land der Remer, um sie vor ihren Nachbarn, den Bellovacern, zu schützen.

Mit je einer Legion wurde Caius Antistius Reginus im ambivaretischen, Titus Sextius im biturigischen und Caius Caninius Rebilus im rutenischen Gebiet stationiert; dem Quintus Tullius Cicero und Marcus Sulpicius wurden Cavillonum und Matisco im Land der Haeduer zur Sorge für das Getreidewesen angewiesen. Caesar selbst beschloss, den Winter in Bibracte zu bleiben. Auf seinen Bericht über diesen Feldzug hin wurde in Rom ein zwanzigtägiges Dankfest gefeiert.

---

[68] Vercingetorix (82–46 v. Chr.), wurde sieben Jahre später
   in Rom hingerichtet

ACHTES BUCH
Brief des Aulus Hirtius[69] an Balbus

»DURCH DEINE WIEDERHOLTEN AUFFORDERUNGEN bestimmt, mein Balbus, habe ich mich endlich der schwierigen Aufgabe unterzogen, weil meine tägliche Weigerung nicht mehr länger ihre Entschuldigung in der Schwierigkeit der Sache finden, sondern wie eine Weigerung aus Trägheit scheinen würde. Ich habe die Denkwürdigkeiten unseres Caesar von seinen Taten in Gallien miteinander in Verbindung gebracht, weil sonst seine vorhergehenden und folgenden Schriften[70] nicht zusammenhängen.

Auch sein letztes unvollendetes Werk von den Taten zu Alexandria ist von mir ergänzt worden, zwar nicht bis an den Ausgang unserer bürgerlichen Unruhen, deren Ende sich noch nicht absehen lässt, wohl aber bis zu Caesars Tod. Mögen doch meine Leser wissen, wie ungern ich diese Arbeit übernommen habe, damit ich um so freier vom Verdacht der törichten Anmaßung bliebe, als ob ich mich in die Werke Caesars habe eindrängen wollen. Denn darin stimmt man ja allgemein überein, dass auch die mühevollsten Arbeiten anderer dennoch von der Schönheit dieser Denkwürdigkeiten übertroffen werden, die nur in der Absicht erschienen sind, um Geschichtsschreiber mit den so wichtigen Taten bekanntzumachen und so allgemeinen Beifall finden, dass den Geschichtsschreibern eher der Stoff dadurch entzogen als dargereicht worden ist. Wir bewundern sie mehr als andere, denn diese kennen seine Schriften nur von Seite ihrer Güte und Richtigkeit, wir aber wissen auch, mit welcher Leichtigkeit und Schnelligkeit sie verfertigt sind.

Caesar besaß Anlage und Sinn für die Schönheit des Ausdrucks im ausgezeichnetsten Grad sowie die größte Erfahrung zur Darstellung

---

[69] Aulus Hirtius (um 90 v. Chr.–43 v. Chr.) war ein römischer Politiker, Schriftsteller und Freund Caesars. Er fügte dem Werk ›De bello gallico‹ das achte Buch hinzu, um damit die Lücke zwischen dem Gallischen Krieg und dem Bürgerkrieg zu schließen, den Caesar in seinem Werk ›De bello civili‹ beschrieb.

[70] *die Schriften:* Eigentlich sieben Bücher Gallischer Krieg und drei Bücher Bürgerkrieg

seiner Taten. Ich habe nicht einmal die Kriege in Alexandria und in Afrika mitgemacht. Ihre Geschichte ist uns zwar zum Teil aus Caesars Mund bekannt, allein Auftritte, die uns durch ihre Seltenheit oder Bewunderungswürdigkeit ergreifen, hört man mit einem anderen Ohr, als wenn wir sie durch unsere Erzählung bezeugen sollen. Doch vielleicht gerade dadurch, dass ich alle Gründe zur Entschuldigung aufsuche, um mich nicht mit Caesar zu vergleichen, erwecke ich den Vorwurf der Anmaßung gegen mich, als könne mich wirklich jemand in seinem Urteil mit Caesar auf eine Stufe stellen. Lebe wohl!«

Vollendung der Unterwerfung Galliens

[1] CAESAR HATTE ALSO in ununterbrochenem Krieg den letzten Sommer hindurch ganz Gallien besiegt und wollte seine Truppen im ruhigen Winterlager von so großen Anstrengungen sich erholen lassen, als er die Nachricht erhielt, dass mehrere Staaten zu gleicher Zeit neuerdings Kriegspläne machten und Verbindungen untereinander anknüpften. Als wahrscheinlichste Ursachen führte man an, ganz Gallien sehe wohl ein, dass man auch mit der stärksten Macht an einem Punkt den Römern nicht die Spitze bieten könne; fingen aber mehrere Staaten zur gleichen Zeit an verschiedenen Orten Feindseligkeiten an, so hätten die Römer weder Hilfsquellen noch Zeit noch Truppen genug, um überall Krieg zu führen. Ein Staat müsse seine Wohlfahrt aufopfern, wenn die übrigen durch diesen Zeitgewinn das Joch abwerfen könnten.

[2] Diesen Wahn der Gallier wollte Caesar nicht Wurzel fassen lassen und gab daher dem Quaestor Marcus Antonius den Befehl in seinem Winterlager; er selbst aber verfügte sich am letzten Dezember unter einer Reiterwache von der Stadt Bibracte zur dreizehnten Legion, die er in das biturigische Gebiet nahe den Grenzen der Haeduer verlegt hatte und ließ aus dem nächsten Winterlager noch die elfte Legion herbeikommen. Mit diesen Truppen, außer zwei Kohorten, die zur Sicherheit des Gepäcks zurückbleiben mussten, rückte er in die an Vorräten besonders reich gesegnete Mark der Bituriger ein, die sich ja bei der Ausdehnung ihres Gebietes und der Menge ihrer Krieger durch eine Legion im Winterlager von Kriegsrüstungen und Verbindungen mit anderen nicht abhalten ließen.

[3] Caesars plötzliches Vorrücken hatte die Folge, dass (was bei einem Volk, das darauf unvorbereitet und zerstreut war, notwendig eintreten musste) das Landvolk in seiner Sicherheit eher von der Reiterei überrascht wurde, als es sich in die Städte retten konnte. Denn auf Caesars Befehl musste auch das gewöhnliche Merkmal von Überfällen, das man an der Brandstiftung der Gebäude zu haben pflegt, unterbleiben, um nicht bei tieferem Vordringen in das Land an Futter und Lebensmitteln Mangel zu leiden oder die Feinde durch Sengen und Brennen in Schrecken zu setzen. Viele Tausende wurden also zu Gefangenen gemacht.

Jene Bituriger, die beim ersten Einrücken der Römer entwischen konnten, flüchteten sich voller Schrecken in die angrenzenden Staaten, entweder aus Zuversicht auf ihre privaten Freundschaften oder wegen deren Teilnahme an den feindseligen Anschlägen. Umsonst, denn Caesar kam ihnen überall durch Eilmärsche zuvor und ließ keinem Volk Zeit, eher an fremde als an seine eigene Rettung zu denken. Durch diese Geschwindigkeit hielt Caesar die treuen Staaten in ihrer Anhänglichkeit und bewog die wankenden zu friedlicher Gesinnung. Da die Bituriger in dieser Lage ersahen, dass bei Caesars Milde ihnen die Rückkehr zu dessen Freundschaft nicht verschlossen sei, wie er auch ihre Nachbarn nach Stellung von Geiseln ohne weitere Bestrafung wieder in Schutz genommen hatte, so folgten sie deren Beispiel.

[4] Caesars Truppen hatten in den Wintertagen auf den beschwerlichsten Märschen bei unausstehlichem Frost mit größter Bereitwilligkeit ausgeharrt. Für diese so großen Anstrengungen und ihre Ausdauer versprach er als Beute jedem gemeinen Soldaten ein Geschenk von zweihundert, den Hauptleuten aber zweitausend Sesterzen und schickte die Legionen in die Winterlager zurück; er selbst aber traf am vierzigsten Tag wieder in Bibracte ein. Während er hier Recht sprach, kamen Abgeordnete der Bituriger mit der Bitte um Beistand gegen die Carnuten, über deren Feindseligkeiten sie sich beschwerten. Auf diese Nachricht ließ Caesar, nachdem er kaum achtzehn Tage aus dem Feld zurückgekommen war, die vierzehnte und sechste Legion in ihren Winterlagern am Arar, wohin er sie zur Erhaltung der Ordnung bei den Fruchtvorräten nach dem obigen Bericht verlegt hatte, aufbrechen und trat so mit zwei Legionen den Marsch gegen die Carnuten an.

[5] Als sich das Gerücht von dieser Bewegung beim Feind verbreitet hatte, verließen die Carnuten, gewarnt durch fremden Schaden, Dörfer

und Städte (ohnehin nur kleine Hütten, die man gegen den Winter notdürftig in Eile gebaut hatte, weil sie nach der letzten Niederlage mehrere Städte verloren hatten) und flohen nach allen Seiten. Caesar, der seine Truppen nicht den um diese Jahreszeit besonders rauen und starken Stürmen aussetzen wollte, verlegte sie nach Cenabum im carnutischen Gebiet und verschaffte ihnen, teils in den Wohnungen der Gallier, teils in Hütten, die man geschwind aus Stroh zur Bedeckung der Zelte aufgebaut hatte, Obdach.

Die Reiterei und die Hilfstruppen zu Fuß mussten jedoch überall hinstreifen, wohin sich der Feind den eingegangenen Nachrichten zufolge gewendet hatte, und nicht ohne Erfolg, denn man kam gewöhnlich mit reicher Beute zurück. Überwältigt vom Ungemach des Winters und den erschreckenden Gefahren, aus ihren Häusern verjagt, ohne Mut, sich irgendwo lange zu halten, außerstande, unter dem Schutze der Waldungen sich gegen die harte Jahreszeit zu schützen, auseinandergesprengt durch Niederlagen und um einen großen Teil ihrer Macht geschwächt, zerstreuten sich die Carnuten in die Grenzstaaten.

[6] Caesar begnügte sich während der strengsten Jahreszeit, die sich etwa zusammenziehenden Scharen der Feinde zu zerstreuen, um jeden Keim zum Krieg zu ersticken, und hielt es, so viel man irgend berechnen konnte, für ausgemacht, dass für den Sommer kein Hauptkrieg ausbrechen könnte. Er verlegte demnach den Caius Trebonius mit den zwei Legionen, die er bei sich hatte, in das Winterlager nach Cenabum. Durch Gesandtschaften der Remer kam die Nachricht, dass die Bellovacer, denen weder Gallier noch Belgier an Waffenruhm gleich kamen, und die angrenzenden Staaten unter der Anführung des Bellovacers Correus und des Atrebaten Commius Truppen sammelten, um mit ganzer Macht in das suessionische Land, einen Schutzverband der Remer, einzufallen.

Daraufhin ließ Caesar die elfte Legion abermals aus dem Winterlager aufbrechen; denn er glaubte, nicht allein seine Ehre, sondern auch sein Vorteil erfordere es, so verdiente Bundesgenossen des römischen Staates vor allem Unglück zu schützen. Dem Caius Fabius schickte er schriftlich Befehl zu, mit seinen zwei Legionen in das suessionische Gebiet vorzurücken. Dazu ließ er noch eine der zwei Legionen des Labienus stoßen. Solcher Gestalt war Caesar immerfort, die Legionen aber wechselweise, wie es gerade die Lage ihres Standorts und die Beschaffenheit des Krieges erforderte, mit der Last dieser kleinen Feldzüge beschäftigt.

[7] Nach Vereinigung dieser Truppen trat Caesar den Zug ins bellovacische Land an. Aus dem Lager, das er in diesem Land geschlagen
hatte, ließ er Reitergeschwader nach allen Richtungen streifen, um einige
Gefangene zu machen und von ihnen Kunde über den feindlichen Plan
zu erhalten. Die Reiter kamen ihrem Auftrag nach und brachten die
Meldung zurück: In den Häusern habe man nur einige getroffen, die nicht
des Feldbaues wegen da geblieben (denn man sei überall sorgfältig ausgewandert), sondern als Kundschafter zurückgeschickt wären.

Auf die Erkundigung bei diesen Gefangenen, wo die Macht der Bellovacer stände und was sie für einen Kriegsplan hätten, erfuhr Caesar, dass
die ganze waffenfähige Mannschaft im bellovacischen Land vereinigt sei.
Auch die Ambianer, Aulercer, Caleten, Veliocasser und Atrebaten hätten
sich eine Anhöhe in Waldungen zwischen einem ungangbaren Sumpf zum
Lager ausgesucht und alle Habseligkeiten tiefer in das Gehölz gebracht.

Als Urheber des Krieges könne man mehrere Fürsten ansehen, aber
Correus hätte bei dem Volk das größte Gewicht, weil er sich als den erbit-
tertsten Feind des römischen Volks gezeigt habe; vor einigen Tagen wäre
der Atrebate Commius aus dem Lager abmarschiert, Hilfstruppen aus den
germanischen Staaten, die in der Nachbarschaft lägen und ungemein
zahlreich wären, abzuholen. Die Bellovacer hätten mit allgemeiner
Zustimmung der Häuptlinge und auf das sehnlichste Verlangen des
Volkes beschlossen: Käme Caesar nur mit drei Legionen, wie das Gerücht
ginge, so wolle man ihm eine Schlacht liefern, um sich nicht hernach in
einer schlimmeren und härteren Lage mit der ganzen römischen Macht
schlagen zu müssen; brächte aber Caesar mehr Truppen mit, so wolle man
an dem gewählten Ort stehen bleiben und im Hinterhalt den Römern den
Nachschub, mit der man sich bei der jetzigen Jahreszeit kümmerlich be-
helfen müsste, abschneiden, so wie auch in Zukunft das Futterholen
unmöglich machen.

[8] Als mehrere in diesen Aussagen vor Caesar übereinstimmten und
dieser überlegte, dass der vorgelegte Plan sehr weise und ganz gegen die
sonstige Tollkühnheit der Barbaren entworfen sei, so beschloss er, den
Feind vor allen Dingen je eher je lieber durch die geringe Meinung von
seiner Macht zum Schlagen zu bringen. Denn er hatte eine Auswahl tapferer Truppen, die so lange dienende siebte, achte und neunte Legion, dann
die hoffnungsvolle und ausgesuchte Mannschaft der elften, die im
Vergleich mit den übrigen wegen der Dienstjahre und Tapferkeit in der

Achtung noch zurück stand und doch schon den achten Feldzug mitgemacht hatte. Caesar hielt also einen Kriegsrat und stärkte durch Mitteilung aller eingeholten Nachrichten den Mut der Krieger. Um den Feind vielleicht durch die Anzahl von drei Legionen zur Schlacht herauszufordern, richtete er seinen Marsch so ein, dass die siebente, achte und neunte Legion dem ganzen Gepäck vorausging; hierauf schloss sich hinter dem Zug des Trosses, der, wie beim Vorrücken gegen Feinde gewöhnlich, nicht groß war, die elfte Legion an, damit der Feind nicht mehr Truppen erblickte, als er selbst verlangt hatte. So rückte Caesar ihm fast in einem Viereck unter die Augen, ehe es der Feind vermutete.

[9] Bei dem unerwarteten Anblick, unsere Legionen zur Schlacht gerüstet, festen Schrittes gegen sich anrücken zu sehen, stellten sich die Gallier, deren trotzige Pläne dem Caesar bekannt waren, entweder wegen der Gefahr eines Angriffs oder überrascht durch unser plötzliches Vorrücken oder in Erwartung dessen, wozu wir uns entschließen würden, vor ihrem Lager, jedoch ohne ihre Anhöhe zu verlassen, in Schlachtordnung. Caesar hätte zwar lieber geschlagen, doch bewunderte er die Stärke des Feindes und stellte sich dessen Lager gegenüber.

Zwischen beiden Lagern war nur ein Tal, das sich mehr in die Tiefe senkte als der Breite nach öffnete. Caesar warf nun um sein Lager einen Wall von zwölf Fuß auf und ließ an dessen Brustwehr, im Verhältnis der Größe, Schießscharten einsetzen, zog dann einen Doppelgraben von fünfzehn Fuß mit geraden Wänden und führte an vielen Orten Türme drei Stockwerke hoch auf. Diese Türme ließ er durch dazwischen gewölbte, bedeckte Gänge miteinander verbinden, deren Außenseite eine kleine Brustwehr von Reisig zum Schutz hatte, sodass dem Feind ein Doppelgraben und eine doppelte Linie von Verteidigern entgegenstand, deren eine aus den gewölbten Gängen, je geschützter sie durch die Höhe war, desto mutiger und weiter die Wurfwaffen schleuderte, die andere, die auf dem Wall näher am Feind ihren Standpunkt hatte, durch den oberen gewölbten Gang gegen das Einfallen von oben kommender Geschosse gedeckt wurde. An den Lagertoren brachte man Flügeltüren und höhere Türme an.

[10] Diese Verschanzungen hatten einen doppelten Zweck: Einerseits hoffte Caesar durch die Größe seiner Werke und seine scheinbare Furcht den Barbaren Mut zu machen, andererseits sah er, dass so bei den entfernten Zügen nach Futter und Lebensmitteln das Lager selbst bei

einer schwachen Bedeckung durch seine eigene Festigkeit geschützt sei. Unterdessen traten öfters einzelne von beiden Teilen aus der Linie und tummelten sich am Sumpf zwischen beiden Lagern umher. Doch setzten bisweilen auch unsere gallischen und germanischen Hilfsvölker über den Morast und jagten dem Feind heftig nach, oder die Feinde kamen ihrerseits herüber und warfen uns weit zurück. Beim täglichen Futterholen wurden, was sich beim Fouragieren[71] aus zerstreut voneinander liegenden Gehöften nicht vermeiden lässt, einzelne, die sich in den unwegsamen Gegenden verlaufen hatten, gefangengenommen. Es war nur ein unbedeutender Verlust an Pferden und Sklaven, doch blähte sich dadurch der törichte Stolz der Barbaren auf, um so mehr, als Commius, der nach unserer Erzählung aus Germanien Hilfsvölker holen sollte, mit Reiterei angekommen war; diese war zwar nur fünfhundert Mann stark, aber dennoch wuchs bei deren Ankunft der Barbaren Zuversicht.

[11] Als Caesar sah, dass der Feind geraume Zeit schon in seinem durch den Sumpf und seine Lage sicheren Lager keine Bewegung mache und man ihn dort nicht ohne Nachteil angreifen, aber auch nicht ohne Verstärkung einschließen könne, so schickte er dem Trebonius schriftlich den Befehl zu, die dreizehnte Legion, die unter dem Befehl des Legaten Titus Sextius ihr Winterlager im Biturigischen hatte, so geschwind als möglich an sich zu ziehen und so mit drei Legionen in Eilmärschen zu ihm zu stoßen. Den Futtersammlern gab er indessen die Reiterei der Remer, Lingonen und übrigen Staaten, die in starker Anzahl aufgeboten war, wechselweise zur Bedeckung mit, um sich den plötzlichen Anfällen der Feinde entgegen zu stellen.

[12] Da dies Tag für Tag geschah und durch Gewöhnung, wie es in der Länge der Zeit zu geschehen pflegt, die Vorsicht nachließ, legten die Bellovacer nach Beobachtung der gewöhnlichen Standpunkte unserer Reiter ein auserlesenes Fußvolk in einem Gebüsch in Hinterhalt. Tags darauf schickten sie Reiterei dahin, um uns zuerst in die Falle zu locken, sodann abzuschneiden und anzugreifen. Das Unglück hatte gewollt, dass an diesem Tag der Dienst an die Remer kam. Denn sobald die feindlichen Reiter sich unvermutet zeigten, setzten sie bei ihrer Übermacht voller Verachtung gegen den schwachen Haufen nach und wurden vom Fußvolk

---

[71] *Fourage* (Verb: fouragieren), auch Furage (frz. fourrage),
 ist eine veraltete militärische Bezeichnung für Pferdefutter

auf allen Seiten abgeschnitten. Dadurch in Unordnung gebracht, zogen sie sich schneller, als wohl sonst bei Reitergefechten zu geschehen pflegt, zurück, verloren aber dabei ihren Fürsten, den Führer ihrer Reiterei, Vertiscus, der aus Anhänglichkeit an die gallische Sitte weder seine Jahre vorschützend den Oberbefehl hatte abgeben noch auch ohne seine Teilnahme hatte kämpfen lassen wollen, obschon er bei seinem hohen Alter kaum noch zu Pferd sitzen konnte. Dieses Waffenglück, der Verlust des Häuptlings und Anführers der Remer machte die Feinde stolz und mutig, und unsere Leute wurden durch Schaden belehrt: erst nach sorgfältiger Untersuchung der Gegend ihre Stellungen zu nehmen und fliehenden Feinden mit Mäßigung nachzusetzen.

[13] Der kleine Krieg zwischen den beiden Lagern an den Furten und Wegen über den Sumpf ging indessen Tag für Tag fort. Bei diesem Krieg setzten die Germanen, die Caesar in der Absicht über den Rhein hatte kommen lassen, um sie bei den Treffen zwischen der Reiterei kämpfen zu lassen, voller Entschlossenheit über den Sumpf, hieben einige, die sich zur Wehr setzten, nieder und verfolgten den übrigen Haufen unaufhaltsam. Nicht allein jene, auf die sie losstürzten oder ihre Waffen aus der Ferne schleuderten, sondern auch die, welche in größerer Entfernung zur Deckung aufgestellt waren, ergriffen voller Schrecken schimpflich die Flucht. Anhöhen auf Anhöhen wurden verlassen, und erst am Lager fasste man wieder festen Fuß. Einige liefen im Drang des Schreckens noch weiter. Durch die Gefahr dieses versprengten Haufens verbreitete sich eine solche allgemeine Bestürzung unter den gallischen Truppen, dass es sich kaum entscheiden lässt, ob bei dem geringsten Vorteil ihr Übermut oder bei unbedeutenden Unfällen ihre Zaghaftigkeit größer war.

[14] Nachdem die Gallier eine geraume Zeit in ihrem Lager zugebracht hatten, lief die Nachricht ein, Caius Trebonius sei mit seinen Legionen im Anzug. Aus Besorgnis also, wie in Alesia eingeschlossen zu werden, wollten die Anführer der Bellovacer die Alten, Schwachen und Unbewaffneten mit dem ganzen übrigen Tross vom Heer fortschicken. Während der Anstalten, noch diesen ungeordneten und verworrenen Haufen in Ordnung zu stellen (denn bei den Galliern haben selbst Abteilungen leichter Truppen eine Menge Karren in ihrem Gefolge) überraschte sie der Tag. Sie stellten sich daher vor dem Lager in Schlachtordnung auf, um nicht eher von den Römern verfolgt zu werden, als bis der Tross einen Vorsprung gewonnen hätte. Caesar fand es so wenig ratsam, den Feind,

wenn er Stand hielte, anzugreifen, oder beim Abzug mit der Ersteigung des großen Hügels zu beunruhigen, hieß aber seine Legion sich so weit vorzuschieben, dass die Barbaren bei der Nähe unserer Truppen nicht gefahrlos abziehen könnten. Bei der Betrachtung aber des unwegsamen Morastes zwischen den Lagern, durch dessen beschwerlichen Übergang man im schnellen Verfolgen aufgehalten werden mochte, und in der Erwägung, dass den Bergrücken jenseits des Sumpfes fast bis an das feindliche Lager nur ein mäßiges Tal von demselben trennte, schlug Caesar über den Sumpf Brücken und rückte nach dem Übergang mit den Legionen ohne Verzug auf die Gipfelfläche jenes Hügels vor, die rechts und links von steil abfallenden Wänden gesichert war. Hier stellte er die Legionen in Schlachtordnung und marschierte dann an die äußerste Grenze der Höhe bis zu dem Punkt, wo man mit Wurfmaschinen die feindlichen Haufen erreichen konnte.

[15] Im Vertrauen auf die Vorteile ihrer Stellung zeigten die Barbaren Lust zur Schlacht, wenn die Römer einen Versuch, den Hügel zu ersteigen, machen sollten, doch getrauten sie sich nicht, ihr Heer in Abteilungen nach und nach abmarschieren zu lassen. Sie blieben also in Schlachtordnung stehen, um nicht bei geteilter Macht über den Haufen geworfen zu werden. Als Caesar ihre Beharrlichkeit sah, ließ er zwanzig Kohorten unter den Waffen stehen und am Ort hier ein Lager abstecken und verschanzen. Nach Vollendung dieser Arbeit mussten die Legionen vor dem Wall in Schlachtordnung bleiben; die Reiter verteilte er, ohne sie abzäumen zu lassen, auf Wachposten.

Als die Bellovacer also die Römer zum Verfolgen bereit sahen und weder in ihrer Stellung übernachten noch ohne Unterhalt länger beisammen bleiben konnten, so machten sie folgenden Plan für ihren Abzug. Wie sie gelagert saßen (denn nach der obigen Erklärung in den ›Denkwürdigkeiten‹[72] pflegen die Gallier nach ihrer Stellung in Schlachtordnung vor dem Angriff zu sitzen), reichte man sich von Hand zu Hand Büschel Stroh und Reisig, die man in ihrem Lager zum Überfluss hatte und stellte sie vor der Schlachtlinie auf. Gegen Abend wurden sie auf ein gegebenes Zeichen zu gleicher Zeit angezündet; durch den ununterbrochenen Brand auf der ganzen Linie verlor sich so plötzlich die gallische Armee aus den Augen der Römer, und nun nahmen die Barbaren eiligst die Flucht.

---

[72] *Anmerkung*: Dieser Passus ist nicht verbürgt

[16] Caesar konnte zwar ihren Abzug wegen des Feuers nicht sehen, doch mutmaßte er, dass die Feinde dadurch ihre Flucht zu verbergen suchten. Er ließ demnach die Legionen vorrücken und Reitergeschwader zum Verfolgen aufbrechen. Aus Besorgnis aber, dass der Feind ihn vielleicht festen Fußes erwarte und uns in eine nachteilige Stellung zu locken suche, marschierte er langsam vor. Die Reiter wagten es nicht, in den Rauch und die dichten Flammen hinein zu sprengen, und konnten, wenn einer zu hitzig hineinjagte, kaum noch den Kopf ihrer Pferde erkennen. Man ließ also aus Furcht vor einer Kriegslist die Bellovacer ungehindert von dannen ziehen. Der Feind entfloh also mit ebenso viel Feigheit wie List ohne Schaden und schlug nach einer Entfernung von nicht mehr als zehntausend Schritten an einem ungemein vorteilhaften Ort sein Lager auf. Von hieraus fügte er den Römern bei ihrem Futtersammeln durch Reiterei oder Fußvolk, die im Hinterhalte lagen, oft großen Schaden zu.

[17] Nach häufigen Vorfällen dieser Art erfuhr Caesar von einem Kriegsgefangenen, dass Correus, der Führer der Bellovacer, sechstausend Fußgänger aus dem Kern der Truppen und tausend Mann zu Pferd aus der ganzen Reiterei gezogen und sie in einem Hinterhalt versteckt habe, wohin die Römer wegen des Überflusses an Getreide und Futter seiner Vermutung nach kommen würden. Auf diese Entdeckung ließ Caesar mehr Legionen als gewöhnlich ausrücken, die Reiterei aber nicht stärker als bisher die Bewachung beim Futtersammeln zu sein pflegte, vorausgehen. Unter diese steckte er leichte Truppen von den Hilfsvölkern und schloss sich selbst mit den Legionen an, so dicht er konnte.

[18] Der Feind im Hinterhalt hatte sich zur Ausführung seines Planes eine Ebene gewählt, die sich in keiner Richtung über eine Meile weit erstreckte und wie mit einem Gehege auf allen Seiten mit dicht verwachsenem Gehölz oder einem tiefen Fluss eingeschlossen war, und diese hatte er mit seinen Völkern im Hinterhalt umstellt. Unsere Truppen, vertraut mit dem feindlichen Plan, gefasst und zum Angriff bereit, da sie es beim Nachrücken der Legionen mit jedem Feinde aufgenommen hätten, kamen in einzelnen Zügen an. Bei ihrem Herannahen zeigte sich anfänglich Correus, in der Einbildung, sein Vorhaben nun ausführen zu können, mit wenigem Volk und griff die nächsten Schwadronen an. Unsere Truppen hielten entschlossen den Anprall aus dem Hinterhalt aus und drängten sich nicht aufeinander, was, wenn es aus Furcht bei Reitergefechten geschieht, durch die Menge selbst schon nachteilig wirkt.

[19] Da unsere Schwadronen nach ihrer Stellung wechselweise in verteilten Haufen fochten und von keiner Seite die Ihrigen überflügeln ließen, so brachen auch die anderen, während Correus focht, aus den Wäldern hervor. Mit großer Anstrengung kämpfte man an verschiedenen Punkten. Der Sieg war lange unentschieden. Das Fußvolk marschierte daher in Schlachtordnung allmählich aus dem Gehölz auf und trieb unsere Reiterei zurück. Doch die leichten Truppen zu Fuß, die man nach meiner Erzählung vor den Legionen vorausgeschickt hatte, kamen eilends zu Hilfe und fochten zwischen den Schwadronen mit entschlossenem Mut. Die Schlacht blieb noch eine Zeitlang zweifelhaft.

Der Ausschlag war endlich, wie es der Gang der Schlacht mit sich bringen musste, auf der Seite jener, die dem ersten Überfall aus dem Hinterhalt standgehalten hatten, weil sie sich bei der Überraschung aus dem Hinterhalt durch ihre Besonnenheit vor allem Schaden bewahrt hatten. Unterdessen näherten sich die Legionen. Die Unseren und die Feinde erhielten zu gleicher Zeit Botschaften über Botschaften, der Feldherr rücke in Schlachtordnung heran. Bei dieser Nachricht strengten unsere Truppen, in der Zuversicht auf den Beistand der anrückenden Kohorten, alle Kräfte an, um nicht bei später erfolgendem Sieg dessen Ruhm mit den Legionen teilen zu müssen.

Die Feinde verloren den Mut und zerstreuten sich auf der Flucht: vergebens, denn sie kämpften jetzt mit den Schwierigkeiten, in die sie die Römer einschließen wollten. Endlich eilten sie geschlagen und über den Haufen geworfen, während der größte Teil auf dem Schlachtfeld blieb, voller Bestürzung auf dem ersten besten Weg nach dem Gehölz oder Fluss zu. Allein sie wurden bei der hitzigen Verfolgung der Unsrigen auf der Flucht niedergemacht. Correus ließ sich durch keinen Verlust schrecken, das Schlachtfeld zu verlassen und in das Gehölz zu fliehen oder bei unseren Zurufen zur Aufgabe sich abhalten, nicht auf das Tapferste um sich zu hauen, viele zu verwunden und die aufgebrachten Sieger endlich zu zwingen, die Wurfspieße gegen ihn zu gebrauchen.

[20] Nach diesem Ausgang verfolgte Caesar seinen frischen Sieg in der Hoffnung, nach einer so blutigen Niederlage würden die Feinde auf die Nachricht davon ihr Lager, das nur ungefähr acht Meilen vom Schlachtfeld entfernt sein sollte, verlassen. Obschon er die Schwierigkeiten des Überganges über den Fluss sah, ging er dennoch mit seinem Heer darüber und rückte vor. Bei der unerwarteten Ankunft einiger Flüchtigen

und Verwundeten, die sich im Schutz der Wälder gerettet hatten und ihnen Kunde der Niederlage brachten, ließen die Bellovacer und übrigen Staaten, weil es nirgends glücken wollte, Correus gefallen und die Reiterei mit der Elite des Fußvolks zugrunde gerichtet war, sogleich, in der Meinung, die Römer seien im Anzug, durch die Tuba das Zeichen zu einer Versammlung geben und schrien, man solle Gesandte und Geiseln dem Caesar entgegenschicken.

[21] Der Vorschlag fand allgemeinen Beifall. Der Atrebate Commius flüchtete sich daher zu den Germanen, von denen er Hilfstruppen geholt hatte; die anderen aber schickten auf der Stelle Gesandte an Caesar und baten ihn, ›mit der Züchtigung seiner Feinde zufrieden zu sein, die er nach seiner Milde und Menschenliebe, wenn er sie auch ohne Schlacht bei ihren vollen Kräften hätte züchtigen können, gewiss nicht gegen sie würde vollzogen haben. Die Macht der Bellovacer sei durch das Reitergefecht geschwächt worden, viele Tausende von der Elite des Fußvolks auf dem Schlachtfeld geblieben und kaum noch Boten ihrer Niederlage entronnen. So groß auch der Verlust sei, so habe doch diese Schlacht den Vorteil für die Bellovacer gebracht, dass Correus, der Urheber des Krieges und Aufhetzer des Volkes, tot sei; denn bei seinen Lebzeiten habe in ihrem Staat immer der kurzsichtige Pöbel mehr vermocht als die Regierung.‹

[22] Auf diesen Vortrag der Abgesandten gab Caesar folgenden Bescheid: ›Die Bellovacer und die übrigen Staaten Galliens hätten auch im verflossenen Jahr um dieselbe Zeit Feindseligkeiten angefangen. Sie allein wären am hartnäckigsten bei ihren Gesinnungen geblieben und nicht einmal durch die Unterwerfung der Übrigen zu milderen Gesinnungen bewogen worden, er wisse und sähe wohl, dass man am leichtesten die Schuld auf Tote schiebe, doch niemand könne gegen den Willen der Häuptlinge, bei dem Widerstand des Senats und aller Gutgesinnten, mit einem unzuverlässigen Pöbelhaufen einen Krieg erregen und durchführen. Doch wolle er sich jetzt mit der Strafe begnügen, die sie sich selbst zugezogen hätten.‹

[23] In der Nacht darauf kamen die Abgesandten mit der Antwort zurück, und man brachte die Geiseln zusammen. Auch aus den übrigen Staaten, die erst auf das Schicksal der Bellovacer gewartet hatten, kamen Gesandte über Gesandte zu Caesar: Sie stellten Geiseln und vollzogen seine Befehle. Nur Commius tat es nicht, weil er aus Angst um sein Leben niemandem traute. Denn Titus Labienus hatte im verflossenen Jahr bei

der Rechtspflege im diesseitigen Gallien erfahren, Commius hetze die Staaten auf, strenge Verschwörungen gegen Caesar an und glaubte daher, sich durch Geheimhaltung seiner Treulosigkeit keines Meineids schuldig zu machen. Auf eine Vorladung, vermutete er, würde Commius nicht ins Lager kommen; um also nicht durch Versuche seine Aufmerksamkeit zu erregen, schickte er den Caius Volusenus Quadratus ab, der ihn bei einer scheinbaren Unterredung ermorden sollte. Er suchte einige tüchtige Hauptleute hierzu aus und gab sie ihm mit.

Man kam zur Unterredung zusammen; Volusenus fasste, wie verabredet war, des Commius Hand und ein Centurio wollte in angenommener Entrüstung wegen dieses befremdenden Benehmens den Commius erschlagen, doch konnte er beim schnellen Eingreifen von dessen Vertrauten den Todesstreich nicht vollenden; er versetzte ihm aber beim ersten Hieb eine schwere Kopfwunde. Beide Teile standen schon mit gezogenen Schwertern einander gegenüber. Allein jeder hatte mehr Lust zum Fortlaufen als zum Kämpfen: die Unseren, weil sie den Hieb für tödlich hielten, die Sallier, weil sie beim Anblick der Hinterlist noch mehr fürchteten als sie sahen. Commius soll nach diesem Auftritt beschlossen haben, nie wieder einem Römer unter die Augen zu treten.

[24] Nach dem Sieg über die kriegerischsten Völkerschaften sah Caesar, dass weiter kein Staat Zurüstungen mache, um sich ihm entgegenzustellen, sondern nur einige die Städte verließen oder vom Land sich verliefen, um sich der gegenwärtigen Herrschaft zu entziehen. Er beschloss daher, das Heer zu verteilen; den Quaestor Marcus Antonius ließ er mit der elften Legion zu sich stoßen, den Legaten Caius Fabius schickte er mit fünfundzwanzig Kohorten nach den entlegensten Teilen Galliens [Aquitanien] weil da der Sage nach noch einige Staaten unter Waffen standen, und die zwei Legionen unter dem Legaten Caius Caninius Rebilus seines Erachtens nicht stark genug waren; den Titus Labienus berief er zu sich und ließ die zwölfte Legion, die mit ihm im Winterlager lag, nach Oberitalien aufbrechen, um die römischen Kolonialstädte zu schützen, damit sie nicht durch einen unvermuteten Einfall der Alpenvölker (wie die Tergestiner im verflossenen Jahr) überrascht werden möchten.

Caesar selbst zog in das Gebiet des Ambiorix, um dasselbe zu verwüsten und zu verheeren. Denn da er sich keine Hoffnung machen konnte, den verscheuchten Flüchtling in seine Gewalt zu bekommen, so glaubte er, sein Ansehen erfordere, dessen Land wenigstens an Menschen,

Wohnungen, Vieh so zu veröden, dass Ambiorix, wenn auch einige Einwohner glücklicherweise unseren Händen entgingen, wegen der großen Drangsale zu verhasst würde, um Aufnahme zu finden.

[25] Caesar breitete sich mit den Legionen und Hilfstruppen im ganzen Staat des Ambiorix aus und verheerte alles mit Feuer, Schwert und durch Plünderungen. Eine Menge Einwohner kamen um oder wurden gefangen. Hierauf ließ er den Titus Labienus mit zwei Legionen gegen die Treverer aufbrechen, die durch fortwährende Kriege bei der Nähe Germaniens fast eben so roh und wild wie Germanen immerfort durch ein Heer im Gehorsam erhalten werden mussten.

[26] Unterdessen hatte der Legat Caius Caninius durch Briefe und Boten des Duratius, der, obgleich ein Teil seines Staates sich empört hatte, stets in seiner Anhänglichkeit gegen Rom verblieben war, die Nachricht erhalten, die Feinde hätten eine starke Armee im Gebiet der Pictonen zusammengezogen, und brach deshalb gegen die Stadt Lemonum [heute: Poitiers] auf. Bei seiner Annäherung an diese Stadt hörte er als ganz zuverlässig von den Kriegsgefangenen, Duratius werde in Lemonum von dem Führer der Anden, Dumnacus, mit vielen Tausenden belagert. Er wählte sich also einen festen Posten zu seinem Lager, da die Legionen zu schwach waren, um eine Schlacht mit dem Feind zu wagen. Auf die Nachricht vom Anzug des Caninius warf sich Dumnacus mit seiner ganzen Macht auf die Legionen und griff die Römer in ihrem Lager an. Nach dessen mehrtägiger Bestürmung ging er wieder zur Belagerung von Lemonum zurück, weil er nach großen Verlusten die Schanzen noch an keinem Punkt hatte durchbrechen können.

[27] Um diese Zeit unterwarf sich der Legat Caius Fabius mehrere Staaten aufs Neue und versicherte sich ihrer durch Geiseln, erhielt aber auch zugleich durch die Briefe des Caius Caninius Rebilus die Nachricht von den Vorfällen im Land der Pictonen. Auf diese Nachricht hin brach er auf, um den Duratius zu unterstützen. Dumnacus erfuhr von dessen Vorrücken und hielt sich für verloren, wenn er zur gleichen Zeit von außen einen Angriff der Römer aushalten und wegen der Besatzung in der Stadt auf der Hut und in Sorge sein müsste. Er zog also unvermutet von der Stadt ab und hielt sich, solange er noch diesseits des Liger war, über den er seiner Breite wegen nur über eine Brücke kommen konnte, nicht für sicher genug. Fabius hatte zwar die Feinde noch nicht erreicht noch sich mit Caninius vereinigt, doch vermutete er, nach der

Beschreibung der Gegend, die ihm Kenner derselben gemacht hatten, dass der bestürzte Feind seinen Marsch vorzüglich dahin nehmen würde, wohin er zog, und suchte also mit seinen Truppen die Brücke zu erreichen. Die Reiterei musste vor den Legionen voraustraben, doch nur so weit, dass sie ohne Ermattung der Pferde immer wieder dasselbe Nachtlager mit den Legionen beziehen konnte. Unsere Reiterei holte, wie sie Befehl hatte, die Truppen des Dumnacus ein und griff sie an. Bei diesem Angriff gegen Völker, die auf dem Rückzug und voller Schrecken unter Gepäck und auf dem Marsch waren, wurden viele erschlagen und große Beute gemacht. So kehrten sie nach dem glücklichen Treffen in das Lager zurück.

[28] Nachts darauf ließ Fabius die Reiterei sich zur Schlacht rüsten und vorauseilen, um den Feind auf dem Marsch aufzuhalten, bis er selbst ankäme. Der Führer der Reiterei, Quintus Atius Varus, ein Mann von außerordentlicher Tapferkeit und Einsicht, sprach seinen Leuten zu, diesem Befehl nachzukommen und stellte, sobald er den Feind auf dem Marsch erreicht hatte, seine Schwadronen teils auf vorteilhaften Punkten auf, teils ließ er sie ein Gefecht beginnen. Die feindliche Reiterei leistete kräftigen Widerstand, weil das Fußvolk ihnen folgte, da das ganze Heer stillstand und die Reiter unterstützte. Es kam zu einem heftigen Gefecht, denn unsere Truppen verachteten den Feind, den sie tags vorher geschlagen hatten und wussten, dass die Legionen ihnen auf dem Fuß nachfolgten; voller Scham also, zu weichen, und voller Begierde, für sich allein die Schlacht zu gewinnen, stürzten sie mit größter Tapferkeit auf das Fußvolk. Die Feinde aber glaubten, es kämen auch diesmal, wie an den vorigen Tagen, keine anderen Truppen nach und meinten, so eine Gelegenheit gewonnen zu haben, unsere ganze Reiterei zu vernichten.

[29] Man hatte schon einige Zeit mit aller Anstrengung gefochten, als Dumnacus sein Fußvolk so stellte, dass es wechselweise die Reiter unterstützte. Da kamen unsere Legionen in geschlossenen Reihen unvermutet zum Vorschein. Bei ihrem Anblick erstarrten die Schwadronen der Barbaren, das Fußvolk geriet in Schrecken, der Zug des Gepäcks in Unordnung, und das ganze Heer ergriff unter großem Geschrei und wildem Gedränge die Flucht. Allein unsere Reiterei, die kurz zuvor beim Widerstand des Feindes so tapfer gekämpft hatte, erhob, durch die Siegesfreude ermuntert, auf allen Seiten ein lautes Geschrei, nahm die Flüchtigen in die Mitte und mordete, solange nur die Pferde jagen und

ihre Arme schlagen konnten. Über zwölftausend Mann wurden so, teils mit den Waffen in der Hand, teils, nachdem sie diese vor Schreck weggeworfen, erschlagen und ihr Gepäck insgesamt erbeutet.

[30] Auf die zuverlässige Nachricht, dass der Senone Drappes, der schon bei der allgemeinen Empörung Galliens gleich anfangs mit einer Horde Gesindels, das er überall aufgelesen, Sklaven, die er zur Freiheit angestiftet, Verbannte, die er aus allen Staaten an sich gezogen und Räuber, die er aufgenommen, den Römern Gepäck und Zufuhr abgeschnitten hatte, auch jetzt mit nicht mehr als zweitausend Flüchtlingen eine Bewegung gegen die Provinz unternehme und dass der Cadurce Lucterius, der nach dem Bericht im letzten Buch der ›Denkwürdigkeiten‹ beim Ausbruch des gallischen Aufstandes in die römische Provinz einfallen wollte, mit ihm im Bund sei, setzte ihnen der Legat Caninius mit zwei Legionen nach, den großen Schimpf zu verhüten, dass unsere Provinz durch Streifereien solchen Gesindels geplündert und in Schrecken gesetzt werde.

[31] Mit dem übrigen Heer rückte Caius Fabius in das carnutische Gebiet und in die anderen Staaten ein, deren Macht in der Schlacht mit Dumnacus, wie er wohl wusste, geschwächt worden; denn er zweifelte nicht, sie jetzt nach der jüngsten Niederlage unterwürfig zu finden; wenn man ihnen aber Raum und Zeit ließe, so könnten sie von Dumnacus wieder aufgewiegelt werden. Fabius unterwarf sich diese Völker eben so außerordentlich glücklich wie geschwind, denn die Carnuten, die nach ihren häufigen Aufständen nie von Frieden gesprochen hatten, stellten Geiseln und ergaben sich. Auch die übrigen Seestaaten im entlegensten Gallien, die man die ›aremoricischen‹ nennt, vollzogen bei der Ankunft des Fabius und seiner Legionen nach dem Beispiel der Carnuten sogleich deren Befehle. Dumnacus musste sich also, von Haus und Land verjagt, in Schlupfwinkeln herumirrend und sich selbst überlassen, an die Grenzen Galliens flüchten.

[32] Drappes und Lucterius aber glaubten mit ihm auf die Nachricht von des Caninius Ankunft mit den Legionen, dass ihr Untergang bei einem Einfall in die Provinz wegen des nachrückenden römischen Heeres unvermeidlich sei. Da sie sich jetzt nicht mehr ungehindert ausbreiten und plündern konnten, so machten sie im Cadurcischen Halt. Lucterius, der einst in besseren Tagen viel Einfluss in seinem Staat und als Anstifter von Aufstandsplänen großes Ansehen erworben hatte, besetzte mit seinen

und den Truppen des Drappes die Stadt Uxellodunum[73], die unter seinem Schutz gestanden und von Natur sehr befestigt war. Die Einwohner verband er mit sich.

[33] Caius Caninius rückte ohne Zeitverlust dahin, fand aber den Ort durch die steilsten Felsenwände auf allen Seiten geschützt, sodass er für Völker mit Waffen in der Hand auch ohne Widerstand schwer zu erklimmen war. Doch nahm er zugleich wahr, dass der Ort so voller Gepäck stecke, dass, wenn die Einwohner sich auch heimlich damit flüchten wollten, sie nicht einmal den Legionen, viel weniger der Reiterei entrinnen könnten. Er bildete daher aus seinen Kohorten drei Abteilungen und schlug auf den Anhöhen ein dreifaches Lager, von dem er nach und nach, so viel wie mit seinen Truppen machbar, einen Belagerungswall um den Ort ziehen ließ.

[34] Als das die Einwohner sahen, gerieten sie, bei der Erinnerung an das unbeschreibliche Elend in Alesia, in Sorge, und fürchteten ein gleiches Schicksal bei dieser Belagerung. Lucterius besonders, der die Not dort gefühlt hatte, drang vor allem darauf, auf Getreide bedacht zu sein. Man beschloss daher einstimmig, einen Teil der Truppen in der Stadt zu lassen, mit den übrigen aber in leichter Rüstung auszurücken, um Getreide in die Stadt zu bringen. Nach Genehmigung dieses Vorschlags brachen in der folgenden Nacht Drappes und Lucterius mit allen Truppen, außer zweitausend Mann, die als Besatzung zurückblieben, auf und brachten nach kurzem Aufenthalt im Land der Carnuten, die sie teils selbst gern mit Getreide unterstützten, teils dessen Wegnahme sich nicht widersetzen konnten, eine Menge Getreide zusammen. Man machte auch bei nächtlichen Zügen einige Angriffe auf unsere Schanzen. Caius Caninius eilte demnach nicht, die Stadt vollkommen mit Befestigungswerken einzuschließen, um nicht außerstande zu sein, die ganze Linie zu behaupten, oder die meisten Posten nur schwach besetzen zu müssen.

[35] Drappes und Lucterius lagerten mit einem großen Getreidevorrat, den sie aufgebracht hatten, zehn Meilen von dem Ort, um denselben nach und nach in die Stadt zu führen. Die Dienstverrichtungen hatten sie so geteilt, dass Drappes mit einer Abteilung zur Sicherung des Lagers stehen blieb, Lucterius aber den Zug der beladenen Lasttiere in die Stadt brachte.

---

[73] *Uxelludunum (kelt.: hohes Fort):* genaue Lage umstritten, im Südwesten Frankreichs

Nach der Aufstellung von Wachen machte man ungefähr um zehn Uhr nachts den Anfang, das Getreide durch Gebüsche und Schleichwege in den Ort zu schaffen. Unsere Posten im Lager hörten den Lärm, und die abgeschickten Kundschafter hinterbrachten den Vorgang. Caninius fiel daher mit eilends gerüsteten Kohorten aus den nächsten Schanzen, als eben der Tag anbrach, über die Führer des Getreides her, und diese verliefen sich aus Schrecken über diesen unerwarteten Überfall zu ihrer Wache. Beim Anblick bewaffneter Truppen wurden unsere Soldaten noch mehr erbittert und ließen keinen Gefangenen am Leben. Lucterius entrann mit einigen, begab sich aber nicht in das Lager zurück.

[36] Nach diesem glücklichen Vorfall erfuhr Caninius von den Kriegsgefangenen, Drappes stände mit einer Abteilung nur zwölf Meilen von ihm in einem Lager. Mehrere Aussagen stimmten darin überein. Er sah also voraus, dass nach der Flucht des einen Führers der bestürzte Rest leicht über den Haufen geworfen werden könne, und hielt es für ein großes Glück, dass kein Flüchtling dem Blutbad entronnen sei, um dem Drappes Nachricht von der Niederlage zu bringen. Weil er also bei dieser Unternehmung nichts Bedenkliches sah, ließ er die ganze Reiterei mit dem germanischen Fußvolk, Leute von außerordentlicher Geschwindigkeit, gegen dasselbe vorrücken und nahm eine Legion ohne Gepäck mit sich, nachdem er die anderen in drei Lager verteilt hatte.

Bei seiner Annäherung gegen den Feind erfuhr er von den Spähern, die vorausgeschickt waren, dass die Feinde nach Barbarenart unter Vermeidung der Höhen sich in einer Tiefe an einem Fluss gelagert hätten, die Germanen und Reiter aber seien gegen aller Vermuten plötzlich auf sie losgestürzt und hätten schon die Schlacht angefangen. Auf diese Nachricht marschierte er mit seiner Legion gerüstet in Schlachtordnung auf. Die Anhöhen wurden auf das gegebene Zeichen unvermutet von allen Seiten erstiegen. Als das geschehen, strengten die Germanen und Reiter beim Anblick der Legionsfeldzeichen ihre Kräfte aufs äußerste an. Die Kohorten machten ohne Verzug von allen Seiten einen Angriff und hieben alles nieder, oder nahmen es gefangen. Die Beute war ansehnlich; unter den Kriegsgefangenen in dieser Schlacht befand sich Drappes selbst.

[37] Caninius kehrte nach dieser so glücklichen Schlacht fast ohne Verlust von seinen Truppen zur Belagerung zurück, und da nun der äußere Feind, der ihn gehindert, die einzelnen Wachposten zu verteilen und die Stadt ganz einzuschließen, zugrunde gerichtet war, so befahl er, die

Werke auf allen Seiten um die Stadt zustande zu bringen. Tags darauf stieß Caius Fabius mit seinen Truppen zu ihm und übernahm einen Teil der Belagerungsarbeiten.

[38] Caesar hatte indessen den Quaestor Marcus Antonius mit fünfzehn Kohorten im Bellovacischen zurückgelassen, um den Belgiern alle Gelegenheit zu neuen Unruhen zu nehmen; er selbst aber rückte in die übrigen Staaten und setzte ihnen zwar eine Menge Geiseln fest, doch verscheuchte er durch tröstliches Zusprechen die allgemeine Furcht. Bei seiner Ankunft bei den Carnuten, durch die nach Caesars Erzählung im letzten Buch der ›Denkwürdigkeiten‹ der Krieg in ihrem Staat den Anfang genommen hatte und wo er alle im Bewusstsein ihres Vergehens besonders in Angst sah, verlangte er den Urheber des ruchlosen Anschlags, den Anzettler des Kriegs zur Bestrafung, um ihren Staat desto geschwinder von seiner Furcht zu befreien. Dieser vertraute sich zwar seinen eigenen Landsleuten nicht an, da ihm aber alles sorgfältig nachspürte, brachte man ihn bald ins Lager. Caesar war gegen seine Neigung durch einen starken Auflauf seiner Soldaten, die ihm alle Gefahren und den Verlust im Krieg mit Cotuatus ins Gedächtnis riefen, gezwungen, ihn zu bestrafen, so dass er ihn zu Tode geißeln und dann enthaupten ließ.

[39] Hier erhielt Caesar Briefe von Caninius über die Vorgänge mit Drappes und Lucterius wie auch über den fortdauernden Einschluss der Stadt. Er achtete zwar den Feind wegen seiner Schwäche nicht, doch fand er es ratsam, dessen Hartnäckigkeit scharf zu züchtigen, damit nicht die Gallier glaubten, dass sie nicht aus Mangel an Kräften, sondern an Standhaftigkeit den Römern unterlegen seien, und damit nicht auch noch andere Staaten, in der Zuversicht auf die vorteilhafte Lage ihrer Städte, das römische Joch nach diesem Beispiel abschüttelten. Denn Caesar wusste, dass allen Galliern bekannt war, dass dies der letzte Sommer seiner Statthalterschaft sei, und hielten sie nur diesen aus, so hätten sie weiter nichts zu befürchten. Er ließ also den Legaten Quintus Calenus nebst zwei Legionen zurück mit dem Befehl, ihm in gewöhnlichen Märschen nachzurücken, und ging mit der ganzen Reiterei in möglichster Geschwindigkeit zu Caninius voraus.

[40] Caesar kam gegen alle Erwartung nach Uxellodunum und fand die Werke zum Einschluss der Stadt fertig. Er sah zwar, dass er die Belagerung schlechterdings nicht aufheben könne, hörte aber andererseits auch von den Überläufern, dass die Stadt mit Lebensmitteln zum

Überfluss versehen sei; deshalb machte er Versuche, dem Feind das Wasser abzuschneiden. Der Berg, auf welchem Uxellodunum lag, hatte auf allen Seiten steile Wände; fast ganz um ihn herum lief ein Tal, durch das ein Fluss[74] strömte. Der Boden gestattete nicht, ihn abzuleiten, denn er floss so tief am Fuß des Berges hin, dass er sich durch keine tiefer gezogene Gräben anders wohin führen ließ. Der Weg aus der Stadt nach diesem Fluss hinunter war beschwerlich und steil, so dass deren Einwohner bei unserem Widerstand ohne Wunden und Lebensgefahr weder an den Fluss kommen noch wieder bergauf klettern konnten. Als Caesar diese für die Stadtbewohner schwierige Situation wahrnahm, stellte er Bogenschützen und Schleuderer auf, an einigen Orten auch Schleudermaschinen gegen die bequemsten Pfade zum Wasser, und verwehrte den Einwohnern den Gang zum Fluss. Die ganze Stadt holte daraufhin an einem einzigen Ort ihr Wasser.

[41] Hart an der Stadtmauer nämlich, ungefähr dreihundert Fuß vom umlaufenden Flussbett, sprudelte eine starke Quelle hervor. Alle wünschten nun zwar, auch dieses Wasser der Stadt abschneiden zu können, aber Caesar allein sah eine Möglichkeit zur Ausführung. Er ließ also mit viel Mühe und unter stetem Gefecht der Quelle gerade gegenüber nicht ohne Gefahr Tunnel anlegen und Dämme aufwerfen; denn die Belagerten aus der Stadt stürmten von oben herab und kämpften von Ferne in aller Sicherheit. Viele von uns wurden bei ihrem hartnäckigen Nachdringen verwundet, doch ließen unsere Soldaten sich nicht abhalten, die Gänge vorzurücken und durch Anstrengung und Arbeit über die Schwierigkeiten des Bodens zu siegen.

Zu gleicher Zeit führte man von den Gängen heimlich Minen nach der Quelle zu. Das ließ sich ohne alle Gefahr und jeden Verdacht tun. Ein Erddamm von neun Fuß Höhe wurde errichtet und darauf ein Turm von zehn Stockwerken aufgepflanzt. Er hatte zwar nicht die Höhe der Stadtmauer, denn das war schlechterdings unausführbar, doch ragte er über die Brunnenquelle hervor. Da man nun von diesem Turm Geschosse aus den Wurfmaschinen auf die Wege zur Quelle schleuderte und die Einwohner nur mit Lebensgefahr Wasser holen konnten, so verschmachteten vor Durst nicht allein Vieh und Pferde, sondern auch viele Menschen.

---

[74] Der Fluss *Lot*, der in die Garonne mündet

[42] Voller Bestürzung über diesen Vorfall füllten die Einwohner Fässer mit Talg, Pech und Holzspänen und ließen sie brennend auf die Werke rollen. Zu gleicher Zeit machten sie einen sehr heftigen Ausfall, um die Römer durch Angriff und Gefahr am Löschen zu hindern. Die Befestigungswerke gerieten plötzlich in starken Brand, denn die herabrollenden Fässer prallten gegen die Gänge und Gänge und steckten alles an, was sie aufhielt. Unsere Truppen hingegen hielten, obschon sie durch die gefährliche Art des Angriffs von oben und ihren nachteiligen Standort in Bedrängnis waren, alles mit größter Entschlossenheit aus, denn das Gefecht ereignete sich auf Höhe und vor den Augen des ganzen Heeres. Es erhob sich also auf beiden Seiten ein großes Geschrei, und jeder bot sich auf die hervorragendste Weise den Geschossen der Feinde und den Flammen dar, um seine Tapferkeit desto deutlicher und augenfälliger zu zeigen.

[43] Caesar sah, dass viele seiner Leute verwundet wurden und ließ deshalb die Kohorten auf allen Seiten der Stadt den Berg hinaufrücken und mit allgemeinem Geschrei einen falschen Angriff auf die Mauern machen. Dadurch gerieten die Belagerten in der Stadt in Schrecken, ließen in der Ungewissheit und Unkenntnis dessen, was auf den übrigen Punkten vorging, ihre Truppen von dem Angriff auf unsere Werke zurückrufen und besetzten damit die Mauer. Als so das Gefecht beendet war, löschten unsere Leute die in Brand geratenen Werke oder durchschnitten sie. Bei der hartnäckigen Gegenwehr der Stadt und ihrem fortdauernden Einschluss, selbst nachdem ein großer Teil der Bewohner vor Durst verschmachtet war, wurden zuletzt die Adern der Quelle durch Minen abgegraben und weg geleitet. Dadurch versiegte unvermutet die erschöpfte Quelle und setzte die Stadt in solche Verzweiflung, dass man es nicht für Menschenwerk, sondern für eine Fügung der Götter hielt. Sie mussten daher dem Drang der Not weichen und sich ergeben.

[44] Caesar wusste, dass seine milde Haltung allgemein anerkannt sei und fürchtete daher nicht, durch eine scharfe Züchtigung den Verdacht von Grausamkeit gegen sich zu erregen. Auch konnte er das Ende nicht übersehen, wenn sich in solcher Weise mehrere Völker an verschiedenen Orten empörten. Er fand es also ratsam, andere durch ein Beispiel der Strenge abzuschrecken und ließ daher allen die Hände abhauen. Das Leben schenkte er ihnen, um die übrigen durch dieses Beispiel von Bestrafung zu erschrecken. Drappes, den nach meiner Erzählung Caninius

gefangen genommen hatte, aß einige Tage nichts, entweder aus Unwillen und Kummer wegen seiner Gefangenschaft oder aus Furcht vor einer härteren Strafe und hungerte sich zu Tode. Zu derselben Zeit fiel Lucterius, der, wie ich geschrieben habe, in der Schlacht entronnen war, dem Arverner Epasnactus in die Hände. Denn da er, in dem Bewusstsein, wie feindselig Caesar gegen ihn sein müsste, bei jedem langen Verweilen an einem Ort Gefahr sah, so vertraute er sich bei dem häufigen Wechsel seines Aufenthaltes vielen an. Der Arverner Epasnactus, der dem römischen Volk sehr ergeben war, brachte ihn sogleich ohne Zögern zu Caesar.

[45] Labienus war indessen mit der Reiterei im treverischen Gebiete glücklich und schlug eine gute Anzahl Treverer und Germanen, die niemandem ihren Beistand gegen Rom versagten, nieder. Ihre Anführer bekam er lebendig in seine Gewalt, und unter anderen auch den Haeduer Surus, der sowohl wegen persönlicher Tapferkeit als durch Geburt ungemein berühmt war und allein unter den Haeduern bis jetzt noch nicht die Waffen niedergelegt hatte.

[46] Bei der Nachricht davon sah Caesar nun seine Unternehmungen in allen Teilen Galliens geglückt und glaubte, dieses Land habe er im letzten Sommer gänzlich besiegt und unterjocht. Weil er nun selbst noch nie nach Aquitanien gekommen war, sondern nur einen Teil davon durch Publius Crassus überwunden hatte, so brach er mit zwei Legionen dahin auf, um den Rest des Sommers dort zuzubringen. Auch dieses Vorhaben brachte er, wie seine übrigen Unternehmungen, bald und glücklich zustande, denn alle Staaten in Aquitanien schickten Gesandte an ihn und stellten Geiseln.

Hierauf begab er sich mit einer Reiterbedeckung nach Narbo und ließ sein Heer durch seine Legaten das Winterlager beziehen, vier Legionen verlegte er nach Belgien unter dem Befehl des Marcus Antonius, Caius Trebonius, Publius Vatinius und Quintus Tullius, zwei in das Haeduerland, welcher Staat, wie Caesar wohl wusste, ein entscheidendes Übergewicht in ganz Gallien hatte, zwei schickte er in das turonische Gebiet an den Grenzen der Carnuten, um die ganze Seeküste im Zaum zu halten, die zwei übrigen in das lemovicische Land, nächst dem Arvernergebiet, damit so alle Teile Galliens besetzt wären. Caesar hielt sich nur einige Tage in der Provinz auf und durchlief eilends alle Gerichtssprengel, untersuchte da die Staatszwistigkeiten und teilte nach Maßgabe des Verdienstes Belohnungen aus; denn beim allgemeinen Aufstand in ganz Gallien, gegen den er sich durch die Treue und den Beistand der Provinz behauptet, hatte er die beste Gelegenheit, eines jeden Gesinnungen gegen den römischen Staat kennenzulernen. Nach Erledigung dieser Geschäfte begab sich Caesar zu den Legionen in Belgien und brachte den Winter in Nemetocenna zu.

[47] Hier erhielt er die Nachricht von einer Schlacht, die der Atrebate Commius seiner Reiterei geliefert habe. Denn obgleich Antonius das Winterlager bezogen hatte und der Staat der Atrebaten vollkommen bei seiner Pflicht verharrte, so erhielt dennoch Commius, der nach der oben erwähnten Verwundung bei jeder aufrührerischen Bewegung seinen Mitbürgern immer gleich bei der Hand zu sein pflegte, damit ihnen bei feindseligen Absichten weder ein Aufhetzer zum Kriege noch ein Anführer fehlte, sich und seine Reiter durch Streifzüge, machte die Wege unsicher und raubte oft Lieferungen in die römischen Winterquartiere.

[48] Dem Antonius war in seinem Winterlager als Anführer der Reiterei Caius Volusenus Quadratus beigegeben worden. Diesen beauftragte Antonius, die feindliche Reiterei zu verfolgen. Volusenus vereinigte mit einer ausgezeichneten Tapferkeit einen persönlichen Hass gegen Commius; um so lieber unterzog er sich diesem Auftrag. Er überfiel daher mehrfach aus einem Hinterhalt, in den er sich gelegt hatte, dessen Reiter und schlug sie glücklich zurück. Bei einem äußerst hitzigen Gefecht jagte zuletzt Volusenus, aus Begierde, den Commius selbst zu fangen, ihm mit wenigen Reitern zu hartnäckig nach.

Dieser zog ihn durch schnelle Flucht weit von seinen Truppen ab, rief alsdann auf einmal seine Leute um Schutz und Beistand an, den Meineid bei seiner Verwundung nicht ungerächt zu lassen, und sprengte mit schnell gewendetem Pferd voller Verwegenheit auf unseren Führer los. Seine Reiter insgesamt folgten ihm, schlugen unsere kleine Schar in die Flucht und verfolgten sie. Commius hing sich in vollem Jagen an das Pferd des Quadratus und stieß diesem mit großer Kraft seine Lanze gerade durch die Hüfte. Bei der Verwundung ihres Führers setzten sich unsere Leute ohne Bedenken zur Wehr und schlugen den Feind zurück.

Durch ihren heftigen Angriff wurden viele über den Haufen geworfen und verwundet oder auf der Flucht teils niedergerannt, teils gefangen. Dem entging Commius auf seinem flüchtigen Pferd. Der Führer unserer Reiter aber wurde schwer verwundet in das Lager getragen, sodass man für sein Leben fürchtete. Commius schickte hierauf, entweder weil sich sein Zorn abgekühlt, oder weil er seine Leute größtenteils verloren hatte,

Abgesandte zu Antonius und versicherte ihm durch Geiseln, er wolle sich, wo er es verlange, aufhalten und seinen Befehlen nachkommen. Nur um das eine bat er, man möchte ihm bei seiner Furcht nicht zumuten, vor einem Römer zu erscheinen. Da sich nach Antonius Urteil dieses Begehren auf eine natürliche Besorgnis gründete, so willigte er ein und nahm die Geiseln an. –

Caesar hat nun, wie ich wohl weiß, jedes einzelne Buch seiner Denkwürdigkeiten immer mit einem Feldzug geschlossen, allein ich hielt es nicht für nötig, ihm zu folgen; denn im nächsten Jahr, unter den Konsuln Lucius Paullus und Caius Marcellus, fiel in Gallien nichts Besonderes vor. Um aber doch zu wissen, wo Caesar und seine Legionen die Zeit hindurch gestanden haben, will ich es noch kurz mitteilen und an dieses Buch der Denkwürdigkeiten anschließen.

Beginn der Bewegungen in Rom

[49] CAESAR MACHTE ES SICH während des Winteraufenthaltes in Belgien zur Hauptaufgabe, Freundschaft mit den Staaten zu erhalten und jede Hoffnung oder Ursache zu Feindseligkeiten zu entfernen, denn er wünschte nichts weniger, als sich etwa bei seinem bevorstehenden Abzug noch in die Notwendigkeit versetzt zu sehen, gegen jemand ins Feld zu rücken. Er wollte nicht, dass ein Krieg noch zurückbliebe, den ganz Gallien, wenn Gefahr nicht nahe, anzufangen Lust hatte, weil er im Begriff war, sein Heer wegzuziehen. Er sprach demnach den Staaten mit Achtung zu, machte ihren Häuptlingen die ansehnlichsten Geschenke, setzte keine neuen Staatslasten fest und erhielt Gallien, das durch so viele Niederlagen geschwächt war und sich im Zustand der Unterwürfigkeit besser befand, leicht in Ruhe.

[50] Am Ende des Winters reiste Caesar gegen seine Gewohnheit[75] mit größtmöglicher Eile nach Oberitalien, um die Municipalstädte und Kolonien anzusprechen und ihnen das Gesuch seines Quaestors Marcus Antonius um ein Priesteramt zu empfehlen; denn für diesen Mann, der in so enger Verbindung mit ihm stand, und den er zu dem Zweck der Bewerbung kurz zuvor schon vorausgeschickt hatte, verwendete sich Caesar mit seinem ganzen Ansehen, teils gern aus eigenem Antrieb, teils auch gereizt durch die Parteisucht und den mächtigen Einfluss einiger, die

---

[75] Caesar verbrachte üblicherweise nur den Winter in Oberitalien

durch des Antonius Zurücksetzung Caesars Ansehen bei Niederlegung seines Prokonsulats kränken wollten. Caesar erfuhr zwar auf dem Weg schon, noch vor seiner Ankunft in Italien, dass Antonius Augur geworden sei; aber dennoch glaubte er begründete Ursachen zu haben, um sich zu den Municipalstädten und Kolonien zu begeben, ihnen für ihr zahlreiches Erscheinen bei der Wahl und ihre Ergebenheit gegen Antonius zu danken, und zugleich sich und seine Bewerbung um das Konsulat für das folgende Jahr zu empfehlen; denn Caesars Feinde prahlten ganz übermütig, die erwählten Konsuln Lucius Lentulus und Caius Marcellus würden den Caesar sicher aller ämter und aller Ehren berauben. Dem Sergius Galba habe man, obschon er ein so entschiedenes Übergewicht durch Stimmen und Anhänglichkeit gehabt hätte, das Konsulat aus den Händen gespielt, weil er durch vertraute Freundschaft und als Legat an Caesar gefesselt sei.

[51] Caesar wurde mit unglaublicher Achtung und Freundschaft von allen Municipalstädten und Kolonien empfangen, denn seit dem allgemeinen Aufstand in Gallien hatte man ihn dort nicht wieder gesehen. Alles Erdenkliche wurde aufgeboten, um Tore, Wege und Plätze, die Caesar durchziehen sollte, auszuschmücken; Jung und Alt lief ihm entgegen, überall schlachtete man Opfer; Tempel und Plätze waren mit prächtigen Polsterlagern[76] besetzt. Man konnte schon einen Vorgeschmack von der Wonne des gefeierten Triumphes selbst haben: solche Pracht zeigten die Reichen, solche Begeisterung die Armen.

[52] Nachdem Caesar ganz Oberitalien schnell durchreist hatte, ging er mit größter Eile zum Heer zurück, ließ dann alle Legionen aus den Winterlagern in das treverische Gebiet rücken und musterte sie nach seiner Ankunft dort. Den Titus Labienus stellte er über Oberitalien, um ihm desto mehr Empfehlung bei dem Gesuch um das Konsulat zu verschaffen, und machte mit den Truppen nur so weit Bewegungen, als er den Wechsel der Standorte für ihre Gesundheit zuträglich hielt. Auf diese Zügen hörte nicht allein Caesar öfters, seine Feinde suchten Labienus zu gewinnen, sondern erfuhr auch zuverlässig, dass einige den Plan hätten, ihn vermittels einer Senatsverordnung um einen Teil des Heeres zu bringen. Allein das Gerücht hinsichtlich des Labienus fand bei ihm

---

[76] *prächtige Polsterlager:* geschmückte Stätten mit Götterfiguren bei Fest- und Opfermahlen

Glauben, und gegen den Willen des Senats wollte Caesar schlechterdings nichts unternehmen. Er dachte, seine gerechte Sache würde bei einer freien Abstimmung der Senatoren leicht siegen, indem von dem Volkstribun Caius Curio, der die Verteidigung von Caesars Sache und Ansehen auf sich genommen hatte, dem Senat die wiederholte Versicherung gegeben war, wenn jemanden die Furcht vor Caesars Heer beunruhigte, so sollten, weil man auch bei den Verhandlungen auf dem Forum wegen der Herrschsucht des Pompeius nicht wenig in Furcht sei, beide ihre Heere entlassen und die Waffen niederlegen. Auf solche Weise könnte der Senat frei und nach Belieben handeln. Diese Versicherung gab nicht allein Curio, sondern er wollte auch für sich den Senat hierüber bestimmen lassen. Allein die Konsuln und des Pompeius Freunde gestatteten dies nicht und gingen nach dieser Einleitung der Dinge auseinander.

[53] Dies Verfahren des ganzen Senats war ein sprechender Beweis und entsprach dessen früherem Verhalten; denn als ein Jahr vorher Marcellus bei seinem Kampf wider Caesars Ansehen über dessen Statthalterschaft Vorschläge vor der Zeit und gegen die Staatsverordnung unter Pompeius und Crassus gemacht hatte, da verwarf bei der Abstimmung, als Marcellus, der in Caesars Verunglimpfung nur seinen eigenen Ruhm suchte, die Abstimmenden in Parteien auseinander gehen ließ, der Senat in starker Majorität schlechterdings seinen Antrag. Doch das machte Caesars Feinde nicht mutlos, sondern spornte sie an, noch stärkere Verbindungen zu suchen, um von dem Senat die Genehmigung ihrer Vorschläge zu erzwingen.

[54] Hierauf erging die Senatsverordnung: ›Cneius Pompeius und Caius Caesar sollten zwei Legionen, jeder eine, zum Krieg mit den Parthern stellen.‹ Beide Legionen musste offenbar Caesar allein hergeben, denn Cneius Pompeius wies die erste Legion, die nach ihrer Abgabe an Caesar mit der ausgehobenen Mannschaft aus dessen Statthalterschaft ergänzt war, als seinen Anteil an. Es war eine ganz bekannte Sache, man entzog ihm einfach nach dem Willen seiner Feinde diese Legion. Trotzdem schickte Caesar sie an den Cneius Pompeius zurück, und gab die fünfzehnte Legion, die er im diesseitigen Gallien stehen hatte, als die seine dem Senatsbeschluss gemäß dazu. An ihre Stelle musste die dreizehnte Legion in Italien aufbrechen und die Posten besetzen, aus denen die fünfzehnte gezogen war. Hieraus verteilte Caesar seine Armee in die Winterlager, den Caius Trebonius legte er mit vier Legionen nach Belgien, den

Caius Fabius aber schickte er mit eben so vielen in das Haeduerland. Denn, meinte er, so würde die Ruhe in Gallien am sichersten erhalten werden, wenn die Belgier als die tapferste Nation und die Haeduer als die angesehenste durch Heere in Schranken gehalten würden.

[55] Caesar selbst reiste hierauf nach Italien. Bei seiner Ankunft erfuhr er, der Konsul Caius Marcellus habe die zwei Legionen, die er abgegeben hatte, und die nach Verordnung des Senats gegen die Parther gebraucht werden sollten, dem Caius Pompeius überlassen und in Italien zurückbehalten. Man sah zwar hieraus deutlich die Absichten gegen Caesar, doch war dieser entschlossen, so lange sich noch einige Hoffnung zeige, die Sache eher auf dem Weg des Rechts als durch das Schwert auszugleichen und alles zu ertragen. Deshalb forderte er in einem Brief an den Senat: Auch Pompeius solle seinen Oberbefehl niederlegen, während er dasselbe zu tun versprach; anderenfalls müsse er aber an sich und das Vaterland denken.[77]

— Ende —

[77] Aulus Hirtius' Text endet hier unvermittelt. Dieser Satz wird als Abschluss des Buches ›De bello gallico‹ und Beginn von Caesars Werk ›De bello civili‹ gesehen

Zeittafel

(alle Angaben v. Chr.)

59: Caesar wird Konsul und erhält die Provinzen Illyricum sowie Gallia cisalpina für fünf Jahre zugesprochen. Kurz darauf kommt die Provinz Gallia Narbonensis hinzu.

58: Im März beginnen die Helvetier ihren Marsch. Sie werden im späten Juni von Caesar besiegt, der Mitte September auch das Heer Ariovists schlägt.

57: Feldzüge gegen die Belger

56: Die Stämme der Menapier und Morini im Nordosten Galliens widerstehen den Römern, die dafür erfolgreiche Feldzüge in Aquitanien und dem Raum der heutigen Normandie unternehmen. Caesars Kommando wird um fünf Jahre verlängert.

55: Caesar besiegt germanische Stämme, die über den Rhein gezogen sind, und unternimmt den ersten Rheinübergang. Erste Intervention in Britannien.

54: Zweite Britannienexpedition. Im November: Aufstand der Eburonen unter Ambiorix und vernichtende Niederlage römischer Verbände bei Aduatuca.

53: Römische Strafexpedition in die Belgica. Verwüstung des Stammesgebietes der Eburonen.

52: Zu Beginn des Jahres bricht der gallische Aufstand aus. Im Frühjahr/ Sommer fällt Avaricum an die Römer, denen auch Erfolge gegen die Parisii gelingen. Gallischer Sieg bei Gergovia, worauf aber die erfolgreiche römische Belagerung Alesias erfolgt: Vercingetorix kapituliert Ende September.

51: Weitere erfolgreiche römische Militäroperationen, der organisierte gallische Widerstand bricht weitgehend zusammen.

50: Kleinere römische Operationen in Zentralgallien. Das Land ist militärisch gesichert.

49: Caesar überschreitet den Rubicon, Beginn des Bürgerkriegs.

[nach Wikipedia]

GLOSSAR

Aufgrund der Vielzahl von Personen, Stämmen und Orten kann kein Anspruch auf Vollständigkeit erhoben werden. © *Richard Steinheimer, 2022*

Personen und Titel der Römer

Aemilius	Führer einer gallischen Reitertruppe im Rang eines Centurio im Heer Caesars
Brutus	der junge Brutus unterstützte Caesar vor den Toren Alesias
Caesar, Julius	Römischer Feldherr, Staatsmann, Autor, etc., 100–44 v. Chr.
Caius Fabius	römischer Legat unterstützte Caesar mit seinen Legionen vor Alesia; später von Caesar in das Haeduer-Land abgeordnet
Caius Marcellus	römischer Konsul; verteilte nach Caesars Rückkehr einige Legionen in Italien
Caius Pompeius	Herr über zwei Legionen in Italien
Caius Trebonius	römischer Legat und Unterstützer Caesars vor Alesia
Caius Volusenus Quadratus	römischer Ritter im Heer Caesars; sollte den atribatischen Verräter Commius ermorden, es misslang aber
Caninius Rebilus	römischer Feldherr, der die keltischen Aufwiegler Drappes und Lucterius verfolgte und besiegte – vor Uxellodunum
Cassius L.	Consul L. Cassius; wurde von den Helvetiern erschlagen
Cneius Pompeius	Dolmetscher des Heerführers Quintus Titurius Sabinus
Cotta Lucius	römischer Legat; verheerte zusammen mit Quintus Titurius das menapische Gebiet

Labienus, Titus	römischer Offizier, ranghöchster Legat Caesars in Gallien
Lucius Minucius Basilius	Heerführer Caesars, der Ambiorix überrumpelte
Lucius Petrosidius	römischer Träger des Adlers; fiel ruhmvoll mit dem Legions-Adler
Lucius Valerius Praeconinus	erfolgloser Heerführer gegen Aquitanien vor Crassus
Marcus Antonius	Legat und Truppenunterstützer vor Alesia
Praetor	Rang eines Legionskommandanten: legatus pro praetore
Publius Crassus	römischer Heerführer gegen Aquitanien
Publius Vatinius	Legionenführer in Belgien
Quintus Titurius Sabinus	römischer Legat; er unterwarf die keltischen Stämme der Veneller, Coriosoliten und Lexovier. Heerführer der Stämme war Viridovi
Quintus Tullius Cicero	Legat Caesars in Gallien; jüngerer Bruder des Dichters, Politikers, Redners und Philosophen Marcus Tullius Cicero
Titus Sextius	römischer Legat; Befehlshaber des Winterlagers im Biturgischen
Valerius Trucillus	römischer Bürger gallischer Herkunft; war Caesars Vertrauter und Dolmetscher

Personen und Titel bei Kelten und Galliern

Acco	Heerführer der keltischen Senonen, von Caesar besiegt und hingerichtet
Ambiorix	Führer der keltischen Eburonen
Catuvolcus	hälftiger Mitherrscher im Volk der Eburonen

Commius	Ein Anführer der Atrebaten, flüchtete zu den Germanen; entkam knapp seiner Bestrafung durch den Römer Caius Volusenus Quadratus
Camulogenus	Oberbefehlshaber der Aulercer
Cassivellanus	Britannischer Häuptling, der gegen die Trinovanten vorging, jedoch von Caesar im Zaum gehalten wurde.
Casticus	Häuptling der keltischen Sequaner
Catamantaloedes	Sohn des Sequanerhäuptlings Casticus
Cavarillus	Befehlshaber des Fußvolks der Haeduer
Cingetorix	Fürst der Treverer; innerer Feind des Fürsten Indutiomarus
Correus	Führer der keltischen Bellovacer; Aufwiegler
Dis	nach der Lehre der Druiden gallischer Stammvater (röm. Pluto)
Cotus	Anführer der Reiterei der Haeduer
Diviciacus	Heerführer und Druide der Haeduer
Divicio	Unterhändler, Heerführer der Helvetier
Drappes	ein Häuptling der Senonen; machte durch viel Aufstände Caesar dauernd Schaden; verhungerte nach einer Niederlage vor Uxellodunum
Druiden	keltische Priester; sie waren die geistige Elite der Kelten
Dumnacus	Häuptling der keltischen Andecaver
Dumnorix	Bruder des Dividiacus; hatte großen politischen Einfluss im Stamm der Haeduer
Duratius	Häuptling der keltischen Piktonen
Eporedorix	Haeduer und einflussreicher Adliger und Feldherr gegen die Sequaner; in Diensten Caesars

Indutiomarus	Fürst der keltischen Treverer
Lucterius	Ein Anführer und Aufwiegler der keltischen Cadurcer
Mandubracius	Sohn eines trinovantischen Königs; er suchte Caesars Hilfe gegen den britannischen Häuptling Cassivellanus
Orgetorix	gallischer Fürst der Helvetier; nahm sich vermutlich selbst das Leben, nach erfolgloser Machtergreifung der Römer ganz Galliens
Teutomatus	Fürst der Nitiobrogen; von Caesar geschlagen
Vercingetorix	Keltisch-gallischer Arverner, Fürst, 82–46 v. Chr., der die meisten keltischen Stämme im letzten großen Kampf gegen Caesar 52 v. Chr. zusammenführte, jedoch verlor und nach jahrelanger Gefangenschaft in Rom ermordet wurde.
Vergobretus	Bezeichnung des jeweiligen Regierungsführers bei den Haeduern
Viridovix	unterlegener Heerführer keltischer Stämme gegen den römischen Führer Quintus Titurius Sabinus

Germanen

Ariovist	Heerführer der germanischen Sueben; überfiel den römisch-freundlichen Keltenstamm der Haeduer; berühmt für seine außergewöhnlichen keltisch-gallischen Sprachkenntnisse
Hermann der Cherusker	römisch Arminius (17 v. Chr. – ca. 21 n. Chr.) war ein zunächst in römischen Diensten stehender Fürst des germanischen Stammes der Cherusker, der den Römern im Jahre 9 n. Chr. in der Varusschlacht eine ihrer verheerendsten Niederlagen zufügte.

Orte, Städte, Flüsse

Alesia	Hauptstadt der keltischen Mandubier im Burgund: in Alesia fand 52 v. Chr. die Entscheidungsschlacht zwischen den vereinigten Keltenstämmen unter der Führung von Vercingetorix und den Römern unter Caesar statt. Caesar unternahm aufwändige Belagerungsarbeiten (doppelte Ringmauern um Alesia, Fallen, etc.) und gewann.
Arar	Fluss in Frankreich, mündet in die Rhone; heutiger Name *Saône*
Avaricum	Kriegsort im geografischen Mittelpunkt Frankreichs; Vercingetorix und Caesar bekämpften sich dort; heutiger Name *Bourges*
Bacenis	großes Waldgebiet in Germanien: westlicher Teil des Thüringer Waldes, Harz, Hessisches Bergland und Erzgebirge.
Bibracte	Hauptort der keltischen Haeduer. Bedeutender Kultur- und Handelsplatz
Bibrax	Ortschaft der keltischen Remer
Borbetomagus	Hauptort der keltisch-germanischen Vangionen; heutiger Name der Stadt *Worms*
Bratuspantium	Lage unbekannt; evtl. heutige Stadt *Beauvais*
Caesarodunum	lateinischer Name der keltischen Stadt der Turonen, *Tours*
Cavillonum	lat. auch Cabillonum; Stadt der keltischen Aeduer bzw. Haeduer; römische Garnisonsstadt unter dem Bruder des Philosophen Cicero; heute: *Chalon-sur-Saône*
Cenabum	heute: *Orléans*; dort überfielen die gallischen Carnuten die römischen Bürger
Decetia	Décize, französische Stadt an der Loire; Beratungsort

Durocortorum	Hauptort der belgisch-keltischen Remer; heute die Stadt *Reims*
Garonne	Fluss in Frankreich; trennt die Kelten/Gallier von den Aquitanern
Gergovia	keltische Siedlung der Arverner; einer der Kampfplätze mit Vercingetorix
Gorgobina	Stadt der keltischen Boier
Hercynerwald	Gebirgszüge vom Schwarzwald bis zu den Karpaten; griechisch unter Orcynerwald bekannt
Lemonum	Stadt im Gebiet der Pictonen; heutiger Name *Poitiers*
Lot	Fluss in der Nähe der Kampfstätte Uxellodunum
Lutetia	Hauptstadt der keltischen Parisier; heute *Paris*
Mediolanum	Stadt der Santonen, heute *Saintes*
Metlosedum	heutige Stadt *Melun*; 50 Kilometer südöstlich von Paris
Noviodunum	Stadt der Suessionen, nördlich von Soissons gelegen
Noviomagus	Hauptort der Nemeter; heutiger Name der Stadt: *Speyer*
Samarobriva	keltische Stadt der Ambianer; Winterlager des Heerführers Crassus; heutige Stadt *Amiens*, in der Nähe von Rouen
Tigurinus	einer von vier Gauen in Helvetien
Treverorum	Hauptstadt der Treverer; heute *Trier*
Tullum	Hauptstadt der Leucer Kelten; heute *Toul*
Uxellodunum	Kriegsstätte im Gebiet der keltischen Cadurcer; dort Schlachten der Keltenführer Drappes und Lucterius gegen den Römer Caninius
Vellaunodunum	Stadt in der Nähe des heutiges *Orleans*; Gebiet der Senonen

Stämme der Kelten/Gallier

Anmerkung: Die Bezeichnungen ›Kelten‹ bzw. ›Gallier‹ werden im Werk synonym gebraucht. Die Kelten siedelten zwischen dem Atlantischen Ozean, der Nordsee, den Pyrenäen und im Osten bis zum Rhein, manchmal auch darüber hinaus an (z. B. bis an die Donau). Auch in Britannien gab es keltische Stämme.

Mit ›Gallier‹ hingegen sind in erster Linie die damaligen Stämme der gleichen Zivilisation gemeint, die sich in den groben geografischen Umrissen des heutigen Frankreich ansiedelten.

Die Römer nutzten die Bezeichnung ›Gallier‹ von griechisch *galate,* auf lateinisch *galli, gallier* (Eindringlinge).

Allobroger	kleiner keltischer Stamm zwischen Rhone und Isère bis zum Genfer See
Ambianer	belger Stamm im Somme-Gebiet; heutige Stadt *Amiens*
Ambivareter	keltischer Teil-Stamm der Haeduer
Andecaver	gallischer Stamm an der unteren Loire
Aquitaner	Südwestfrankreich; von dem Fluss Garonne bis zu den Pyrenäen; Ursprung Iberien. Zu den Aquitanern zählen u. a. folgende Teilstämme: Tarbellen, Bigerrionen, Pitianier, Vocaten, Tarusaten, Elusaten, Gaten, Auscer, Garunner, Sibulaten, Cocosaten. (Diese Stämme sind hier im Weiteren nicht mehr einzeln aufgeführt.)
Aremorica	keltisch: are mori = am Meer entlang; Bezeichnung der Stämme an den Meeresküsten
Arverner	keltischer Stamm in Mittelfrankreich; heutige Region Auvergne
Atrebaten	belger Stamm um die Gegend von Artois
Atuatucer	belger Stamm im heutigen Belgien
Aulercer	keltischer Stamm zwischen Loire und Seine; Teilstamm sind die Eburovicer

Belger/Belgier	keltisch mit germanischem Einschlag; Nordwestfrankreich (Picardie, Artois), Belgien, Niederlande
Bellovacer	belger Stamm; nördlich der Seine in Nordfrankreich
Bituriger	keltischer Stamm, zunächst in Aquitanien, dann nordwärts gesiedelt
Boier	Festlandkelten; erst im Gebiet Rhein/Main/Donau, dann Böhmen und Norditalien, größte Stadt Bononia (heute: *Bologna*)
Brannovicer	Unterstamm der keltischen Aulercer
Cadurcen	keltischer Stamm an der Dordogne und Aveyron; ein Anführer: Lucterius
Caemanen	belger Stamm um Lüttich
Caeroser	belger Stamm; Eifel und nördlich von Trier
Caleten	belger Stamm in der Normandie, am Unterlauf der Seine
Carnuten	gallischer Stamm zwischen Loire und Seine
Ceutronen	keltischer Stamm in den Alpen; in römischer Provinz Alpes Graiae
Condrusen	belger Stamm; rechts der Maas bei Lüttich
Eburonen/Eburovicer	keltischer Stamm zwischen Rhein und Maas (Lüttich und Aachen)
Eleuteter	keltischer Stamm, von den Arvernern geführt
Gabaler	gallischer Stamm der Aquitanen, südlich der Arverner
Geidumner	belgischer Stamm zwischen Maas und Schelde im heutigen Belgien; Klientelstamm der Nervier
Grudier	keltischer Stamm, geografische Lage unbekannt; beteiligt an Kämpfen der Nervier
Haeduer	auch Aeduer; mächtiger gallischer Stamm zwischen den Flüssen Loire und Saône

Helvetier	großer keltischer Stamm im Gebiet der heutigen Schweiz (Helvetia)
Latobriger	auch: Latobicer; in der Gegend des Schwarzwalds
Levacer	keltischer Stamm, geografische Lage unbekannt; beteiligt an Kämpfen der Nervier
Lemovicen	keltischer Stamm am Ozean, näheres unbekannt; von Vercingetorix mit weiteren Stämmen zur Schlacht vereinnahmt
Leucer	keltischer Stamm im heutigen Lothringen; Hauptstadt Tullum, heute: *Toul*
Lexovier	keltischer Stamm am Westufer der Seine
Lingonen	keltischer Stamm an der oberen Seine, an der Marne und Saône; unterstützten Caesar gegen andere keltische Stämme
Mandubier	keltischer Stamm, nordwestlich des heutigen *Dijon* in Burgund
Mediomatriker	keltischer Stamm in Ostfrankreich, dem heutigen Saarland, Rheinland-Pfalz; Stadt: Dividorum Mediomatricorum: heute *Metz*
Melder	kleiner keltischer Stamm zwischen Seine und Marne, heute: *Ile de France*
Menapier	keltischer Stamm im Norden Frankreichs, Nähe der Stadt Boulogne; östliche Nachbarn der Moriner
Moriner	keltischer Stamm in der Gegend um das heutige *Dünkirchen*; westliche Nachbarn der Menapier
Nantuaten	keltischer Stamm am Genfer See
Nervier	belgisch-germanischer Stamm, nordöstlich des Sambre-Ufers
Nitiobrogen	keltischer Stamm im Südwesten des heutigen Frankreich; sie kämpften zusammen mit anderen keltischen Stämmen an der Seite Vercingetorix um die Stadt Gergovia

Parisier	keltischer Stamm im heutigen Gebiet von Paris
Pictonen	keltischer Stamm südlich der unteren Loire
Pleumoxier	keltischer Stamm, Näheres unbekannt; Klientelstamm der Nervier
Rauracer	keltischer Stamm; westlich des Bodensees
Remer	keltisch-belgischer Volksstamm an der Marne; Hauptort Durocortorum, heute *Reims*
Rutener	keltischer Stamm in Südgallien; gehörte zu den Arvernern
Santonen	keltischer Stamm zw. Loire und Garonne; Stadt: Mediolanum, heute *Saintes*
Segusiaver	gallischer Stamm bei Lyon; Schutzbefohlene der Haeduer
Senonen	keltischer Stamm an der Seine; ihr Führer war Acco, von Caesar besiegt; im Gebiet liegt die Stadt Vellaunodunum
Sequaner	großer keltischer Stamm; zwischen dem Fluss Saône und dem Juragebirge
Suessionen	keltisch-belgischer Stamm zwischen Marne und Oise
Tauriscer/Noricer	keltischer Stamm in den östlichen Alpen (Noricum)
Tectosagen	Teilstamm der Narbonenser
Tiguriner	Bevölkerung des kleinen Gaues Tigurinus, Teil von Helvetien
Treverer	keltisch-germanisches Volk, im Bereich der Maas, Nahe, Mosel, Rhein. Hauptstadt Treverorum (heute: *Trier*)
Triboker	ursprünglich keltisch, dann germanischer Stamm um Straßburg, Haguenau

Trinovanten	keltischer Stamm im Südwesten Britanniens, nördlich der Themse; beugten sich Caesar nicht
Tulinger	keltischer Stamm östlich der Rauracer und des Bodensees
Turonen	keltischer Stamm an der Loire; heutige Stadt *Tours*
Uneller	siehe Veneller
Veliocasser	belger Stamm; ebenso wie die Caleten am Unterlauf der Seine; Stadt *Rouen*
Veneller	keltischer Stamm im Nordwesten Frankreichs; auch Uneller genannt.
Veneter	keltischer Stamm im Nordwesten Galliens im Morbihan; heutige *Bretagne*
Verbigener	Teilstamm der Helvetier
Viromanduer	belger Stamm rechts der Oise

Anmerkung: Die oben unter den Kelten/Galliern geführten Stämme der Atrebaten, Ambianer, Moriner, Menapier, Caleten, Veliocasser, Viromanduer, Atuatucer, Condrusen, Eburonen, Caeroser und Caemanen fühlten sich eher den Germanen zugehörig.

Stämme der Germanier

Als Germanen bezeichneten die Römer im Wesentlichen die Stämme rechts des Rheins und teilten sie in Nord-, West- und Ostgermanen

Nordgermanen	skandinavische Stämme, spätere Wikinger
Westgermanen	Sueben (Elbe), zur Nordsee: Chauken, Angeln, Warnen, Friesen und Sachsen
Ostgermanen	Goten, Vandalen, Burgunder, Heruler, Skiren, Bastarnen, Rugier, Gepiden und andere
Cherusker	germanischer Stamm an Teilen von Weser, Elbe, Ostwestfalen
Haruden	nordisch-germanischer Stamm; genaues Siedlungsgebiet jedoch unklar

Kimbern (Cimbern) und Teutonen	Ursprung in Jütland (Dänemark); von den Römern vernichtend geschlagen
Marcomannen	kleinerer germanischer Stamm, nördlich der Donau bis Böhmen; zu den Sueben gerechnet
Marser	kleiner germanischer Stamm zwischen Rhein, Ruhr und Lippe; von den Römern vernichtet
Nemeter	germanischer Stamm zwischen der Pfalz und dem Bodensee; Hauptort: Noviomagus, heute *Speyer*
Sueben	germanischer Stamm im Nordosten Germaniens; von Oder bis zur Ostsee; Namensherkunft: Suevus (der Fluss der Siedlung an der Oder); sie verdrängten die germanischen Nachbarstämme der Usipeter und Tenctherer.
Sugamber	westgermanischer Stamm an Rhein und Lippe
Tenctherer	germanischer Volksstamm am Niederrhein; Nachbarn der Usipeter
Tribocer	ursprünglich keltischer Herkunft; als germanischer Stamm in der Gegend von Straßburg niedergelassen
Ubier	germanischer Volksstamm rechts des Rheins an Sieg, Lahn, Main; Nachbarn der Treverer (diese linksrheinisch)
Usipeter	germanischer Volksstamm am Niederrhein bis zur Rheinmündung
Vangionen	germanischer-keltischer Stamm in der Nähe von Worms angesiedelt

Weitere Volksstämme

Lepontier	vermutlich Volksstamm etruskischer Herkunft, gemischt mit den Kelten, im Gebiet der Graubündener Alpen
Numiden	nordafrikanischer Berberstamm, als leichte Reitertruppen bekannt. Unter dem numidischen König Iuba wurden die numidischen Reiter 46 v. Chr. von Caesar bei Thapsus (heute in Tunesien) geschlagen.
Parther	Volk im heutigen syrischen Gebiet (Stadt: *Palmyra*)
Piruster	Illyrischer Volksstamm, wurde nach anfänglichen Aufständen dann unter Caesars Protektorat gestellt (in etwa heutiges Albanien)
Tergestiner	Alpenvolk in der Gegend des heutigen *Triest*; überfielen römische Siedlungen